崛起的极客女孩

震撼科技界的女性力量

[美]

Heather Cabot

希瑟·卡伯特

Samantha Walravens

萨曼莎·瓦尔拉芬斯

／著

方琪

／译

格致出版社　上海人民出版社

推荐序 ∵

随着高科技行业的兴起和发展，"极客"一词，从最初的含有一定贬义的美国俚语，到如今撇去了部分成见，演变成为一个对计算机和网络技术有着狂热兴趣并投入大量时间研究的群体的代名词。与这个转变同时发生的，还有极客群体中的性别构成，或者说多元化构成。我们的普遍印象中这个行业从兴起到发展至今，似乎一直由男性主导着话语权与对外形象。然而，通过这本书我们可以窥见，有一股崭新却强劲的女性力量已在这个前沿行业中悄然崛起，并在逐渐解构其中关于性别的刻板印象。

作者希瑟·卡伯特与萨曼莎·瓦尔拉芬斯均是记者出身。她们记录着女性在职场与生活中遇到的问题，同时也一直致力于各自的天使投资网络，用自身的专业知识与丰富的职业经验帮助以女性为主导的企业。她们看见了女性在科技行业中被掩盖的能力，这是一种与在其他任何行业一般不逊色于男性的能力，是女性本身具有且应该被大众看见、被传递出来的智慧。看见、挖掘、推动这种能力与智慧是卡伯特与瓦尔拉芬斯一直在做的工作，而现在，她们将故事撰写下来，传播到更广更大的世界中来。她们采访了超过 250 名女性，这些女性或是技术人员，或是企业家、投资人，她们无一不在科技行业中成就斐然。通过这些访谈，作者带着我们走到这些极客女性的身边，听她们讲述各自的成长故事或职业发展轨迹，并将所记录的这些正在科技领域大展身手的极客女性的力量传递到每一个读者手中。

我们在书中遇到的这些极客女性，身处各个不同位置，她们讲述了自己所遭遇的处境和发起的抗争。一个女性从出生到成长，或许不可避免地会经历或多或少的性别偏见，更何况在科技这样一个常常被视作男性世界的领域，女性的发展遇到了更多的阻碍与困难。本书所记录的极客女性中，不乏从童年爱好起便被性别标签所限制的女性，她们似乎是我们中的每一个：市面上大多数机器人玩具的设计以男孩为主要客户目标，而女孩玩这样的玩具往往会遭遇质疑或阻止——"女孩怎么喜欢这个？"。都说兴趣是最好的老师，但这一从童年兴趣便已开始的禁锢，无疑暗示了女性在此行业中的举步维艰。女性要崭露头角，必须从文化、教育、娱乐、就业等各个方面打破既有体系。本书中的极客女性们便在各自的工作发展中致力于这样的变革。

学会质疑，这是革命前行的第一步。为什么女孩不能玩机器人玩具？为什么同薪不同酬？为什么对女性从业者的学历门槛更高？ 为什么科技行业女性占比如此低？
为什么男性不会像女性一样被追问如何平衡家庭与事业？
在本书中，我们随时接受着这样的拷问——女性既从外界
接受这样的质疑，也学会了自发地从这些问题表象中寻找
根源，并不断地寻找破解之法。她们不断武装强大自身，她
们用自己的产品给新生代女孩们带来更多兴趣的可能，她们
给同为女性领导的企业更多发展机会，她们团结奋斗在科技
领域的姐妹并集体发声，她们在给自己和后来者搏击出一
片更自由广大的天空。你们也会在这本书里了解到更多的
增强女性影响力的途径，为我们及我们的争取更多的机会
和更多的可能性，那些站在进步前线的女性用她们的努力
和影响力为我们所有人改变了商业的面貌。

　　我们在这本书中看到了美国许多科技女性的故事。但
事实上，女性的崛起不仅发生在美国硅谷，同时也发生在
大洋彼岸的中国。根据中国科协发布的《中国科技人力资
源发展研究报告（2018）——科技人力资源的总量、结构与
科研人员流动》，在 2016—2017 年新增科技人力资源中，
学历层次越高，女性比重越大。尤其值得关注的是，研究
生层次新增科技人力资源中，女性比例已经超过 50%，成
为名副其实的"半边天"。继 2018 年中国女性企业家柳青、
朱晋郦上榜福布斯全球科技 50 女性榜后，2019 年福布斯中
国第一次推出了"中国科技女性榜"（Women in Tech），初
衷同样是挖掘中国科技领域中的女性力量，对其中顶尖的

50 位女性进行无等级评估，以此展示女性在科技领域与经济发展中的影响力，并鼓舞其他女性。她们或是企业创始人，或是高管，或是一线研发人员，或是技术创新先锋，且大多数拥有多重知识与技能储备。在"中国最杰出商业女性排行榜"的 100 位上榜者中，超过半数拥有硕士及以上（包括 MBA）的学历，拥有本科及以上学历的比例接近 90%，其中接近 25% 的上榜者来自 TMT 行业，这意味着女性在科技领域中逐渐崭露出了不容忽视的影响力。尤其是在科技、理工、医疗、航天、人工智能等领域，女性不仅在话语权上逐渐获得一席之地，而且正在越来越多地发挥领导作用，为各个行业的更加繁荣、更加包容、更加平等贡献自己的一份力量，让普遍存在的性别差距逐渐弥合。

福布斯中国一直以来都致力于关注女性、提高女性影响力，身为其中的一员，我非常幸运地采访到了一些世界上最有权势的女性，有机会聆听她们的故事，听她们谈论如何看待女性在进步的前线担任领导者的角色。这些经历让我颇有受益，也让我开始思考是什么促使这些女性取得了不同凡响的成就。那就是她们将挑战转化为机会的能力、克服重重困难的能力、创造新时刻/新企业/新产业/重塑新文化的能力。女性的各种可能性从未像现在这么大，我们处于一个很好的时代，越来越多的女性成为推动这个世界发生变革的领导者，她们在用自己的洞见和创造来解决世界上一些最棘手的难题，用她们的权力和影响力来积极地影响他人。她们将自己的力量转化为一种为所有人创造更美好未来的可能。

　　正如本书中所说到的，多元化的背景将为企业和行业的发展带来更多的可能性，其中"女性视角在科技界是值得被重视的——不仅如此，还能带来商业和创新的巨大回报"。提高女性的参与度、主动性和话语权，无论对于女性在科技行业的发展，还是对于科技行业本身的革新都至关重要。在科技行业这样一个需要极大创新力的世界里，革新和进步是永恒的生命力，而极客女性这一尚未崭露完全的能量堆在她们自我成长和壮大的过程中，已经向我们展示了巨大的创新潜能。"女性的崛起不需要硅谷的同意"，是的，女性在任何行业、任何领域，有一人开路，便有万人追随，有一人登高，便有万人站在其肩膀，这是榜样的力量。为众人抱薪，为自由开路，本书中的极客女性以及许多活跃在我国乃至全球科技前沿的女性，便是秉持着这样的信念，吹响冲破禁锢的号角，向每一个渴望在科技行业有所建树的女性传播能量。

　　薪火相传，望本书的读者都能打破身边的壁垒和偏见，正如极客已不再是怪人，极客女性也不应再是少数。也希望在不久的将来我们能共聚一室，交流思想、分享实践、相互学习，推动变革。

福布斯中国新媒体总经理　谢雯成

名家推荐 :::

在科技界，她们曾经默默无闻，但她们的故事鼓舞人心。
——《华尔街日报》

卡伯特和瓦尔拉芬斯两位记者讲述了几十位在科技公司工作或担任领导的女性的故事……条理明晰，描绘了那些在通常由男性主导的领域中工作的女性的成功与偶尔的失败。
——《科斯克书评》

科技界终于迎来了变革，因为硅谷的姐妹正亲自为之努力。《崛起的极客女孩》证明了这一点。对于那些正在或想要在数字空间工作的女性——以及我——来说，这是一次必要且充满希望的阅读体验。对帕洛阿尔托的女性而言，这一直都是场硬仗，但正如希瑟·卡伯特和萨曼莎·瓦尔拉芬斯精心报道的那样，人们开始聆听她们的声音，并正如数据显示的那样，所有人都会因此受益。
——乔安娜·科尔斯（Joanna Coles），《赫斯特杂志》首席内容官、Snap Inc.董事一本我将同我团队中每一个人分享的重要的书。作为一名硅谷女性、一个坚定的破除成见者，我认为《崛起的极客女孩》是一个弥合性别鸿沟的崭新宣言。卡伯特和瓦尔拉芬斯进行了深入的调研，为我们带来了一幅包罗万象、诠释科技女性处境的宏大图景。无论是对于男性还是女性来说，都是引人入胜的。

——扎伊纳布·加迪亚利（Zainab Ghadiyali），Wogrammer 创始人兼首席执行官、Facebook 前技术主管

《崛起的极客女孩》把聚光灯对准在男性主导的科技界开辟道路的越来越多的女性。这本书是一声嘹亮的号角，激励女性不断向前，也让男性看到这股长久以来被忽视的女性力量。

——亚当·格兰特（Adam Grant），《纽约时报》畅销作家、《离经叛道》（*Originals*）作者

鉴于我们的未来正由科技界构建，女性能在其中发挥作用是极其重要的——而要让下一代女性不仅能够参与其中，还能领导自己的科技创业公司，《崛起的极客女孩》就是那幅导航图。挑战是现实的，但《崛起的极客女孩》向女性们展示了如何迎难而上、攻克挑战。我们的战斗口号是：建立一个多元、互联和可持续的世界。

——阿里安娜·赫芬顿（Arianna Huffington），《赫芬顿邮报》创始人、Thrive Global 首席执行官

我对科技了解不多，但我知道这些女性先驱们都酷毙了。那些无畏的女性们一边在科技界铺设重要道路，一边建立起长久的姐妹情谊，《崛起的极客女孩》给了她们急需的发声机会。

——凯莉·里帕（Kelly Ripa），电视制片人、脱口秀主持人

《崛起的极客女孩》是对科技界中"谁是谁"问题具有启发意味的阐释。女性如何运用商业的力量、纯粹的勇气和满满的真心去创立、构建、投资公司——那些正引发着创新、改变着科技界的图景的公司——对于所有想知道这些的人们来说，这本书是一本必读之作。

——克里斯蒂·华莱士（Kristy Wallace）， Ellevate Network 首席执行官

没有什么比榜样更有力量，而《崛起的极客女孩》中开创未来的女性的故事与激励充满力量。科技正在改变我们的世界，而书中的女性矗立在当今科技革命的前沿与中心。透过众多杰出女性的眼睛，希瑟·卡伯特和萨曼莎·瓦尔拉芬斯带领我们进入这个世界。

——特尔·惠特尼（Telle Whitney），安妮塔·博格研究所（Anita Borg Institute）首席执行官兼主席，格蕾丝·霍珀计算机业女性庆典联合创始人

献给

我们的孩子们和各处的极客女孩们，

她们正在创建未来

作者的话 ⠿.

作为沉迷于 musical.ly＊、我的世界（Minecraft）以及同朋友们发讯息的年轻女孩们的母亲，我们进行这个项目是为了更好地理解为什么在科技行业工作的女性人数自 20 世纪 80 年代起一直持续下降、为扭转这个局势我们又能做些什么。当媒体聚焦性别歧视和硅谷的男孩俱乐部，并将它们视作把女性拒于门外的罪魁祸首之时，我们展现了一个不同的故事：一个由女性企业家与技术专家们发起的强大的草根运动，她们加入科技革命这件事无需硅谷——或任何人——的批准。这些是我们想在这本书中分享的故事。

要找到出色的女性创新者们并非难事。她们无处不在！在这本书中，我们采访了超过 250 人。起草书稿时，我们对于要涵盖哪些故事作了许多艰难的决定。因此，我们建立了一个数字平台——www.geekgirlrising.com，我们采访过的许多成就斐然的女性们，她们的故事在一本纸质书中

＊ musical.ly 是一个 2014 年 4 月上线的影片社群手机应用程序，被抖音的母公司字节跳动以 10 亿美元收购，2018 年 8 月 1 日与 TikTok（抖音的国际版）合并，新产品继承 "Tik-Tok" 之名。——译者注

可能讲不完，却可以在这个数字平台上被呈现出来。感谢这些来自硅谷、硅巷以及全美各科技中心的企业家、技术专家、投资人和创新者们，你们无所畏惧，愿意让我们来讲述你们的故事。感谢你们的信任，感谢你们分享自己的旅程，感谢你们允许我们走进你们的家、你们的工作场所——也感谢你们为其他女人和女孩们开辟了一条数字革命之路。这本书是我们献给你们的礼物。

最后，报道创业公司本就是一件棘手的事情。处于早期阶段的公司需要熬过大起大落，作为记者，在多年来跟踪众多故事（某些故事早在2011年就开始跟踪了）的过程中，我们经历了不少焦灼。考虑到科技创业世界的光速变化，我们希望读者们能将这本书当作时光之中的瞬息掠影来欣赏。我们决定聚焦"科技女性"对话变成全美话题的那些年份——2014年至今。我们知道，当你阅读本书之时，世事或已有所变化，但我们希望你能够欣赏我们在这些故事发生之时报道它们的努力（尤其是在两极分化的2016年总统大选及唐纳德·特朗普获胜的戏剧性背景之下）。我们期待着在未来继续记载这些女人们无与伦比的旅程。

目 录 .::

第一章/ 加入革命 变革的勇士们 1

科技女性在哪里？(5) ／施压硅谷，呼吁坦诚 (9) ／《欲望都市》遇见硅谷 (16) ／科技女权主义腾飞 (23) ／科技界"毒"文化接受审讯 (26) ／姐妹会，站起来 (31)

黛比·斯特灵/特雷西·周/雪莉·扎利斯/雷切尔·斯克拉/娜塔莉·维拉洛博斯/特拉·瓦瑟洛/苏辛德·辛格·卡西迪

第二章/ 开启梦想 女性创始人们 41

克服融资障碍 (49) ／瞪退性别歧视 (51) ／穿着黑皮裤战斗 (54) ／没有风险，就没有回报 (59) ／现实的创痛 (62) ／需要是发明之母 (69)

米歇尔·菲/凯瑟琳·明舒/金润荷/碧·亚瑟/希拉·马塞洛

第三章/ 烈火添薪 女性金融家们 79

见识风投界的"女子会"(88) ／硅谷之外的投资牛人 (97) ／改变天使投资的面貌 (104) ／聚焦多元化创始人 (107) ／创新女孩 (110)

乔安妮·威尔逊/特蕾西娅·古/詹妮弗·丰斯塔德/克里斯蒂娜·蒙塔古/娜塔莉亚·奥贝蒂·诺格拉/阿兰·汉密尔顿/苏珊·莱恩/尼莎·杜尔

第四章 / 逐梦遂愿　信心教练们　118

失败是成功之母（121）／训练女性接受风险（124）／自我推销的艺术（128）／为女性创新加油（134）／改变文化，而不是改变女性（142）／薪火相传（148）

多纳·萨卡尔／戴安娜·穆拉赫沃夫斯卡娅／艾琳·里亚巴亚／普妮马·维贾亚尚克／凯伦·卡特琳／堀江爱利／凯瑟琳·芬尼／凯·科普洛维茨／詹恩·海曼

第五章 / 创新工制　工作—生活的斗士们　156

战胜"为工作而活"的心态（162）／重新定义科技工作者（164）／参见"编程妈妈"（170）／随时随地工作（174）／三明治一代的对策（180）／设计人性化的公司（183）

茱莉亚·哈茨／阿达·比尼尔／蒂娜·李／凯瑟琳·扎尔斯基／米莱娜·贝里／克里斯滕·谷·戈尔茨坦／萨拉·霍洛贝克

第六章 / 击退成见　校园改革者们　187

破解代码（196）／向大众推广计算机学科（199）／改变校园里的黑客文化（202）／一代 STEM 士们团结起来（209）

凯尔西·赫鲁布斯／玛利亚·克拉维博士／莉诺·布卢姆博士／莫佩瓦·奥贡迪佩／格蕾丝·吉／阿纳·阿加瓦尔

第七章 / 动员后辈　人才管道宣传者　220

让科技在青少年面前变得酷起来（230）／让消费者变成创造者（237）／制作可缝合电路的火箭科学家（241）／创游女孩（245）／下一代的

极客女孩们（251）

黛比·斯特灵/萨拉·奇普斯/布鲁克·莫兰/亚历山德拉·迪拉克斯/妮可·梅西尔/莱拉·沙比尔/AJ·门德斯·布鲁克斯/阿鲁纳·普拉萨德

后记　　　　　　　　　　　　　　　　258

致谢　　　　　　　　　　　　　　　　265

加入革命／变革的勇士们

女性被训练要轻声细语，携带口红。这样的时代结束了。

——贝拉·阿布扎格（Bella Abzug）

谁会料到，在超级碗星期天——这个美国一年中最为男性化的夜晚——"科技女性"这个话题会得到梦寐以求的播出时间？2014年2月2日，当1.115亿人观看西雅图海鹰队痛扁丹佛野马队（并再次享受百威淡啤和立体脆＊）时，一名年轻女子紧盯着纽约一场时髦的转播聚会正中心的巨型电视，心跳因为期待而加快。①

黛比·斯特灵（Debbie Sterling）的胃一阵翻腾，等待着这个将会改变她"新生"的玩具公司轨道的广告。她颠覆了世人眼中"工程师就是一群孤独的天才男孩"的印象，并介绍了一个全新的榜样——一个生气蓬勃的、戴着工具带的玩偶——有着金色长卷发

＊ 百事的一款食品。——译者注

的格尔蒂（Goldie）。这感觉像是过去了一辈子，但从那时起到现在，也才两年而已。

这并不容易。GoldieBlox 是为培养女孩工程能力而设计的产品，包含装着滑轮和传动轴的工具箱。大型玩具公司很快拒绝了GoldieBlox，认为它"太小众"。但这没有阻止黛比，她深深地记得小学二年级时自己是怎么向男孩子们发起掰手腕挑战的。为了证明这些反对者才是错的，她带着自己的故事去找 Kickstarter*，计划筹集 15 万美元，用来生产第一批"格尔蒂的旋转机器"故事书和积木套组。

黛比简单地做了一个可爱的视频来向 Kickstarter 进行投售，视频中，她身穿牛仔裤和紫罗兰色无袖上衣，盘腿坐在公寓的地板上。镜头中，扎辫子的小孩们玩着唯一一件玩具样品，小脸蛋都亮了起来。在这个由其丈夫博（Beau）拍摄的视频里，黛比告诉观众，通过帮助她筹集生产第一批产品的资金，他们能够激励自己的女儿们，让她们"不仅仅只能是个公主"。这套玩具将女孩们对故事——玩家跟随主角格尔蒂及其朋友们冒险的故事——的喜爱与以转盘、轮轴、弹射器和齿轮为特色的有趣挑战融合在了一起。女孩们将和格尔蒂一起建造简单的机器。这个讯息像病毒一样疯传。在 30 天内，黛比就筹集了超过 28.5 万美元，从而得以生产数量为5 000 套的第一份订单，而随着需求的增长，这一数量猛增至 4 万套。一时间，各家玩具店都在给她打电话。

---

* 美国众筹公司。——译者注

现在，让我们快进到超级碗星期天。黛比，这个现实中的格尔蒂，这个一头卷发、笑容感染人心的发明者，"万事俱备，只欠东风"。她希望这个时长 30 秒的广告能够促进自己达成使命，让女孩们闯进男孩们的圈子，并开始期望自己成为未来的建造者和问题的解决者。

这次价值约 400 万美元的顶级广告，是 GoldieBlox 在一场由 QuickBooks 及 TurboTax 的母公司 Intuit 举办的小型企业比赛中赢来的。黛比带着全家人和 12 个团队成员从旧金山乘飞机出发，参加 Intuit 在曼哈顿格拉梅西公园酒店顶层举办的豪华盛宴。这里有令人眩目的鸡尾酒、侍从递来的餐前小食，甚至还有自动快照亭。仅是身处这样的场合，就足够令人激动不已。然而，等待让她筋疲力尽。

最终，屏幕中传出 20 世纪 80 年代摇滚歌曲 "*Cum on Feel the Noize*" 熟悉的鼓点，在喧闹的画面中，一群穿着公主服装的可爱小女孩们扯下她们闪闪发光的皇冠，穿过街道，跑进公园，用她们的洋娃娃、粉红小马和亮闪闪的玩具搭建了一个巨大的火箭。她们得意扬扬地唱道：

"快快来吧，丢掉玩具，
女孩们，闹起来！
不再只有，粉红、粉红，
让我们，多思考！"②

在火箭冲向太阳的那一刻，整个房间爆发出掌声与欢呼。音乐渐渐消失，黛比感觉得到，游戏的规则改变了。

"我们特别不希望做一个关于产品的广告。它应该百分之百与我们的社会使命有关：应该让父母们看清那些粉红色的（玩具）货架，告诉父母们，在女孩对自己能力的认知上，这些会怎样限制她们的思维；应该让女孩们对科学、工程和数学产生兴趣。"两年后，在纽约市玩具展览会上我们共度的那个下午，她这样回忆道。

使命完成。这个广告及其传递的毋庸致歉的女权信息，触发了2014年诸多胜利中的首捷，激励了全国各地各类群体——他们对硅谷中担任关键技术及领导职位的女性和有色人种太少这件事争论已久。就在这一年，大众开始重视科技女性这个话题。时机正好。Facebook 首席运营官谢丽尔·桑德伯格（Sheryl Sandberg）的著作《向前一步》（*Lean In*）11 个月前才出版，书里发起了关于女性、领导力、育婴假和薪酬差距这些迫在眉睫的话题的讨论。话题回到科技本身的不公是不可避免的结果。智能手机和电子媒体已经成为大多数美国人生活的中心，女性作为最主要的消费者，却很少出现在构建新科技的团队里。正如《纽约时报》Motherlode 博客 2014年 3 月的博文中指出的，"如果男人可以喂奶，那么泵奶器现在也能够像苹果手机一样优雅，如丰田普锐斯一样安静了"。③

不过，一场安静的革命正在进行之中：一场席卷美国的创业活动正在将女性创始人和技术人员团结在一起。到 2014 年，她们低调地努力开办属于自己的创业公司，建立自己的人脉，碾碎男性黑客的刻板印象，激励更年轻的姐妹和女儿们。和黛比一样，这些发明者、构建者、倡导者和联合者们在草根阶段团结在一起，将会成为前线的步兵，击碎套头衫哥、V 领毛衣男性形象的固有格局，证明女性视角在科技界是值得被重视的——不仅如此，还能带来商业和创新的巨大回报。她们是崛起中的极客女孩，而你将在这本书里和她们见面。

· 科技女性在哪里？

不过，首先理解一点很重要：为什么在 GoldieBlox 让问题显现之前没有更多女性在技术革命中发家致富？对于这个问题，我们需要回到 20 世纪 90 年代后期"互联网淘金热"出现之前的几年——当时世界仍处在个人电子邮件、搜索和线上购物等即将永远打乱我们曾熟知的生活的突破性进展的边缘。在 20 世纪 90 年代早期的后衰退时期，我们两个英语专业学生从学院毕业之时，华尔街被认为是来自大学或商学院的年轻女权主义新人挣钱的地方。金融与管理咨询领域就是舞台。同时，那里也是许多拥有硬核数学与分析技能的常青藤联盟大学学位的女性毕业生去证明自己能与男性比肩的地方。正如一名沃顿商学院校友在她 1997 年毕业之际告诉我们的，"女权（feminism），f 开头，代表着金融（finance）"。《纽约时报》一篇关于斯坦福大学 1994 级的报道称银行与法律界的机遇"从未像如今这样向女性敞开"，将这些更有把握的道路与互联网这个"西大荒"对比，后者的光辉在未来并没有那么十拿九稳。④

与此同时，拥有美国计算机科学学位的女性毕业生数量从

1985—1986 学年的巅峰滑落，当时 37% 的计算机科学文凭都被授予女性毕业生。⑤而电子游戏和个人电脑仍然向男性市场严重倾斜。1984 年的《菜鸟大反攻》（*Revenge of the Nerds*）中，戴着口袋保护套＊的吉尔伯特和刘易斯决定自己组建一个社会边缘人联谊会，凭借他们对计算机的精通挫败了体育生们。诸如此类的电影更加固化了刻板印象。⑥2010 年成为 Facebook 首位女性工程总监的乔斯林·戈德费恩（Jocelyn Goldfein）认为，这部电影代表了科技界的形象问题，而正是这个问题将许多女性拒之门外。乔斯林从小脱颖而出，她是少有的拥抱所谓的书呆子道路的女孩。她在得克萨斯州奥斯汀市长大，如饥似渴地阅读着科幻小说，和姐妹一起玩上好几个小时的《龙与地下城》桌游。她说，当 1993 年她去上大学时，一个女性去读计算机科学专业几乎是颠覆性的，因此，当来到斯坦福大学并发现计算机课上的女性寥寥无几时，她并不怎么惊讶，虽然其中一个同学就是雅虎未来的首席执行官和董事长玛丽莎·梅耶尔（Marissa Mayer）。根据该校工程学院的记录，当 1997 年她们毕业时，83% 的计算机科学学位都被授予了男性。

　　"在 90 年代，学计算机的只有胖书呆。对男性也是一样。但男性极客和女性极客面对的道路是不一样的。对男性而言，这是同体育生或兄弟会之路对抗的可选之路，但它仍然是一条路。而对于女性来说，却几乎是要打破我们自身的束缚才能做到的。"乔斯林这

＊ 口袋保护套（pocket protector）是放在衬衫口袋内保护衬衫不被墨水等沾污的保护套，使用者多为学生、工程师和白领员工，后来成为对"书呆""极客"的刻板印象之一。——译者注

样告诉我们。

　　乔斯林接下来将去为黛安·格林（Diane Greene）工作，后者是谷歌企业业务高级副总裁和连续创业家，她联合创立的 VMware 彻底改变了操作系统在计算机上的运行方式。VMware 于 2004 年被易安信公司（EMC Corporation）以 6.35 亿美元的价格收购。⑦ 但硅谷之外的大多数人并不知晓建造它的这个女性计算机科学家的故事。黛安·格林的贡献，正如她许许多多的同僚一样，被无视了。

　　"任何将七名白人男性列举为计算机革命的创始人的历史，都遮掩了革新的真实的集体性质。"杰西·亨佩尔（Jessi Hempel）在其发于 *Backchannel* 的报道《硅谷的女性历史》中这样写道，以回应《新闻周刊》2016 年一期关于"创始之父"的特刊中仅仅只强调著名白人男性首席执行官这件事情，大多数人都把这几人同技术革新联系在一起。⑧

　　她的观点在于，数十年来，科技界都在因为其女性领导者的隐形而蒙受损失。而正如沃尔特·艾萨克森（Walter Isaacson）在其 2014 年出版的《创新者：一群技术狂人和鬼才程序员如何颠覆世界》一书中描述因特网黎明时指出的，在"1993 年万维网达到轨道速度"时，这也是导致学习计算机和工程的女性人数降低的部分原因。他写道，一个关键的"动力"是 Mosaic 的推出，也就是后来被称为网景导航者（Netscape Navigator）的首个面向业余用户的互联网浏览器。它在 1994 年登场亮相，然后改变了所有事情。⑨ 它标志着个人电脑光速进入我们的厨房与客厅（最终来到我们的钱包与口袋里）的临界点。⑩ 随后的 1995 年，是见证了亚马逊（Amazon）、

Craigslist、Match.com 和 eBay 推出的关键一年。

直到 10 年后，在 Facebook 刚满 1 岁时，约 85％的男男女女才会在家使用互联网处理银行业务、购物、获取新闻及下载音乐。⑪在普通人之中，以科技为核心的文化在井然有序且易于使用的智能手机与平板电脑出现之后才开始发展，这要感谢苹果公司具有远见卓识的史蒂夫·乔布斯及其对将计算机变得更加用户友好的执着。⑫

2008 年苹果手机应用商店上线时，硅谷仍然是聪明、进取的年轻人的聚集地，甚至在 2000 年互联网泡沫破裂后依旧如此。不过，即便女性快速适应了电子邮件和社交媒体，她们也并未在最初的繁荣时期成群结队地涌向硅谷。⑬而那些前往硅谷的女性也并未久留。根据美国大学妇女协会的一份报告，从 1990 年至 2013 年，计算机领域的从业女性代表率从超过三分之一下降至刚满四分之一——和 1960 年的数值一样。⑭2009 年，由于带有敌意的工作环境、弹性的缺失、低于男性同僚的收入以及极少的晋升机会等原因，56％的科技女性在职业生涯中期就脱离了这个行业——离职率是男性的两倍。⑮并且她们并不是为了回归家庭、养育子女而退出的。根据得克萨斯大学奥斯汀分校珍妮弗·L.格拉斯（Jennifer L.Glass）带领的研究显示，大多数离开高科技产业的工程师并未离开职场，而是转入保健、教育和行政管理行业的工作。⑯因此，便有了这场代表率不足的完美风暴——更少的女性学习计算机科学和工程专业，加上大量女性、尤其是曾担任关键技术岗位的女性离开这个行业。⑰结果呢？在这个极好——且重要——的创新阶段，我们能见到的女性领导者寥寥无几。

· 施压硅谷,呼吁坦诚

2014 年是 Netflix、Fitbit 和 Snapchat 的时代,彼时在科技产业有一席之地的女性及有色人种如此之少,极其令人不安,何况当时获得大学及研究生学位的女性比男性更多。并不是没有人在 2014 年之前谈论过这件事。硅谷内部有过一些媒体报道,著名的有经验丰富的科技记者卡拉·斯威舍 (Kara Swisher) 2007 年在 All Things D 网站上发表的《Facebook 管理中的男(无)女 Facebook》一文,玩笑般地展示了马克·扎克伯格和他当时的六名男性副手——五个白人与两个亚洲人——的头像。⑬到了 2010 年,女性越来越多地开口谈起讨论会上多样性的匮乏,并为此撰写博文。2011 年,"编程女孩"(Girl Who Code) 及其精通媒体运作之道的创始人莱西玛·萨迦尼 (Reshma Saujani) 发起了一场全民运动来鼓励女孩们学习计算机编程。2012 年,玛丽莎·梅耶尔被任命为雅虎的首席执行官,并因为发表自己已经怀孕且几乎不准备休任何产假的声明而成为新闻头条。然而,2014 年以前,有一个至关重要的东西是缺失的:来自大型科技公司的记录不平等程度的真实数据。在那之前,谷歌、Facebook 和微软一直都在抵抗着要求公开管理层和技术岗位女性及有色人种人数的呼声。这将在数月后改变。

"只有当人们开始重视科技时,人们才会关心科技女性的问题,"活动家及"改变比例"口号的发起人雷切尔·斯克拉(Rachel

Sklar）在我们 2016 年冬天的采访中解释道，"而人们开始重视科技，是在科技百万富翁突然间变成科技亿万富豪，我们的生活真切地发生改变之时。"

GoldieBlox 的电视广告播出之际，有关科技行业中性别差异的讨论早已在内部讨论会、大学校园和各类社交媒体中涌现。但是修正这一情况的主流运动尚未开始，将会领导这场运动的女人们才刚刚开始动员起来。

GoldieBlox 的生产车间位于加利福尼亚州奥克兰市。横跨旧金山湾，在其对岸，黛比的好友们已在努力打响自己的革命。软件工程师特雷西·周（Tracy Zhou）已建立起一个公共的女性工程师数据库。到了春天，这个数据库将帮助迫使像谷歌这样的大型科技公司承认：在它们的技术与管理团队中，女性寥寥无几——少数族裔更是少之又少。特雷西说，某一天，她在自己位于旧金山的 Pinterest 的办公室向周围一眼望去时，意识到自己团队里的 89 名工程师中只有 11 名女性。而 Pinterest 是手工艺者、家庭厨师、装潢师和时尚达人喜爱的电子剪贴簿，他们正在建造的产品以女性使用者居多。这激励她于 2013 年撰写了一篇题为"数据都在哪儿？"的文章，作为关键的行动号召。

开源编程世界的精神即全球各地的人们就公共项目展开协同合作。秉承着这种精神，特雷西在 GitHub 上建立了一个基本的谷歌表格，对自己的同行提出一个简单的实地报告的请求：分享你的团队中你周围女性的数量。

"作为一名工程师，同时作为一个被硅谷把'数据驱动设计'刻进骨子里的人，我无法想象在真实数据以及我们建立目标对抗的东西混淆不清的情况下解决问题。"特雷西这样写道，呼吁各家公司提高透明度并恳请其他女性工程师提供帮助。

回应是迅猛而确凿的：在 Yelp，有人发帖说 206 名工程师中只有 17 名是女性；在 Mozilla，500 人中仅有 43 人；在 Dropbox 则是 384 人中仅有 42 人，等等。这些数据表明，在为不断增长的女性受众——超过一半的人口——构建科技产品的人中，平均只有 18.9% 是女性。⑲

在接下来的几个月内，随着这些数据的流出，巨头们的防线一再崩溃。此前，因为顽固的《圣荷西水星报》前记者迈克·斯威夫特（Mike Swift）坚持不懈地提交《信息自由法》请求，它们早已备受谴责。《水星报》在 2008 年就已经开始向 15 家硅谷的大型科技公司施压，要求曝光其公司员工中种族与性别的构成，其中包括谷歌在内的 5 家公司为了防止数据流出，发起了一场长达 18 个月的拉锯战——它们成功地说服了联邦监管机构，称其员工构成是商业机密。⑳

然而到了 2014 年 5 月，在媒体以及包括杰西·杰克逊（Jesse Jackson）教士的彩虹推动联盟（Rainbow PUSH Coalition）在内的保障公民权利组织的施压下，谷歌终于改变了做法。当这个致力于保障公民权利的偶像领袖在谷歌的股东大会上现身之后，谷歌透露，在其科技团队中仅有 17% 为女性，在领导团队中仅有 21% 为女性。经过投票表决，谷歌决定将改善这种情况。㉑ Facebook、Pinterest、Twitter 以及其他公司很快效仿，宣布了新的数百万美元的多样性倡议：英特尔（Intel）作为最早一批配合《水星报》质询的公司之一，推出了 3 亿美元的计划，准备用来投资拥有多样性背景的企业家，支持游戏行业的女性，以及为给科技领域招募年轻女性提供资金担保。[22]谷歌为 Made w/Code——一个为女孩们播放编程教程的视频频道——拨款 5 000 万美元。[该频道最广为人知的是装饰着 LED 灯的裙子，由设计师扎克·珀森（Zac Posen）和技术专家马迪·马克西（Maddy Maxey）联合创作，"编程女孩"参与者编写程序。]而 Saleforce 的首席执行官马克·贝尼奥夫（Marc Benioff）公开承诺将在 5 年内雇用同等数量的男性与女性。[23]

我们第一次见到特雷西是 2015 年 1 月在 Pinterest 位于旧金山南市场街（SOMA）的总部。这个旧金山的时髦市区同时也是 Dropbox、Trulia 和 Yelp 的家。Pinterest，这家于 2010 年诞生的创业公司，从硅谷的"心脏"帕洛阿尔托搬到了市区，某种程度上是为了让其不断增加的年轻工程师享受更短的通勤时间，也为了能让他们享受旧金山的夜生活、餐厅和文化。然而晚上 7 点时，至少还有 25 人还在办公室，其中一些人正在氛围轻松的自助餐厅享用晚餐。自助餐厅位于一个两层楼高、落地式"图钉板"的阴影之下，那是一个展现数亿人的兴趣的图腾，这些人们使用这个图片标签工具在因特网上收集、分享、管理他们最爱的食品、时尚及家装图片。这是个高耸的彩色杂志剪报拼贴画，里面有时尚的鞋子、手袋、抱枕和美人，包括一个在沙滩上炫耀亮红色短裤的可爱男模。小小的红白条纹热气球高高地摇摆着，空气中更添奇思妙想与魅力。我们找了个位置坐下，喝着苏打水，特雷西开始向我们畅谈自己为什么喜欢白天里的工作与编程。

"对我而言,我的满足感很大程度上源于见证那些我能建造的事物。"在谈到编程需要的分析技能与创造力的结合时,她解释道。

作为两个计算机科学博士的女儿,她从来没有想过自己会成为对抗硅谷的歌利亚的大卫*。虽然她的父母都是程序员,她也成长于创业之地的中心,但直到后来在斯坦福大学选择电气工程专业、在计算机科学教室里受到惊吓之前,她并未真正考虑以计算机科学为业。虽然一开始她感到不安,但特雷西还是坚持了下来,并成了被称为"除草机课程"的计算机 107 (CS 107) 的助教。她说,这次经验给予了她获取计算机科学硕士学位所需的自信。

她以前是一个极度害羞的小孩,老师们曾在其成绩单上评论说她在课堂上从不举手。她的父母从中国台湾地区移民过来,运营着自己的创业公司,后来在女儿念中学时把公司卖给了甲骨文公司 (Oracle)。他们曾逼迫她变得更外向些。那时候她是个"书呆子",休息时情愿在操场上看书也不愿四处跑跑。她的母亲曾一度限制她对书籍的贪婪,每天只许她读两本。为了应付这个限制,她就从图书馆里找出最厚的书来读。高一时,在母亲的命令下,她申请加入了辩论队。那是一个转折点。

"你要站在讲台前,你要讲话,你还得变得擅长陈述自己的观点。我慢慢习惯了站在教室前面的感觉。"她聊起了那些教会她在评委面前持正反随机一方立场进行即兴辩论的比赛。此后不到 10

---

* 歌利亚是《圣经》中被大卫杀死的巨人。参见《撒母耳记上》第 17 章。——译者注

年，当她成为科技行业多元化的实际上的发言人时，这些经历被证明是非常重要的。这其中包括她在 2016 年于得克萨斯州奥斯汀举行的 SXSW（South by Southwest）这场具有影响力的音乐与科技节上的高调亮相，奥巴马总统也是这次盛会上的一位大牌人物。至关重要的一点在于，她会数据与度量学的语言，这对一些硅谷圈内人士是有分量的。

"当我想要击倒那些门时，我很幸运自己是在门内，而不是在门外……我知道我该和哪些人对话。我同内部人士关系密切。我能够采取这样的立场：我在这儿，一名工程师，你们中的一员。这样一来，对于那些能够影响变革的人来说，我的可信度更高。"她说。

这就是为何她被挖掘去同一些快速成长的创业公司（比如制作群组通信应用的 Slack）的领导讨论她有关多元化想法的原因。这些新公司在成长的过程中不得不快速地雇用员工，以至于一时间难以找到足够的程序员，更别说那些未得到充分代表的群体了。同时，她也是倍受硅谷女性团体们欢迎的发言人。因此，在一个周五的午后，我们跟随着她来到了优步（Uber）位于旧金山的办公室。那一天是优步的印度美食日。这家公司被称为"独角兽公司"——这是硅谷的行话，指的是那些估值超过 10 亿美元的精英、私营创业公司。特雷西到达时，20 名工程师（16 名女性、4 名男性）正围坐在桌前，取食着咖喱、小扁豆和米饭。鉴于她刚刚在《Vogue》杂志上亮过相，我们留心起她时尚前卫的打扮：黑色波点毛衣、红裙、金色平底鞋，随意但十分精神。㉔众所周知，免费餐点是许多科技公司提供给员工的福利之一。（有个人转过身来悄悄跟我们说

Facebook 的食物更好吃。）"♯工程女士"（♯ LadyENG）——优步的女性工程师组织——邀请特雷西来分享她的故事并提供建议。另外两个优步分部的员工也通过视频会议参与进来，这样他们也能提问。有位女士提出了一个有些尴尬的问题：优步该如何改善自己的形象，以招募更多女性呢？特雷西毫不犹豫地对这个敏感问题作出了回应。"这究竟是品牌形象的问题，还是一个真正需要从内部解决的实际问题？"她问道，随后指出，如果优步不从内部解决这些问题，就无法修复其在多元化方面的糟糕名声。这场对话被证明是有预言性的：2017 年 2 月，一名女性软件工程师公开了一项可怕的性骚扰指控以及公司人事部门的不作为，这让优步及其首席执行官特拉维斯·卡兰尼克（Travis Kalanick）备受谴责。度量，她说，是改变的关键。而要让黑客文化相信拥有更多不同技能组合的人是一项优势，方法就是使用黑客文化的语言去沟通。

"我想，那些对大量多元化观点特别抗拒的人，通常是那些信仰精英治国的工程师们。和工程师们相处的一个好方法就是与他们谈论他们通常做的事情，也就是建造产品、调试产品、采集数据。或许，在工作场合中，在团队合作时，我们也应该运用相同的方式。"她说道，优步团队礼貌地点头。

虽然特雷西能够在全国舞台及一些大型公司内部阐述自己的观点，但她明白，她仍未完全摆脱作为局外人的感觉。她还深深地记得她在 Facebook 实习的经历：从她的办公桌向四周望去，能看见办公室里有 50 个人，除她之外，只有一名女性。她还深深记得在 Quora 工作时的一段尴尬经历：她向团队（大多数人为男性）指出，有些用户可能不会喜欢在自己收到的推送中看到有关男性生殖器尺寸的内容，或许他们可以考虑建造过滤器。这件事的过程并不美好。

"我被推到了这样一个位置，要代表全体女性发言，要探讨女性该如何应对色情与限制级内容。我认为这场对话展开得不尽如人意，因为有些人在故意唱反调，即便这样很令人厌恶。不过，我们最后还是建立了一个安全的过滤器。"她告诉我们。

最重要的事实是，成为一位活动家并不轻松，甚至还会十分孤独。即使她付出了极大的努力，行业间的变化依旧缓慢。

"作为一个女人，我感觉（事实上也如此）对我而言，要在一个管理层几乎全是男性且不能让我真正认同的行业里往上走，是相对困难的，"她告诉我们，"尤其是，很多事情都是在非正式或半职业的场合里发生的，比如人们下班一起去喝啤酒或玩扑克。被剥离在这些关系网之外会对职业生涯产生影响，比如错过关键的人际关系或未来项目的重要信息。我感觉我并不属于这些关系网。"2016 年6 月，特雷西在工作了四年半后选择了离开 Pinterest。她收拾行囊，前往纽约展开一场全新的冒险。在那里，她将投身自己的事业，创建自己的公司。

·《欲望都市》遇见硅谷

建立一个全新的关系网，让女性成为局内人，一边传递专业抉择、进行战略介绍，一边在属于她们的舒适会所里啜饮脱脂的卡布奇诺——这正是雪莉·扎利斯（Shelley Zalis）提出"女生休憩室"这个主意时构想的画面。如果凯莉·布拉德肖（Carrie Bradshaw）* 活了过来，化身为来自比弗利山、周游世界的55岁市场调查大师，那么她会是拎着铂金包**、热衷动感单车运动的扎利斯。这位有才干的连接者对女性友谊的力量深信不疑。2014年，在如国际消费类电子产品展览（CES）这样由男性主导的展会之中，她创建了具有个人特色的休息室。她的这些聚会场所拥有放置着粉色抱枕的绿洲风白色皮沙发和闪闪发光的枝形吊灯，提供了交换名片及想法的大量机会。不过，可别让粉色愚弄了你。

"在'女生休憩室'谈成的生意比在真正的展会里更多，因为这是真正使人放松的场所。"雪莉强调说。对于打破长久以来在野心勃勃的女性间挑起竞争的办公室陈规陋习，她充满激情。在Facebook、美国在线（AOL）、Twitter、IBM和美国全国广播公司环球（NBC Universal）等的赞助下，"女生休憩室"成为了女权经理人参加如SXSW和瑞士达沃斯世界经济论坛等活动的必经之站。在这里，不难看到阿里安娜·赫芬顿（Arianna Huffington）和经过休憩室的女士们谈论福利话题，正如她在达沃斯时一样，而在2016年的达沃斯，每五名与会者中只有一名是女性。在同年的CES，美国首席技术官梅根·史密斯（Megan Smith）在展览楼层进行"女生休憩室"的私人导游讲解，身后跟着几十个戴着耳机的女士。

---

* 美国HBO电视系列剧《欲望都市》中的角色。——译者注
** 铂金包是爱马仕（Hermès）于1984年推出的一款手提包，以歌手简·柏金（Jane Birkin）命名。——译者注

对于这个奉"试图变成男人的女人是对女人的一种浪费"为真谛的光鲜的企业家而言，灵感乍现的时刻是在 2013 年 CES，她邀请四位女性朋友来到她的酒店房间参加"睡衣聚会"之后。CES 是一场盛大的小器具集会，以衣着暴露的"展位宝贝"来吸引与会者尝试新科技玩具。毫无疑问，这对女性而言并不是最自在的场合。而雪莉，当时作为 Ipsos/OTX——以 8 000 万美元收购了雪莉的公司 OTX 的世界第三大市场研究公司——的首席执行官，害怕一个人待在那里。㉕在酒店房间的那次聚会的第二天，她和她具有影响力的朋友们在展会上召集了尽可能多的女性，然后成群结队地像姐妹一样在巨大的会厅里穿行。

"单个的女性或有力量，团结的女性更有影响。"雪莉描述着当 55 位企业女性走过大厅时男性与会者的惊讶反应。

我们最初认识雪莉，是在欧洲版迷你 CES——德国科隆数字营销展 (dmexco) 的前夜，她邀请我们去她的酒店房间一聚。当时，她盘腿坐在床上，一边思考当晚的 VIP 派对上该穿什么衣服，一边告诉我们，在她想出"女生休憩室"这个构想的四年之后，当时的 55 位女性活跃在全球各地，联系了超过 7 500 名企业女性。在决定放弃皮夹克并穿上红色镶钻尖头露跟鞋（她是个鞋迷）后，她拿起一块巧克力蛋白棒，带我们乘上一辆带司机的黑色梅赛德斯，驶向 dmexco 开幕式。在那里，来自整个欧洲和美国各地的数字营销从业者啜饮着放了薄荷叶和薰衣草的汽酒，在粉色和蓝色的荧光灯下隔空亲吻 *，

---

* 对着脸颊但不碰到皮肤的亲吻。——译者注

互相问候；喧嚣之下，低音琴砰砰地演奏着。第二天，当我们努力追上踏着鲁布托"恨天高"的她和欢快地围着她的那些套着黑T恤、接了睫毛的金发助理们的步伐时，我们目睹了休憩室的运作。在某个角落，一个来自科技巨头公司的首席营销官正在试穿由Project Gravitas* 服装线提供的 Confidence Closet 里的一件纯素主义** 皮夹克。以碧昂丝的女权主义颂歌《谁统治世界?(女孩)》[Who Run the World (Girls)]作为背景音乐，一个中级网站设计师正在补妆，准备让休憩室的摄影师给自己拍摄新的肖像。而在休憩室外的闪亮的白色"小门廊"里，在"自信是新的美丽"的标语下，一群高级主管——包括《纽约时报》的首席营收官梅瑞迪斯·科皮特·莱文 (Meredith Kopit Levien)、甲骨文公司的高级副总裁兼云营销总经理劳拉·伊普森 (Laura Ipsen) 以及美国在线的首席营销官爱丽·克兰 (Allie Kline) ——前来与雪莉一同进行有关"闪光理论"的专题讨论。这是《纽约》杂志的专栏作家安·弗里德曼 (Ann Friedman) [以及其最好的朋友，即 Tech Lady Mafia 的创始人阿米娜图·索 (Aminatou Sow)]于 2013 年 5 月提出的概念，其中倡导的观念是：当女性让自己身处成功、自信的女性们之中时，所有人都会变得更好。㉖

"改变游戏本身，团结起来，"雪莉告诉专心聆听"为何强大的女性是最好的女性朋友"专题讨论的听众们（其中大多为女性），"让人们知道，团结是新的风潮。"

---

* 美国电商服饰品牌。——译者注
** 纯素主义，倡导既不吃也不用任何动物产品，如蛋、丝绸、皮革。——译者注

2010 年春，雷切尔·斯克拉向 19 位女性朋友发出一封邮件，组建起一个线上关系网。连接这个关系网的，是一种情绪。她被惹怒了。4 月，《纽约》杂志发表了一期关于即将入驻曼哈顿硅巷的社交媒体创业公司的封面文章，而在版面上出现的 53 个人中，只有 6 个是女性。其中一张照片里，一位男士的脚遮住了一位女士的脸。雷切尔曾是一名律师，后来成了一名记者，如今是电视节目的常客，还曾先后为《赫芬顿邮报》（*The Huffington Post*）和 Mediaite 撰稿，而她已经厌倦再看到女性得不到她们应得的关注，特别是在繁荣发展的科技世界。

"那是压倒骆驼的最后一根稻草。"她解释说。而正是这簇星火，让原本松散的纽约创业圈团结为某种秘密握手 * 协会，致力于提升圈内女性创始人、软件工程师或其他聪慧而野心勃勃的女性的影响力。2014 年 4 月，正是她们一展身手的大好时机。

当时，《华尔街日报》公布了其著名的科技与新媒体大会 WSJDLive 的演讲阵容，其中全部为男性，大多为白人。这个消息甫一公布，迅猛而愤怒的抗议浪潮就席卷而来。话题"＃changetheratio"在 Twitter 上爆发，让编辑们措手不及：

> 老天啊@newscorp @WSJ @WSJD 17 个男演讲人，0 个女演讲人，还敢说是"数字世界连接之处"?！都什么年代了？ow.ly/vRqMP

---

* 以特殊的方式握手或问候对方，以判断双方是否同属某一俱乐部、同好会或亚文化圈。——译者注

讲真,@newscorp @WSJ @WSJD 你们看着这,怎么就不想想"这幅画面哪里不太对劲?"ow.ly/vRsBI

打头阵的是一个名叫 TheLi.st 的团体,由雷切尔亲自组建。成员们在社交媒体上喊出了"改变比例"这一战斗口号,这是她在发送致命电子邮件时新创的表达,由此,她也开始了作为科技女性倡导者的全新职业生涯。面对这些谴责的浪潮,《华尔街日报》的公关团队迅速改变立场,表示将公布更多演讲人。

雷切尔跟我们解释了 TheLi.st 之所以一发现这类男性主导或只有男性的活动,就要迅速作出反应的原因:"展现自我,方得门路。首先你要作为专家、作为有价值的人、作为有贡献的人、作为卓尔不群而饶有成就的人被突出展现,然后才能有门路接近重大事件发生的地点,才能和那些能给你带来机遇的人们建立联系。"她说话的时候,时不时照料着自己 11 个月大的女儿鲁比(Ruby)。那是一个有风的 3 月某天,我们趁着她带鲁比去找儿科医生看感冒前空出的 1 个小时采访了她。于是我们一起钻进了城市宝宝(CitiBabes),一个位于苏荷的带攀登架的游乐园。

"展现自我,方得门路,再觅良机,"雷切尔继续说道,没有被房间另一头那个玩累了大发脾气的孩童打断,"你只有看到这一点,才能清楚地看到一个默认突出并奖励白人男性的体制为什么是女性永恒的噩梦。"

TheLi.st 旨在打破体制,在这一宗旨下,它一直都保有着私密性。想成为其地下电子邮件链中的一员,你要么被某个成员提名,要么认识雷切尔本人，或者有某个认识雷切尔的人为你担保。
TheLi.st 成了一个由好几百名女性组成的姐妹会，并在雷切尔同她
的文坛老同事格莱尼斯·迈克尼科尔（Glynnis MacNicol）合伙
后，转变为一个营利企业。成员每年缴纳 750 美元，然后组织越来
越多有趣的线下聚会，如品尝威士忌、参加新生儿聚会或观看百老
汇演出。雷切尔就如同最开始那样充当着媒人的角色，为核心技术
专家和创业人士作重要的介绍，将她们引荐给各个好莱坞制片人、
首席执行官、时尚杂志编辑、《纽约时报》作家、风险投资家、电视
名人和慈善家。

"一切都是为了缩短从 A 到 B 之间的距离。"她解释说。换句话
说，就是打开那些如果无人做媒就不会打开的门。比如，TheLi.st
的成员们帮助彼此获得参加白宫记者晚宴或 SXSW 会后小聚的邀
请函，或帮助彼此在正确的时间参加正确的晚宴，从而得以被热情
地介绍给正确的投资人。

在英国出生的辛迪·加洛普（Cindy Gallop），是一个桀骜不
驯的性别平等斗士，也是 #sextech 和 MakeLoveNotPorn.tv 两家
创业公司的创始人，同时是 TheLi.st 的资深会员。在她看来，
TheLi.st 的主旨简单明了。"TheLi.st，"她说，"就是帮女人们搞事
情的。"

它并不是典型的职业关系网团体。的确，这里每天都有新的职
业机遇出现，拥有一次向"TheLi.st 姐妹"推销自己、获得颇具声
望的职位的机会；这里的女士们相互讨论怎样协商咨询费用，怎样
应对男同事的下流言辞，怎样作一场酷毙了的 TED 演讲，以及去

找哪些投资人把握较大。而与此同时，成员们能够轻松地向彼此吐露心声，（通过详细的长邮件）讨论育儿难题、不要孩子的决定以及怎样面对乳腺癌或父母的离世。所有的一切都不那么正式。寻找靠谱的新妇科医师，应征新创业公司前端软件开发——在这里，这两件事大可毕其功于一日。考虑到从早到晚都有众多成员以光速回复堆积成山的话题，有时甚至只需几分钟。

"成为朋友成功的利益共同体，对自身也是有好处的。比如两个人同时处于初级岗位，扶持前行，那么不久两人都会升到中级岗位，并一同继续上升，"雷切尔说，"你们互相提携，彼此鞭策。这很有用。如果你能自力更生，这很好，你很强。但如果能有助力，事情会简单许多。"

· 科技女权主义腾飞

随着 2014 年过去，TheLi.st 及其运用社交媒体指出性别歧视现象的策略，加上不断增多的有关科技女性的媒体报道，不断传播着这些曾仅限在科技圈内部讨论的话题。"编程兄"（brogrammer，兄弟会和计算机极客的结合）、"展位宝贝"（booth babe）和"玩家门"（Gamergate，2014 年夏天爆出的丑闻，为一次仇视女性的玩家对一名女性游戏设计师发起的骚扰和人身威胁事件），这样的表述渗入了国民意识。2014 年 5 月，奥巴马总统主持了第一届白宫科技博览会，突出了 STEM（科学、技术、工程和数学四门学科的英文首字母略缩字）领域中的妇女和女孩们，并在他的开场致辞中指出了令人沮丧的数据。

"在科学与工程领域，只有不到十分之三的从业者为女性。这意味着我们有一半的领域——或一半的团队——还没有被投入。我们必须改变这些数字。"他发言道。当时，他从当天的观众中认出一支全部由中学女生组成的队伍。她们来自得克萨斯州的洛斯弗雷斯诺斯，设计了一个为视力受损的同学提供帮助的应用程序。㉗

在此几个月后，奥巴马总统将创造历史，任命这个国家第一个女性首席技术官。梅根·史密斯，谷歌 X 的前任副总裁，是该公司秘密的研发臂膀；她将最终为总统筹划投入 40 亿美元的 2016 年"全民计算机科学行动计划"，使计算机教育成为所有公立学校儿童的一项重点。至 2013 年年底，史密斯已经在谷歌内部花费了两年努力来吸引更多女性参加每年的谷歌 I/O 开发者大会。在离职进驻华盛顿前，她把缰绳交给了她的同事娜塔莉·维拉洛博斯（Natalie Villalobos），后者将这项名为"女性科技缔造者"（Women Tech-makers）的计划带到了全新的高度：在 2016 年以前，将 I/O 的女性与会人数从 8% 提升至了 23%，并让这个项目演变成一项开放、对外、持续的努力，不仅仅团结科技女性，还要通过从圣保罗、东京、拉各斯到芝加哥的各个峰会，将工作在科技行业各个领域的女性都团结起来。到了 2014 年，娜塔莉，这个戴着白色复古猫眼眼镜、头脑风暴时爱喝日式绿茶、有着自由精神的"仙女教母"将全力出击，为软件开发者和创业者们牵线，为创业者们和企业与民间领袖牵线，为线上和线下牵线。

我们见到娜塔莉是在 2016 年的 6 月。当时，她正在前往白宫美国妇女峰会的路上。在那里，她将同仍被她视为导师的史密斯会面，随后前往纽约和波士顿。在描述梦想中的工作时，她如是说："女性犹如火种，特别是科技界的女性，而（我的工作就是）'我该如何加薪助燃？'这就是我工作的方式：辨别、支持与赋能，让这样的女性从事她们热爱的事业，做自己想做的事情，然后（问自己）'我该如何协助她们？'"

"随着女性开始理解目前的机遇，我该如何协助她们？我们该如何降低准入障碍、放宽门槛，从而推动这些女性成就心之所向？因为只有实施多层次、全面性的举措，才能真正看到改变。"

和"女性科技缔造者"一样，2014 年秋，包括"女生开发"（Girl Develop It）、"编程女士"（Women Who Code）在内的重要团体纷纷涌现，以支持科技女性。那年 9 月，"突破创新"（Disrupt），这个由 TechCrunch 主办的首次技术大会和创业大赛终于承认了科技界的性别歧视问题，也首次公开了全新的反骚扰政策。[28]［这时距离其黑客松（hackathon）*因演示一个偷窥女性意图明显的应用程序而引发的"瞄咪"（Titstare）风波已经过去了一年。］同年深秋，苹果和 Facebook 将报销冷冻卵子费用加入其女性员工的福利套餐，引发了一系列有关母性如何融入"黑客至死"文化的新辩论。[29]

---

* 黑客松（hackathon），又译骇客松、编程马拉松，是一项设计冲刺式活动。活动期间，计算机程序员与软件开发相关人员就软件项目进行高强度合作，目标是在活动结束时开发出某个具有功能性的软件或硬件。——译者注

然后，在临近感恩节时，美泰公司（Mattel）出版的画册中一个新人物"计算机科学家芭比"引发了一场风波。这本粉色的册子里描绘了一个担任网页设计师的金发美女芭比，如果没有男同事的帮助，她连自己写的代码里的错误都修正不了。计算机程序员和非程序员都被激怒了。凯西·菲斯勒（Casey Fiesler）当时是佐治亚理工学院的一名博士生，正在撰写关于模因的人本计算＊论文。这件事后，她一怒之下决定重写这个故事，让芭比来帮助团队里的男人们，并发表在了自己名不见经传的博客里。第二天，她得知《芭比，改写版!》火了，一起火的还有该画册的另一电子戏仿之作《女权黑客芭比》。㉚凯西说，她的网站之前总共大概只有 800 的点击量，突然之间就有了 80 万的点击量，而她改写的故事更是在 Facebook 和 Twitter 上被转发了几万次。她击中了女性心中对性别刻板印象的愤怒与沮丧，随后她发现自己登上了《时尚》（Cosmo）杂志，还被邀请到全国各地为小学生们领读这个她重新构想的芭比故事。两年之后，美泰公司推出了游戏开发员芭比，宣传了她切合实际的着装和独立写出优秀代码的能力，这才挽回了声誉。

·科技界"毒"文化接受审讯

科技女权运动轰轰烈烈地发展到 2015 年，并达到了一个高

＊　人本计算（human-centered-computing），简称 HCC。——译者注

潮。当时，一位名叫鲍康如（Ellen Pao）的女性将她的前雇主风险投资公司凯鹏华盈（Kleiner Perkins Caufield & Byers， KPCB）告上了法庭，起诉该公司因为她是一名向老板投诉性骚扰的女性，而不让她晋升，最后还解雇了她。数百万美元连同硅谷最古老、最有声望的公司的名誉因此岌岌可危，这个案件具备了成为一部像《傲骨贤妻》那样的艾美奖律政剧的所有特质。

在案件进行的 5 周里，各家全国性报刊的科技记者们上气不接下气地报道着这一劲爆的审判。就在陪审团裁决该公司的几分钟内，"♯感谢鲍康如"（♯thankyouEllenPao）这个话题以光速冲上了 Twitter 的热门榜单。谷歌上搜索"Ellen Pao"的次数达到高峰。这次事件激起了博客圈里对案件的评论，博主们也纷纷预测这件事将对封闭的创业公司圈子及其筹集资金的方式造成怎样的长远影响。就连安妮塔·希尔（Anita Hill）也将鲍康如诉讼案称为一个分水岭。那些站在创新经济中心地带的人们迫于压力，不得不公开应对一个已经变得由白人男性主导的系统。这次事件暴露出一个由门路、金钱和男子气概组成的世界，这个世界滋生了一个由某些企业家们组成的私人俱乐部，这个俱乐部的企业家们将伟大创意兜售给潜在的"造王者们"，而这些"造王者们"，通常来说，也和这些企业家们是同一种人，拥有着同样的圈子和同样的出身。鲍康如只是一个初级合伙人，她辩称自己是个局外人，被排除在滑雪旅行和在旧金山瑞吉酒店的艾尔·戈尔（Al Gore）寓所举行的晚宴之外，以及被排除在其他出席者全部都是男性的活动之外，而她的同事们则可以利用这些机会获取交易资讯和好差事。虽然陪审团驳回了她的诉讼，但她已经触碰到了某种神经，也让一项酝酿已久的运动变得明晰起来。2016 年，鲍康如同特雷西·周以及其他一些备受关注的多元化倡议人合作，发起了一个名为"包容项目"（Project Include）的倡议，以支持创业公司与风险投资公司改变公司文化，并帮助它们衡量相关成效。

在诉讼相关的那些年里，特拉·瓦瑟洛（Trae Vassallo）与鲍康如在凯鹏华盈共事，她也是第一个作证指控公司的人。在判决出来的那一刻，特拉就感受到了它带来的冲击。

"我收到了强烈的反响，有来自我的朋友们的，也有来自素未谋面的女性的。这些女性找到我，对我说：'感谢你的发声，我也来说说我的故事。'"特拉说。她是少数几个成为凯鹏华盈普通合伙人的女性之一。当时，全美只有 8.5% 的风险投资者为女性。[31] 在庭审中，特拉作证说，那名和鲍康如有暧昧关系并（据鲍康如称）在关系破灭后报复鲍康如的已婚男性，也曾对自己提出无礼要求。庭上，特拉讲述了自己被要求记录会议笔记、被安排坐在会议室后方的羞辱经历。当时，在同等级的初级合伙人中，只有她和鲍康如是女性。[32]

在案件结束约一年而她的朋友鲍康如决定放弃上诉的几个月后，特拉告诉我们："最让我崩溃的是，我在经历了这么孤独且可怕的事情之后，还要对着公众谈论这件事情。然后，我意识到我并不孤独。许许多多的人都经历了和我类似、甚至更可怕的事情。知道了这一点，对我的情绪是一种很有意思的宣泄。然而，'等一等，这么粗略算来，一半以上的女性都有过类似的经历'，这样一想，我就变得极其愤怒。"

几个月后，当特拉和技术主管兼企业家好友希拉里·米卡尔（Hillary Mickell）一起进行强力健走时，她意识到自己到底想做什么了。那时，她们正沿着平时常走的羊肠小道向上行进，穿过草原与森林，俯瞰波托拉谷。不远处就是斯坦福大学帕洛阿尔托校区，在那里，她曾是一个害羞的 18 岁机械工程学生，来自遥远的明尼苏达州的农业小镇费尔蒙特。虽然她曾经很害羞，但她一直都沿着自己的道路前进。她把自己高度独立的个性归功于她的母亲。她在乡村长大，在那里，当个知识分子并不是什么很酷的事情。早年对计算机编程和机械的兴趣，让她从未真正感觉融入过周围的环境。她的母亲告诉她不要在意其他人的想法。

"母亲给了我骨气与自信，让我觉得'行，好，我要直面自我，做我所爱，不再去担心他人的想法'。"特拉说。她现在有了三个孩子，发现自己同具有创业抱负的 15 岁数学奇才女儿也进行着类似的对话。

特拉和希拉里登上小路，心脏怦怦直跳。那一刻，特拉说自己想作个调研，然后她们就开始谈论这个调研将会揭示什么。不久之后，特拉与另一个朋友艾伦·莱维（Ellen Levy）和一些斯坦福大学的学生组队，开展研究。随后他们找到了雅虎前主管米歇尔·马丹斯基（Michele Madanksy*），想让她加入团队，一起分析来自200 多名拥有 10 年以上专业经验的硅谷女性的调查报告。

---

* Michele Madansky，疑似原文拼写有误。——译者注

　　他们的调查报告名为"硅谷里的大象"*，于2016年1月发布，讲述了朋友们和陌生人分享给特拉的科技界轶事。60%的女性都曾经历非自愿的性要求；88%的女性遭受了无意识的偏见，比如有的男同事只向男同事提问，有的男性不愿和女同事对视，或是有的男性会要求女性做很低级的事情，而这些事情他们是不会要求自己的男同事去做的。75%的女性表示求职面试官曾询问自己有关家庭生活、婚姻状况和子女的事情。[③]我们第一次联系特拉，是在这份调查报告发布不久。她在电话中对我们说，虽然她觉得这份报告描绘的是负面的景象，但如果女性能够由此得知自己在职场中遭受痛苦的原因并不是个人的失败，而是某个更庞大、可能更顽固的社会问题，她们或许反而能获得力量。要探讨硅谷女性所遭受的问题，最大的一个障碍就是这些遭受歧视的女性害怕被报复，担心说出实情会对自己的职业生涯造成负面影响。此外，很多人之所以不能谈论这些问题，是因为在法律上受到雇佣合同中非贬低性条款的限制，只能保持缄默。特拉说，在很多其他情况中，这些控诉都被仲裁调解了，因而从未被搬上法庭，一直被隐藏着。

　　她说，在业内待了20年，她知道并不是所有人都会赞扬她的观点："我觉得数据能够有助于人们获知这样的信息，让人们知道我们的社会并未达到理想的状态。我认为很多人并没有意识到我们在某些方面是多么落后。部分原因是，如果你想要改进某事，你得

---

* 英文习语"房里的大象"指所有人都知道其存在，但因为无法解决或面对而装作其不存在的事物，此处套用，指性骚扰其实是硅谷的公开秘密。——译者注

先衡量它。数据本身并不能解决问题，但我们希望公开这些数据，能教育公众，激励更多人采取行动或关注这件事。"

"必然有人看到了会问'她为什么要做这些事？'我做这些事，是因为我在乎。我认为它是有价值的，并且我不在乎其他人是怎么想的。"

·姐妹会，站起来

鲍康如案件、耸人听闻的相关报道以及《新闻周刊》在审判前爆炸性的爆料文章《硅谷是如何看待女性的》，这一切刺激了另一个硅谷老将，让她不再对科技界的性别歧视保持沉默。这期《新闻周刊》的封面故事上画着一个穿着红色高跟鞋的俏丽女子，一个鼠标光标掀起了她的裙子。㉞ 许多年来，苏辛德·辛格·卡西迪（Sukhinder Singh Cassidy）一直觉得对他人保留自己对于性别问题的意见更舒服。她专注于建立自己的事业。这位出生于坦桑尼亚的高管以她快速简明的风格向我们透露，即使在老友谢丽尔·桑德伯格（Sheryl Sandberg）告诫女性要向前一步之时，或是在安妮-玛丽·斯劳特（Anne-Marie Slaughter）在《大西洋月刊》上抗议女性无法同时兼顾事业与家庭之后，她都没有意愿加入其中。作为一位事业有成的企业内部人士和两家创业公司的创始人，苏辛德觉得如果自己埋头苦干、做出成绩，她能为这些有关科技女性的讨论带来更多影响。

"如果我能做出成绩，如果我能建立一家'独角兽'公司，我说什么话都比不上这些对科技女性更有帮助。"她说。

然而，当硅谷丑闻充斥了晚间新闻，44 岁的苏辛德觉得是时候表明立场、讲述故事的另一面了。毕竟，她在近水楼台：她是一个连续创业家及投资人，曾在亚马逊和谷歌运营过国际部门，也曾在猫途鹰（TripAdvisor）和爱立信（Ericsson）的董事会工作，还做过 Twitter 和 J.Crew 的顾问。她要讲述的，是关于赋予力量的故事，是关于崛起至旧金山与纽约新一代科技企业家女强人们的故事。她曾是其中一些人的良师益友，包括个人造型订阅服务公司 Stitch Fix 的创始人兼首席执行官卡特里娜·莱克（Katrina Lake）。苏辛德的故事，是关于科技女性之间姐妹会的故事。

"（在科技界）女性身份利大于弊。当然了，我也经历过一些事情，但纵观我的整个职业生涯，这些事情是决定因素吗？没门儿。"她说。她提到的往事促使了她在 2015 年 5 月推出"♯选择可能性"（♯ChoosePossiblity）这个公司与同名活动，以表明尽管女性人数不多，却一直在创立、经营举足轻重的新公司。

首先，她发表了一封公开信。写这封信的想法是她同自己在谷歌的前同事凯瓦尔·德赛（Keval Desai）交谈后产生的。凯瓦尔是风险投资公司中西部合伙人（InterWest Partners）的专业信息技术合伙人，他投资了苏辛德最新的创业公司 Joyus。Joyus 是一家在线视频购物中心，从时髦的摩托夹克、三日减脂奶昔到抗衰老护手霜，你能在那里买到各种商品，还能同时获得美容和生活小贴士。那个时候，凯瓦尔在中西部合伙人的投资组合中，有一半都是女性领导的公司。苏辛德说，硅谷性别歧视的报道似乎让这些公司的成功前景蒙上了阴影，这令凯瓦尔十分愤怒。他向自己中西部合伙人资产组合中各家公司所有的女性首席执行官发送了一条消息，恳求她们公开讨论自己的成就。"如果没有你们的声音，女性们将不会再来硅谷。"他说他是这样告诉她们的。苏辛德立刻就回复了他。

"我告诉他：'你是对的。没有人会讲述这个故事。没有人会开口。那么我来。'"苏辛德如是说，迅速地开始翻阅她的旋转式名片架。她联系了近 100 名女性首席执行官和创始人，包括 Care.com 的希拉·马塞洛（Sheila Marcelo）、Gilt 的亚历山德拉·威尔基斯·威尔逊（Alexandra Wilkis Wilson）和 One Kings Lane 的艾莉森·平卡斯（Alison Pincus），请她们签署一封公开信，向世人宣告，科技女性的故事并不仅仅只有非自愿的性要求和男性的轻微冒犯。而且考虑到这是硅谷，是崇尚解析的地方，她自然也希望这条信息有关于女性创始人的数据支撑，因此，苏辛德附上了调查报告。这封公开信发表在读者众多的科技新闻网 Recode 上，标题为"科技女性♯选择可能性"，附上数据，说明即便在性别偏见之下，女性企业家仍然在不断获取成功。

信中写道：

此名单中的诸位女士，创立了如 Lynda.com、Nextdoor、Houzz、VMware、ASK Group、Mozilla 这样的重量级公司，创立了如 Stitch Fix、Slideshare、Indiegogo、LearnVest 和 StyleSeat

这样的冉冉之星,创立了如 Lumoid、Heartwork、Other Machine Company 和 Trendalytics 这样的早期创业公司。单在这份名单中,我们就能看到 13 次首次公开募股和另外 54 个企业并购退出。(根据有数据的 167 家公司计算)平均每家公司的募资金额约为 3 400 万。㉟

嘣。苏辛德猛然发现自己处于媒体关注的中心,一个备受欢迎的讲述者,首次对 Twitter 和社交媒体上私信的狂轰滥炸作出回应的讲述者——作为养育三个孩子的忙碌母亲,苏辛德承认她以前从来没有时间做这些。苏辛德在旧金山的 Joyus 总部同我们进行了为时 1 小时的会面,向我们复述了这个故事。迎接我们时,她身穿电光蓝牛仔裤,脚蹬绒面革露趾靴,外搭合身的卡其色外套。

随着公开信的发表和讨论的进行,比起仅仅表达观点,她更渴望产生影响。当年在科技行业,她的第一任老板曾说她干劲满满的作风“吓坏了秘书们”。她想做一些能够带来自上而下的变化的事情。毫不意外地,她已然成竹在胸。

从 2014 年夏天以来,她就开始构思后续的项目了。当时,她同一个朋友私下里讨论了这件事情。这个朋友是一位受人尊敬的风险投资领袖,也是一位曾向苏辛德请教如何引领更多女性投身科技行业的前同事。苏辛德说,她当时提出了一个宏大计划。她直截了当地告诉她的朋友,只是关注“输送管道”是不够的——“输送管道”是一个暗号,意思是让更多女性获得计算机科学和工程学学位，并进入该行业的基层岗位。她想要改变董事会的文化，进而影响公司运营的方式。因此，她问这个朋友：如果他，以及硅谷其他所有风险投资合伙人，集体决定在其投资组合里的每个私营公司的董事会中至少纳入一名女性，将会怎么样？他当时认为这是个好主意，然而一年后没有任何进展。因此，苏辛德决定亲自出马，她创建了一个新的私人关系网，由同僚作背书，把合格且出色的女性候选人作为董事会的潜在成员推荐给风险投资家和首席执行官们。风险投资公司可以付费使用这项服务来搜寻候选人。关系网中的成员可以提名新的女性加入。2016 年 5 月，拥有 650 名高管背书的 1 200 名女性的资料被存入了数据库，Boardlist 安排了三名女性担任董事。

"我想让看上去困难的事情变得简单。我不想要'合格的女性不够多'这样的托词。我们需要确保肃清障碍。董事会建立的方式就是'我认识你，你认识我'。"她解释说。

而由于苏辛德是自消费者互联网诞生之初就一直待在硅谷的少数女性之一，她非常清楚内部人士从同一处招募的倾向。她对这张关系网从里到外都很了解。她就是这张关系网的一分子。她是和这个关系网一同成长起来的。在伦敦的英国天空广播公司（BSkyB）和纽约的美林证券（Merrill Lynch）分别完成媒体业与银行业的职业成长之后，她于 1997 年来到了旧金山湾区。当时，她去了一家科技创业公司工作，然后很意外地陷入了某个在接下来的近 20 年间演化成私人性质联谊会的组织。

"你知道，我们几乎都生活在一起，甚至谢丽尔（桑德伯格）和我也一样。她第一次来到 Yodlee（苏辛德合伙创立的第一家公司）时，她正在找工作，然后我第二次见到她时，我正要去谷歌参加面试，而她也在那儿，"苏辛德说，"我们是一同长大的同一代人。培养人才的公司圈子当时很小。像是谷歌，像是亚马逊。想想看：那时候，价值 10 亿美元的公司有没有 100 家？没有。"她笑着感叹如今变化之巨大。

她当时认识的这一小群女性，后来成了一个由企业高层、创业者和投资人紧密联系的团体，她们一同交际，八卦彼此的情事，一同在私人领地的山丘上远足——它们位于旧金山的南部与北部，也正是她们及其年轻的家庭最后安家置业之所。她说，这就像是高中毕业，又和同一群人一起上大学一样。这是过往。然后，当她们同时结婚生子（通常情况下会较晚），需要面对诸如同伴侣协商育儿和财产之类的棘手问题时，她们相互寻求意见与支持。

"同时生小孩。见证彼此的高峰与低谷。一同获得力量。这就是一张天然的关系网。"苏辛德说。她常常在周末和孩子们一起烘焙，放松心情，培养感情。

如今，她看到新一代的年轻女性正在为成为未来的技术领导者做好准备，她觉得她所依赖的姐妹会在传递力量。帮助新人往上走的其中一个方法，就是 Boardlist。

"我看到的是一个全新的姐妹会。这太棒了，我现在感觉自己坐在两个姐妹会之间——和我一起成长起来的女性们，还有所有比我年轻得多的创始人们。"指着自己收到的那堆女性主导的晚宴、专题讨论和投售会的邀请函，她补充道："最近收到太多了，有点应接不暇了。"

这样的势头并不仅限于西海岸。你能在纽约看见这种团结，那里自从 2010 年起就一派欣欣向荣的活力创业景象。根据 Endeavor 的研究，在纽约，从 2003 年到 2014 年间，由女性创建的科技公司增长了 10 倍，募集了 30 亿美元资金。[36]

"我认为，在过去的两到五年间，我们所看到的科技女性的变化是影响深远的。"德博拉·杰克逊（Deborah Jackson）说。他是高盛的资深人士，也是梅花巷投资（Plum Alley Investments）的联合创始人，梅花巷投资主要投资女性领导的科技创业公司。"女性在支持其他女性。女性通过社交媒体联系彼此。（对于在科技界招募与留下更多女性的运动）女性正变得直言不讳。"

正如身穿粉色的幼儿园小朋友在 GoldieBlox 的广告里冲向大街一样，今天的女性们正在崛起，以一种前所未有的方式、无需任何歉意地在科技行业中要求一席之地。一股勇闯男孩俱乐部的热情诞生了，同时诞生的还有新一代的事业女性，这些女性正如 GoldieBlox 的创始人一样，靠自己打天下——她们白手起家，用自己的奇思妙想和创意发明改变社会，她们相互依靠，一路扶持前行。2016 年的夏天，就在我们撰写这本书时，美国历史性地提名首位女性总统候选人，产生了深远影响。当希拉里·克林顿告诉熬夜在电视上收看民主党全国代表大会的小女孩们"她们可能就是下一位"时，这个姐妹会似乎变得不可阻挡。如果上一次的妇女运动为的是平等，那么这一次，为的就是公平。

· 注释

① Nielsen，"Super Bowl Draws 111.5 Million Viewers," February 3，2014，http：//www. nielsen.com/us/en/insights/news/2014/super-bowl-xlviii-draws-111-5-million-viewers-25-3-million-tweets.html，accessed March 2016.

② Heather Somerville，"GoldieBlox Super Bowl Commercial Uses Parody of Rock Song ... Again," *Silicon Beat*，February 3，2014，http：//www.siliconbeat.com/2014/02/03/goldieblox-super-bowl-commercial-uses-parody-of-rock-song-again/，accessed March 2016.

③ Courtney Martin and John Cary，"Shouldn't the Breast Pump Be as Elegant as an iPhone and as Quiet as a Prius by Now?," *The New York Times*，March 16，2014，http：//parenting. blogs.nytimes.com/2014/03/16/shouldnt-the-breast-pump-be-as-elegant-as-an-iphone-and-as-quiet-as-a-prius-by-now/? _r = 0，accessed June 2016.

④ Jodi Kantor，"A Brand New World in Which Men Ruled," *The New York Times*，December 23，2014，http：//www. nytimes. com/interactive/2014/12/23/us/gender-gaps-stanford-94.html，accessed June 2016.

⑤ "Degrees in Computer and Information Sciences Conferred by Degree-Granting Institutions，by Level of Degree and Sex of Student：1970 - 71 through 2010 - 11," table 349，*Digest of Education Statistics*，National Center for Education Statistics，http：//nces.ed.gov/programs/digest/d12/tables/dt12_349.asp，accessed September 2016.

⑥ Steve Henn，"When Women Stopped Coding," *Morning Edition*，NPR，October 21，2014，http：//www.npr.org/sections/money/2014/10/21/357629765/when-women-stopped-coding，accessed June 2015.

⑦ Alex Konrad，"What Diane Greene's Legacy at VMware Tells Us About Her Plans for Google Cloud," *Forbes*，http：//www. forbes. com/sites/alexkonrad/2015/11/30/what-diane-greene-lessons-at-vmware-tells-us-about-google-cloud/ # 59923f4f4ae6，accessed June 2016.

⑧ Jessi Hempel，"A Women's History of Silicon Valley," *Backchannel*，June 30，2016，https：//backchannel. com/a-womens-history-of-silicon-valley-feea9279d88a # .sg1avqz79，accessed June 2016. Newsweek Special Edition，March 20，2016，"The Founding Fathers of Silicon Valley".

⑨ Walter Isaacson，*The Innovators：How a Group of Hackers，Geniuses and Geeks Created the Digital Revolution*(New York：Simon and Schuster，2014)，415.

⑩ Andrew Kohut，Carol Bowman，and Margaret Petrella，summary of "Technology in the American Household：Americans Going Online：Explosive Growth，Uncertain Destinations," *Pew Research Center*，October 16，1995，http：//www. people-press. org/1995/10/16/americans-going-online-explosive-growth-uncertain-destinations/ # introduction-and-summary，accessed March 2016.

⑪ Monica Anderson，"Technology Device Ownership 2015," *Pew Research Center*，October 29，2015，http：//www. pewinternet. org/2015/10/29/technology-device-ownership-2015/，accessed March 2016.

⑫ Cliff Kuang，"The 6 Pillars of Steve Jobs's Design Philosophy," *Fast Company*，November 7，2011，http：//www.fastcodesign.com/1665375/the-6-pillars-of-steve-jobss-design-philosophy, accessed July 2016.

⑬ Deborah Fallows, "How Men and Women Use the Internet," *Pew Center for Internet and American Life*, December 28, 2005, http://www. pewinternet. org/2005/12/28/how-women-and-men-use-the-internet/, accessed March 2016; Monica Anderson, "Men Catch Up with Women on Overall Social Media Use," *Pew Research Center*, August 28, 2015, http://www.pewresearch.org/fact-tank/2015/08/28/men-catch-up-with-women-on-overall-social-media-use/, accessed March 2016.

⑭ Christianne Corbett and Catherine Hill, *Solving the Equation: The Variables for Women's Success in Engineering and Computing* (Washington, DC: American Association of University Women, March 2015), 8.

⑮ Catherine Ashcraft, Brad McLain, and Elizabeth Eger, *Women in Tech: The Facts* (Boulder, CO: National Center for Women and Information Technology, 2016), https://www.ncwit.org/sites/default/files/resources/ncwit_women-in-it_2016-full-report_final-web06012 016.pdf, accessed September 2016; S.A.Hewlett et al., *The Athena Factor: Reversing the Brain Drain in Science, Engineering, and Technology* (New York: Center for Work-life Policy, 2008), http://www.talentinnovation.org/publication.cfm?publication = 1100.

⑯ Jennifer L.Glass, Sharon Sassler, Yael Levitte, and Katherine M.Michelmore, "What's So Special About STEM? A Comparison of Women's Retention in STEM and Professional Occupations," *Social Forces* 92, no.2 (December 2013), p.743, 754 http://sf.oxfordjournals.org/content/early/2013/08/21/sf.sot092. abstract, accessed September 2016; Jennifer Hunt, "Why Do Women Leave Science and Engineering?" NBER Working Paper No.15853, National Bureau of Economic Research, Cambridge, MA, March 2010, http://www.nber.org/papers/w15853, accessed September 2016.

⑰ Julia Beckhusen, "Occupations in Information Technology," *American Community Survey Reports*, ACS-35, U.S.Census Bureau, Washington, DC, August 2016, p.9, https://www.census.gov/content/dam/Census/library/publications/2016/acs/acs-35.pdf, accessed August 2016.

⑱ Kara Swisher, "The Men and (No) Women Facebook of Facebook Management," *All Things D*, August 16, 2007, http://allthingsd.com/20070816/the-men-and-no-women-facebook-of-facebook-management/, accessed July 2016.

⑲ Tracy Chou, "Where Are the Numbers?," *Medium*, October 11, 2013, https://medium.com/@triketora/where-are-the-numbers-cb997a57252＃.x4eehpd8n, accessed March 2015.

⑳ Jeremy C.Owens, "Apple, Google, HP and Other Tech Giants Again Refuse to Release Workplace Diversity Data," *San Jose Mercury News*, March 18, 2013, http://www.mercurynews.com/2013/03/18/apple-google-hp-and-other-tech-giants-again-refuse-to-release-workplace-diversity-data/. 通常 FOLA 仅适用于政府机构，但 CNN Money 表示，"每个拥有超过 100 名员工的美国公司都需要向政府提交名为 'EEO-1' 的年度报告，将美国员工按种族和性别分类"。参见 Julianne Pepitone, "Black, Female, and a Silicon Valley 'Trade Secret,' " *CNN Money*, March 18, 2003, http://money.cnn.com/2013/03/17/technology/diversity-silicon-valley/, accessed October 13, 2016。

㉑ Nancy Lee, "Focusing on Diversity," *Google Official Blog*, June 30, 2016, https://googleblog.blogspot.com/2016/06/focusing-on-diversity30.html, accessed June 30, 2016.

㉒ Michal Lev-Ram, "The powerful woman behind Intel's new $300 million diversity initiative," *Fortune*, January 12, 2015, http://fortune.com/2015/01/12/intel-diversity/.该篇文章包括一份 2015 年 1 月的描述该新项目的选段。

㉓ Hope King, "Tech Diversity Round Up," *CNN Money*, June 19, 2015, http://money.cnn.com/2015/06/19/technology/tech-diversity-roundup/, accessed June 2016.

㉔ Nathan Heller, "How Pinterest Engineer Tracy Chou Is Breaking the Silicon Ceiling," *Vogue*, November 21, 2014, http://www.vogue.com/4537369/pinterest-tracy-chou-silicon-valley/.

㉕ According to Zalis, in a telephone interview by Heather Cabot, November 8, 2016.

㉖ Ann Friedman, "Shine Theory, How to Stop Female Competition," The Cut, *New York*, May 13, 2013, http://nymag. com/thecut/2013/05/shine-theory-how-to-stop-female-competition.html.

㉗ Office of the Press Secretary, White House, transcript of remarks by President Barack Obama at the White House Science Fair, May 2014, https://www. whitehouse. gov/the-press-office/2014/05/27/remarks-president-white-house-science-fair, accessed June 2016.

㉘ Josh Harkinson, "Welcome Back to Silicon Valley's Biggest Sausage Fest," *Mother Jones*, September 9, 2014, http://www. motherjones. com/politics/2014/09/women-gender-gap-tech-crunch-disrupt-tcdisrupt and the policy: https://techcrunch. com/events/disrupt-ny-2014/anti-harassment-policy/.

㉙ Mark Tran, "Apple Facebook to Offer Egg Freezing for Employees," *Guardian*, October 15, 2014, https://www. theguardian. com/technology/2014/oct/15/apple-facebook-offer-freeze-eggs-female-employees.

㉚ "Barbie, Remixed: I (Really!) Can Be a Computer Engineer," *Casey Fiesler* (blog), https://caseyfiesler. com/2014/11/18/barbie-remixed-i-really-can-be-a-computer-engineer/; Robert McMillan, "Feminist Hacker Barbie is Just What Little Girls Need," *Wired*, November 21, 2014, https://www. wired. com/2014/11/feminist-hacker-barbie-just-little-girls-need/; Feminist Hacker Barbie, created by Kathleen Tuite: https://computer-engineer-barbie.herokuapp.com/.

㉛ Candida G.Brush, Patricia G.Greene, Lakshmi Balachandra, and Amy E.Davis, "Diana Report: Women Entrepreneurs 2014: Bridging the Gender Gap in Venture Capital," Arthur Blank Center for Entrepreneurship, Babson College, Wellesley, MA, September 2014, http://www. babson. edu/Academics/centers/blank-center/global-research/diana/Documents/diana-project-executive-summary-2014.pdf, accessed March 2015; Dr. Candida Brush, email interview by coauthor Heather Cabot, June 2016.

㉜ Megan Guess, "At Trial of Top VC Firm, Allegations Fly of Gender Bias, Messy Breakups," *ArsTechnica*, February 25, 2015, http://arstechnica. com/tech-policy/2015/02/in-trial-against-top-vc-firm-allegations-fly-of-gender-bias-messy-breakups/; Deborah Gage, "Former Kleiner Partner Trae Vassallo Testifies of Unwanted Advances," *Wall Street Journal*, February 25, 2014, http://blogs. wsj. com/digits/2015/02/25/former-kleiner-partner-testifies-of-unwanted-advances/.

㉝ Trae Vassallo et al., "Elephant in the Valley," survey by Women in Tech, 2016, http://www.elephantinthevalley.com/, accessed January 2016.

㉞ Nina Burleigh, "What Silicon Valley Really Thinks of Women," *Newsweek*, January 28, 2015, http://www. newsweek. com/2015/02/06/what-silicon-valley-thinks-women-302821. html.

㉟ Sukhinder Singh Cassidy, "Tech Women Choose Possibility," *Recode*, May 15, 2013, http://www. recode. net/2015/5/13/11562596/tech-women-choose-possibility, accessed May 15, 2013. "退出"是指私人投资者在早期公司合并、收购或首次公开募股后获得投资回报。

㊱ Michael Goodwin, "How New York City's Women Entrepreneurs Raised $3 Billion in Ten Years," *The Huffington Post*, January 24, 2014, http://www. huffingtonpost. com/michaelgoodwin/how-new-york-citys-women-_b_6213334.html, accessed September 2016.

开启梦想/女性创始人们

问题不是"谁让我去做",而是"谁要阻止我"。

——艾茵·兰德(Ayn Rand)

　　天还没亮,米歇尔·菲(Michelle Phan)就起床了。她快速地煎了个鸡蛋作早餐,给宠物鱼"小尼莫"喂了食,敷了个眼膜去除昨夜的浮肿,规划了当天的着装:蓬松毛皮背心、白色衬衫、牛仔短裤和细高跟黑皮及踝短靴。早上7点,"米西"(Mish)* 冲出房门,手上拿着绿色果汁,驾车前往洛杉矶国际机场乘坐短途航班飞往旧金山,前去硅谷的ipsy总部。ipsy是她的电子商务美妆公司,2015年秋被投资人们估值逾5亿美元。① 每个月,ipsy都为美国和加拿大的超过150万付费用户寄送"格美包"(Glam Bags),里面装满米歇尔最爱的睫毛膏、唇彩和护肤霜。ipsy有着庞大的年轻女

_____

* 米歇尔的昵称。——译者注

性用户群，其中很多人是通过米歇尔备受追捧的 YouTube 视频知道她的。因此，早在米歇尔刚刚创办 ipsy 的 2011 年起，这家公司就一直盈利，和 Birchbox 保持良性竞争。在飞往旧金山的航班上，这位年轻的大亨凝视着自己的苹果笔记本电脑，熟练地编辑着自己最新的美妆教学视频——这是其频道的"面包"与"黄油"，给她带来超过 10 亿的播放量。当然，以一个真正的 YouTube 主播的风格，她通过视频赢得商机，满足其青少年拥趸的渴望：体验成为米歇尔·菲的感觉。②

　　30 岁的时候，这位梦想家成了自己的美妆和生活方式数字帝国的首席执行官，而她从前在百货公司美妆专柜求职被拒的事情一度非常出名。她之所以能够做到这些，是因为她将 800 多万 YouTube 订阅者（平台史上最高人数）转化为一个国际品牌。被《魅力》（*Glamour*）杂志称为"下一个奥普拉"的米歇尔是一个真正的"崛起的极客女孩"——她是铁杆玩家，以"技术宅"自称。③

　　2015 年初，当我们第一次同米歇尔对话的时候，她刚刚结束一场风风火火的亚洲之旅归来。在那里，她同中国版的 YouTube——优酷的创始人与时任首席执行官古永锵（Victor Koo）聊了聊。"我很小的时候就喜欢机器，我喜欢技术，天生和网络合拍。"米歇尔告诉我们。

　　换句话说，她看到了未来。甚至于在 YouTube 引起轰动之前，她就已经娴熟地在早期博客平台 Xanga 上建立受众群了。她分享画作以及有关美妆和生活的创意，青少年们很热衷于这些内容，受众人数不断增长。尽管在坦帕就读高中时，她感觉自己像一个书呆子式的局外人，保护欲过强的母亲也不太让她出门，但她很享受网络上暴涨的人气。她以自己的生肖和最爱的食物起名"米兔"（Rice Bunny），建立起一个活泼的公众形象，获得了 1 万个粉丝，最终成了"最多订阅者的女性"。④ 2007 年，她从博客转战视频制作，在 YouTube 上发布了自己第一个时长 10 分钟的美妆教学视频，这并非偶然。她在找寻更大的舞台。一周之内，就有超过 4 万人观看了这个视频，她知道自己已经找到了一个有力的媒介。

她最受欢迎的视频是传奇的"芭比仿妆教学"，她素面朝天地出现在自己空荡荡的新公寓里，对观众说自己刚刚搬家，所以还没有家具。对话式的旁白让她好像我们的"死党"一般，她一步步向观众展示"如何看起来像完美的塑料芭比娃娃"，比如用一种特殊的刷子上粉底，而不用手指或上妆工具。8 分 39 秒后，她戴上了带刘海的金色假发和亮粉色的发箍，脸上有种毫无瑕疵的假面感，她开玩笑说自己和真芭比娃娃有一种毛骨悚然的相似之处。⑤再适合万圣节不过了。我们撰写本书之时，已经有超过 6 500 万人观看了这个她于 2009 年 10 月上传的视频——这比 2004 年 5 月观看 20 世纪头十年最受欢迎的电视剧《老友记》大结局的美国人还要多，那时也才 5 250 万人。⑥

然而，在米歇尔刚刚开始制作视频的时候，没有人预料得到 YouTube 会带来最终可以搅乱好莱坞的新式创造者驱动经济。这是一个全新的边界。陈槟（Bing Chen，音）是米歇尔的多年知己，他从在 YouTube 做营销时起就一直同她合作。他说，米歇尔之所以能够远在大多数人之前看到这个商机，是因为她作为青少年，同自己的观众紧密相连，会聆听他们的反馈。她之所以能够理解他们的需求，是因为那也是她的需求。

"我知道年轻一代将 YouTube 看作新的电视。他们（会）浏览到我的频道，然后……看到一个有数百条视频的收藏库。他们会想去看。"一年之后，在宽敞的 ipsy 圣莫尼卡办公室与工作室同我们会面时，米歇尔这样解释道。我们问她，她是如何在那么年轻的时候就知道事情可以成功的。"如果你想成为了不起的创作者，你就需要成为自己的头号粉丝。你需要热爱你正在做的事情。10 年前，我瞥见了我在数字内容的未来中想扮演的角色。如果我想让梦想成真，我就必须证明它、实践它。"

她总是要亲力亲为。让她成为兰蔻发言人的动力，让她成为百万富翁的品牌视频，都刻在她的基因里。她并非出身富裕人家。身为越南难民的懂事女儿，在父亲抛弃家庭后，为了填饱肚子、居有其所，她从小就帮助母亲和兄弟四处筹钱。

"如果你问 18 岁的米歇尔想要什么，她生活中唯一的目标就是帮助自己的母亲。"米歇尔的朋友陈槟告诉我们。

米歇尔很早就学会了如何努力工作、经营生意，小时候就曾在母亲的美甲沙龙应答客户电话。她还曾经从沃尔格林（Walgreens）买来打折的复活节过季糖果，然后转卖给自己的同学，直到攒足钱来给自己买台 iMac 电脑。后来，她一边当服务生打工挣钱，一边供自己读艺术学校，同时还继续帮助母亲经营美甲沙龙，睡在母亲公寓的地板上。米歇尔自学了 HTML，这样她就能自己设计网站。制作视频也是一样。所有的（事情）都是自学成才。事实上，直到

2016 年，她都是自己编辑所有视频的。

在我们见面前一晚，米歇尔又熬夜绘图了。她经常不到凌晨两三点是不会上床睡觉的，因为凌晨的这几个小时是她最近仅有的能用来绘制其免费电子漫画系列《赫利俄斯：女性》（*Helios：Femina*）的机会。《赫利俄斯：女性》是一个充满活力的网络条漫，故事发生在一个未来世界，在这个世界中，技术毁灭了社会，导致了政府的腐败。她悠闲的 20 来岁的员工告诉我们，很少看见她没有在涂涂画画的：要么是在纸上，要么是在 iPad 上。不管是在会议中还是在办公室里，她手上总拿着一支铅笔。灵感来的时候，她随时准备记下来。

米歇尔没有和我们握手，而是用温暖的拥抱欢迎了我们。当在开放式的白色工作区落座时，我们首先发现的是，这位 YouTube 新星还戴着她的黑色绘图手套。她那天不用录制视频，所以她的打扮很休闲：充满运动感的洋红色波浪卷发，卡其色的及膝休闲毛衣，黑色紧身裤，还有正面绣有撒着芝麻的巨型汉堡包的海军蓝灯芯绒棒球帽。人们很容易将她与在仅距工作室几个街区之远的圣莫尼卡户外购物中心"第三漫步街"闲逛的溜冰者们弄混。她刚刚从瑞士休假和数周亚洲之行中回来，她在那里拍摄了自己在越南寻根的视频，还见了一些有兴趣在中国和日本培养播客（视频博客主）生态系统的数字媒体高管。她在 ipsy 的圣马特奥办公室和圣莫尼卡办公室之间奔波，保持着一个奔走于新视频录制和演说的疯狂行程表，其间还毫不懈怠地推陈出新和自我探索。这是她从自己经历过的一个最大的失败中汲取的教训：她当时失去了自己为欧莱雅美国开发的美妆线"Em"的创意控制权。这个美妆巨鳄在 2015 年 10 月将 Em 出售给了米歇尔和 ipsy，她同我们见面是在此约 9 个月后。

她告诉我们，Em 在越南语中的意思是"姐妹"，这个产品线是她最大的失策，因为她既没能监控市场走向，也没有监督产品定价（《女装日报》的一篇报道将 Em 的滞销归罪于其定价）。⑦现在事情不一样了。一群年轻女性，包括两个大学生实习生和米歇尔的朋友与学徒——YouTube 主播"杰吉莎"（Jkissa），她们跟着米歇尔进进出出，陪她一起考虑一堆堆鲜亮的紫色、蓝色、黄色和绿色眼影。她们一起"试色"，或者说将这些色彩刷在手腕上，一起讨论质地和光泽，讨论米西的粉丝们会不会对这些产品感兴趣。这些讨论有种青少年彻夜畅谈的感觉。米歇尔的红发产品经理弗兰纳里·安德伍德（Flanery Underwood）说，这直接源于米歇尔的个性——她总让其他人感到很自在。她在视频中分享自己的点滴生活，向观众提供有关恋爱、家庭乃至求职的建议，其中流露出的温和与宁静看起来是那么真挚，这种温和与宁静随着其团队口中的"米歇尔抚慰人心的嗓音"更加凸显出来。

除此之外，她热情地支持着新生代美妆博主，其中就包括杰吉莎，这个身上文着文身的 22 岁银发女孩在当天就录制了 8 支新视频。ipsy 办公室的隔壁是 ipsy 的开放工作室，那里有一排排放满了数以百计的指甲油的货架和一个摆着紫色厚底凉鞋和高跟鞋的鞋架。那是一个 1 万平方英尺的顶尖生产空间，是米歇尔为培养新一代数字新秀所作的努力之一。经过米歇尔的"开放工作室"同名项目审核的有志美妆博主们可以免费使用这里的设施，还能够参加编辑、灯光和编程的课程。米歇尔正在构建一个原创音乐库,这样他们就能在视频中使用这些音乐,避免了米歇尔早期经历过的授权问题。ipsy表示,有1万名博主或"创作者"加入了这个项目,他们通过自有媒体频道能够覆盖3 000万女性。

杰吉莎对我们说,她的偶像变成了她的好友,在商业里里外外引导着她和其他YouTube主播们,尤其是教会了他们如何避免被人利用。这毕竟是好莱坞,很多机会主义者都指望在不断涌现的野心勃勃的明星身上挣快钱。杰吉莎在俄勒冈州的尤因长大。她对我们吐露说,她在15岁的时候曾经因为自己的长相而遭受严重的霸凌。米歇尔的视频成了她的避难所,最终也令她灌顶醍醐。她跟随米歇尔的步伐搬到了洛杉矶,现在,她不再只是在自己的公寓里、在丈夫的镜头下为自己的30万粉丝拍摄视频,而是在专业的灯光下拍摄,而一个通风廊之隔,就有一对愿意倾听的耳朵。

"跟米歇尔一起工作真的就像是美梦成真,因为她就是一切的开始。说到美妆博主,你第一个想到的就是她。能够和她并肩工作,能够向她学习,我觉得这是每一个美妆博主梦寐以求的,因此,真的能够向她询问任何问题,改变了我的人生。"杰吉莎一边说着,一边在一天的繁忙录制后卸去妆容。

米歇尔说她正在试图放慢步伐,不再同时身兼数职。她现在正不断地试验叙述故事的方法。她正在寻找成为下一个YouTube的新平台。她自豪地用她两台手机中的一台向我们展示她的电子漫画书,书中有可以不断向下滚动的日漫风格画面,令人印象深刻。当她上下滑动漫画时,她指出这些图画之间很少出现留白或分隔线。

她说，这是第一个这样布局的漫画。她也对虚拟现实及沉浸式内容很是着迷，她说她刚刚让她的小团队参加了一个虚拟现实的课程，让她们进一步学习如何制作虚拟现实形式的作品。

"我相信下一个新的边界是人们能够与之互动的媒体，是人们能够参与其中的媒体。你不是在看，你是在互动。"她说，并预言着一个人们将在360度视角的虚拟商店里购物的未来。想象一下，在亚马逊浏览商品，却能够感觉像走过一排排货架，拿起商品、比较商品，如同在商店里一样。她也对未来课堂里的虚拟现实应用充满激情，这样的应用能够带来沉浸式的历史之旅，让学生能够充分体会他们所学的知识。这些都是她下一步想要解决的问题。

"如果你真的想成为企业家，你需要有信仰与激情，但更重要的是，你（必须）想要去解决问题，"她说，"解决问题是你的任务。解决问题并不是为了在你的银行存款数字后面多加几个零。这更是为了解决根植于你内心深处的重要问题。"

我们谈话的时候，她那支由四名年轻女性组成的创意团队正在为未来的视频而忙碌地测试着美黑产品。这就是她在2015年秋天ipsy从机构投资者处募集1亿美元后终于雇用团队人员的原因。她长久以来一直孤军奋战，她想要一支无畏的团队。

"我注意到，当我坚持自己的立场，当我除去对自己创造力的限制，以至于事情的关键甚至不再是成为网络上最受欢迎的人，而只是我不断地去开辟创作之路，去发展社区策略，最重要的是，继续这么多年来我一直同我的观众们进行着的真正的分享对话，"她说，"这才是我真正的工作。我乐在其中。"她露出微笑，在一张矮咖啡桌旁找了一个舒服的位置席地而坐，和自己的团队一起享用外卖蔬菜汉堡和薯条。来自几个街区外的太平洋的清新海风自敞开的工作室门外徐徐吹来，米歇尔和她的团队边吃边对新的项目——下个季度的万圣节视频——进行着头脑风暴。或许会以虚拟现实呈现？拭目以待吧。

· 克服融资障碍

　　完美的创作者将技术转化为一流的生意，这是个精彩的故事。然而，大多数创立科技初创公司的女性并没有名人效应加持，对她们而言，创立高成长性的企业并获得关注是条漫漫长路，道阻且艰。而想要筹集足够的资本，让公司得到显著的扩张，更是难上加难。其中最大的一个问题就是女性通常并不向男性那样拓展人脉，也并不太愿意去触碰既有关系。根据 2014 年考夫曼基金会（Ewing Marion Kauffman Foundation）的一份报告显示，男性向亲朋好友等个人人脉借钱的可能性是女性的 5 倍，男性向商业熟人募集资本的可能性是女性的近 3 倍。[8] 而这些还只是种子资金——也就是一个创始人在无法自行募资时用来继续创业之路的初始资金。到了募集所谓的成长性资本，也就是建立公司所需的资金的时候，她能从风险投资人处募集的可能性很小。风险投资人为他们的有限合伙人管理着数千万，乃至数亿美元的机构资金——这些有限合伙人是企业养老基金、保险公司、家庭信托、捐赠基金会、基金会和超级富豪。一份来自巴布森学院（Babson College）阿瑟·M.布兰克创业中心（Arthur M.Blank Center for Entrepreneurship）的报告得出结论：在风险投资支持的公司中，只有 2.7% 的公司由女性首席执行官经营，并且 2011 年至 2013 年 508 亿美元的投资总额中，这些公司的募资仅占 15 亿美元。[⑨]而这种情形至今仍无改善。这份报告的主要作者坎迪达·布拉什博士（Dr. Candida Brush）告诉我们，在 2016 年夏天获得风险投资的 4 000 家公司中，85% 由全男性管理团队领导。[⑩]而另一份由哈佛大学、麻省理工学院和沃顿商学院的学者进行的研究发现，投资人更青睐来自男性企业家的投售。[⑪]

如果一名女性创始人推销的产品或服务的主要受众为女性，那么从风险投资人处募资的可能性就更小了，因为在这些风险投资人中，白人和男性占压倒性的比例，而他们倾向于只为自己认识并理解的事物冒一定的风险。[⑫]那句可怕的"我去问问我太太"，女性创始人们听过太多遍。风险投资人会在创始人的商业和个人特质中寻找熟悉的模式，比如他们是否符合"车库兄弟"这种极客式的无意识的刻板印象，这种印象曾定义了很多成功的硅谷案例。这样一来，无意识的偏见就根深蒂固了。

"这不是'精英主义'，这是'镜英主义'……（它）看着某物，却喜欢自己看到的镜像。它喜欢看到自己。"当被问到为何非白人男性创始人们在募资时困难重重，亚当·昆顿（Adam Quinton）这样声明。他是卢卡斯点风险投资公司（Lucas Point Ventures）的创始人，也是一个直言不讳的女性拥护者。社会学家将他口中的"镜英主义"称为"模式匹配"。而大多数新兴科技行业女性企业家并不符合这种模式。苏辛德·辛格·卡西迪在 2015 年发起并发布于 Recode（参见第一章）上的一份调查报告显示，在排名前 300 家女性领导的创业公司中，84% 并非由具有工程或计算机科学学位的人担任领头人。⑬

"模式认同和运气是募资的关键。"萨迪·麦林（Shadi Mehraein）解释道。她是硅谷屈指可数的女性风险投资人之一，创立了铆钉风投（Rivet Ventures）——一个专注于女性消费者市场投资的 5 000 万美元基金。同时，在多家著名风险投资公司工作过的萨迪还说，那些让男性企业家脱颖而出的特质，如趾高气扬和咄咄逼人，也通常正是阻碍女性达成交易的性格特质——这实在是讽刺，因为创始人要实现构想，就需要这些性格特质。

·瞪退性别歧视

这当然是双重标准——当 The Muse 的首席执行官凯瑟琳·明舒（Kathryn Minshew）行走在迎击领英（LinkedIn）和 Monster、建立最受欢迎的千禧世代在线求职网的漫漫长路上时，她面对的就是这样的双重标准。她是一个没有技术学位的科技公司女性联合创始人，虽然在弗吉尼亚州北部著名的数学和科学特色学校——托马斯·杰斐逊高中就读 10 年级时，她曾是计算机科学高级分班考试中的尖子生。她曾经在课堂上用计算机编程语言和朋友们递小纸条取乐，但她从没有设想过未来会踏足科技行业。那是那些住在父母的地下室里的小伙子们做的事情。她选择去杜克大学学习法语和政治学，并计划进入外交部门工作。凯瑟琳有着大大的绿眼睛和长长的棕色头发，很容易被误认作演员凯蒂·霍尔姆斯（Katie Holmes）。你可以想象一下，当她第一次走进一个满是投资人的房间时，这些更习惯于接待穿着套头衫的男性募资人的投资者们作何反应。尤其在当时，创业的女性少之又少。她几乎是个奇人了。她不得不淡化自己电影明星般的形象，表现得自信又不专横，聪明而不傲慢。这就像在钢丝上行走。

"在硅谷，（认为）一位女性的举止令人不快或难以合作的标准是非常低的。"她告诉我们。当时我们正在参观 The Muse 位于曼哈顿成衣区的 1.8 万平方英尺的办公空间，公司刚刚搬入这里满一周。这个亮堂的空间有一种奇妙的氛围——这里有一种室内外交融的感觉，盆栽自天花板悬挂而下；一间舒适的健康室供哺乳期母亲和员工使用，"工作时间育儿"政策允许父母将宝宝带到办公室，直到宝宝满 6 个月或能够爬行为止；在亮丽的自助餐厅，立着一面爬满常春藤的装饰墙。但这里的装潢并不奢华。凯瑟琳向我们保证，公司的运营仍至精至简。这里的家具只略好于宜家，且创始人们不得不通过易货的方式来做一些装修，包括一列站立式办公桌、沙发和一间"静室"，以吸引工作风格不同的人群。我们是在周五晚上 7 点见的面，当时这些青春洋溢的员工们还在拆搬家的箱子，但他们看起来已经有在家的轻松感了，喝着啤酒休息，听着独立音乐，迎接周末的到来。在某些周五，The Muse 会举行威士忌品酒会，而在最近的一场牛油果酱大赛里，团队用 20 美元经费购买原料，相互对决。但办公室的灯会在 8 点准时熄灭——这是为了提醒人们回家，过自己的生活。文化是 The Muse 的关键，因为它的业务之基就是为有抱负的千禧世代匹配关心员工的酷公司。公司的领导团队必须身体力行。

凯瑟琳说自己一直都对公司的理念抱有信心，她也有自信能解决她及其团队想要解决的问题——那就是在年轻人职业初期，为他们创造更个性化、更迷人的求职方式，同时为各公司创造更个性化、更迷人的招聘方式。她告诉我们，在刚开始募资的四年中，当面对那些提出性别歧视或无知问题的潜在投资人时，她变得越来越有攻击性。她不再争论；她会死死瞪着，面无表情地从桌子这一边看过去，比必要的时间要多一秒钟，然后流畅地将对话引向另一个话题。

"这个度拿捏得正好，一般来说，对方不至于因为年轻女性的责备而大动干戈。所以，通常那种瞪视、静默和话题的转换，都是非常威严且隐约带有攻击性的举动，同时又不会真的让对方丢了颜面，"她说，"这是最自然的平衡之法，告诉别人我不是好惹的，但也并不想让场面难堪。"

这个法子见效了。在 2016 年春天的第三轮融资中，The Muse 从机构投资者处获得了 1 600 万美元，这些资金让公司员工得以翻倍至 200 人。The Muse 拿下了这座新大楼 18 层的一整层，在不久的将来或许还将拿下楼上一层。这并不是一件容易的事情，因为当时市场低迷——就在 The Muse 再次开始融资的 2015 年最后一季度，风险投资人正在撤资。但这帮助 The Muse 在 2016 年夏天达到了 5 000 万的网站用户量，其收入每年呈五倍增长，同时也突破了证明公司起飞的基准。凯瑟琳以及其公司的共同创始人兼首席运营官亚历克斯·卡武拉科斯 (Alex Cavoulacos)，从前都在国际管理咨询公司麦肯锡担任顾问。在五年间，她们募集了 2 870 万美元，其中有来自 Aspect 这样由两名女性风险投资人创建的公司的，也有来自泰拉·班克斯 (Tyra Banks) 和赫斯特杂志的前总裁卡西·布莱克 (Cathie Black) 这样著名人士的。亚当·昆顿也是 The Muse 早期的资金提供者。

"我是在 2012 年秋天投资 The Muse 的，"亚当告诉我们，"那时候她们刚刚起步，但她们的活力、干劲、投入和专业都令人印象深刻。当然，她们的生意看上去是一个恰逢好时机的好想法，且有潜力发展壮大。所以（这是）一个非常让人难以抗拒的组合。"

·穿着黑皮裤战斗

但对于凯瑟琳而言，这是一场漫长且艰难的跋涉，她需要和那些以投资者自居、实际上却只是想要一场约会的人尴尬地喝酒，还要就她的跟进是否太咄咄逼人这件事同风险投资公司进行粗鲁的交流。此外，每时每刻，她和亚历克斯还要被投资人说教，说她们俩"太漂亮"了，管不了大公司，还问她们到底懂不懂生意起步有多困难。事实上，他们还问她和她公司的共同创始人，为什么不去找份光鲜亮丽的闲差，见好就收呢？

2012 年 1 月，凯瑟琳和亚历克斯从纽约来到加利福尼亚州山景城参加 Y Combinator（YC）这个拥有 12 年历史、享有盛誉的创业公司的新兵训练营。YC 孵化了爱彼迎（Airbnb）、Reddit 和 Dropbox，以对每家公司 12 万美元的投资换取它们平均 7% 的股权。然而，即使是在这之后，她们还是面对了大量关于产品本身的性别歧视性质评论。⑭ The Muse 是建立在她们第一个生意——PYP（pretty young professionals）的经验之上的。最初她们将 The Muse 作为一个为年轻女性求职者服务的终极在线平台来进行投售，既能为这些女性求职者提供职业生涯上的建议，又能让她们一瞥各公司的幕后一面。很多男性投资人根本就无法理解它的目标受众：年轻的女性专业人士。

"实际上，其中有些人说'我只是在担心，你所有的用户一过 30 岁，你就会失去她们'——这是在暗示说我们所有的用户过了 30 岁就不再会是我们的用户了，因为她们会生儿育女，不再关心自己的职业生涯。"凯瑟琳说。投售的过程时常是令人恼火的。"就是因为我们投售的是一个关于女性及其职业生涯的产品，我们就要经历更多的性别歧视。"

凯瑟琳曾在卢旺达致力于实施一项人类乳头状瘤病毒疫苗国家战略计划。而在某一时刻，她对应付那些要么轻蔑、要么轻浮的投资人感到挫败不已，于是决定对自己进行投售时的着装进行 A/B 测试*——这样一来，她就可以进一步地分析该如何改善自己的演

---

* A/B 测试是比较单个变量的两个版本的方法，通常通过测试受试者对变体 A 和变体 B 的响应，并确定两个变体中的哪一个更有效。——译者注

示报告和装扮，从而增加胜算。在试图说服投资人们价值 1 240 亿美元的求职搜索市场前景火热的过程中，她得到的教训是保守的紧身连衣裙没什么效果。但，皮裤有效。现在，她去开会时穿得像个战士：一身漆黑，一副火力全开的架势。这身打扮不仅让她感觉强大，她还认为这样能够让自己作为首席执行官的兑现承诺的能力更令听众们感到信服。

"我穿得像个马上要去揍人的骑士。这对我们来说几乎是个笑话——但这显然是有意义的。"她笑道。"在几乎每一场投售会上，我都穿着一身黑。每天早上，我都会查看我的日程，看看我都要去见谁，然后再决定我是要穿得更彪悍些，还是更随意些。"她说。

有的投资人就是想来约会的。当凯瑟琳和亚历克斯刚开始募资时，凯瑟琳是单身。用不了几分钟，她就能看出某个投资人的会面是不是别有用心的。对于这些经历，她几乎不置一词，直到 2013年，一个来自关系紧密的创业圈的熟人声泪俱下地分享了一个被投资人求爱的恶心故事：他比她大 30 岁，承诺了她整个世界，然后告诉她自己爱上了她，所以不能再对她的生意进行投资，随后消失了。这个女人在这个男人身上浪费了宝贵的四个月的时间，而这个男人当时支持着她的创业，"说着所有好话"，且理应忙着从其他投资人那里筹集巨款。那个公司最后垮掉了。这个女人对凯瑟琳倾诉，认为错在自己。这让凯瑟琳心里不痛快——她很不痛快，于是决定将那些同自己搭讪的潜在投资人的故事公之于众。这其中包括一个男人把投售会的地点改到了他下榻的旅店酒吧，一边问着私人问题，一边靠近她的私人空间。

"我坐在那里，手臂作出防御的姿势，因为他靠得太近了。我基本上一直在推开他的胸膛。所以，没过多久，我就说：'我必须走了。'"她这样告诉《连线》（*Wired*）杂志。⑮

她知道把自己的故事告诉公众是有风险的，也有很多人警告她这于她不利。现在她的生意蒸蒸日上，且公司估算有三分之一的千禧世代都在访问 The Muse，她觉得开诚布公地对待困难和斗争对他人只会是有益的。⑯她所有的这些经历，教会了她如何找寻正确的投资人，也赋予了她坚毅之心，让她为下一代女性企业家们坚持下去。凯瑟琳和亚历克斯甚至拒绝了一家大公司的诱人的收购提议，转而选择长线经营。在本书付印之时，每月访问其网站的人数达到了 700 万左右。她们向前迈进着——如癫似狂地招人，夜以继日地工作——她们致力于自己的目标：创造最为可信、最受喜爱的职业资源，做独一无二的事业。

"这不是在一夜之间实现的。我认为，这就是更坦诚地分享创业故事如此重要的原因。因为这真的很难，其中是有一些运气的成分，但那些具有魔幻色彩的公司——你懂的，就是'我们灵机一动，瞬间百万用户，马上一夜暴富'的公司，只是凤毛麟角，"凯瑟琳说道，"我觉得，随着更多女性创立的公司走得更高、更远，人们会更加清晰地意识到如果对女性创始人不屑一顾，他们会错过赚钱的良机。"

更多的女性正在加入。在我们同凯瑟琳和亚历克斯第一次见面时，作为首次被项目接纳的由女性创立的公司之一，The Muse 加入了 YC。从那以后，由女性创立的公司的数量迅猛增长。开源数据平台 Crunchbase 一直通过众包搜集有关科技创业公司的信息。据其显示，在 2009 年至 2014 年间，创始人团队中有一名以上女性的公司数量翻了一番，增长至其数据库中公司总数的 18%。[17] 2015 年 12 月来自美国妇女商业委员会的报告称，由女性持有的公司的增长速度是由男性持有的公司的三倍。[18] 这番欣欣向荣的景象恰好映衬着 2008 年房地产市场崩盘后的一场席卷美国全境的创业活动大爆发。

但金润荷（Yunha Kim）认为，只要能改变心态，应该有更多的女性能够开始创业经商。润荷是 Locket 的共同创始人，那是一家改变安卓手机用户与其设备屏幕的交互方式的公司。她对我们说，就算不提科技行业顽固的性别歧视（对此她有切身体会），有时女性会挡了自己的道儿。

"我会说，作为一个创业或科技行业的女性，最大的阻碍就是认为作为女性是一种劣势。不要去听信这个声音，而是好好想想一个事实：已经有那么多其他女性成功了。"她建议道。而她自己也说到做到。2014 年，润荷为 Medium 撰写了一篇文章。文中她勇敢地指出了作为科技行业的女性首席执行官要面对的所有糟心事，比如因为表现得有攻击性就被说是"贱人"，或是被她正在招聘的工程师邀请约会（她甚至公布了一封来自一个饶有"性致"的应聘者的电子邮件）。[19] 但与此同时，她也对女性创始人们发起呼吁，让她们接受作为区别于普通套头衫哥的创业者能给她们带来的优势。

"这里的一课全在于你要如何勾画自己的视角。如果你决定相信身为女性首席执行官是很糟的，那你就会是对的，你就会成为糟糟的你。如果你决定相信身为女性首席执行官是很棒的，你就会变成更开心的自信的你。"在这篇被疯狂转发的博文中，润荷叙述了自己近一年来作为创业公司创始人和首席执行官的历程。文中附上了一张她的照片，照片里的她穿着一件她的高知名度投资人泰拉·班克斯所赠予的 T 恤。T 恤上写着："我是个企业家，'贱人'。"换而言之，接受现实吧。

·没有风险,就没有回报

斗志也能帮上忙。2012 年，润荷走出大学校园还不满一年，她的学生贷款尚未还清，她放弃了自己在曼哈顿收入颇丰的投行工作，只为了一个成为企业家的机会。35 美元的寿司午餐没了，豪华的寓所也没了，取而代之的是冷冻披萨晚餐和拥挤的两人间的双层床，那里同时还是一个容纳五人团队（外加三只狗和一只仓鼠）的办公区域。润荷很清楚这其中的风险。同我们遇见的很多企业家一样，她的公司从自筹资金起步，自力更生，试验着自己的假说。考虑到募资的挑战，女性创始人在开始投入时间与精力寻找外部资金、稀释自己的公司所有权之前，对原型实验、获取用户反馈和确保真实市场的存在尤为慎重。这次转型是她人生中最艰难的抉择，为此她还放弃了巨额收入。在她决定和高中时期最好的朋友一起建立 Locket 的时候，她距离自己的第一份华尔街奖金只有 60 天的距离。

"我觉得我让我的父母失望了，因为他们真的很喜欢我之前的工作。就这么裸辞，就是听着不太对。"她提及自己把这个爆炸性消息告诉父母时的情形，她的父母都是生活在韩国的大学教授。不用说，他们很担心。然而在杜克大学学习过经济学和中文的润荷说，她的直觉告诉她，单单在美国就有8 000万安卓手机用户，他们平均每天看手机的次数超过100次，广告主的潜在市场是很巨大的。在还做着分析师的工作时，她就已经开始进行研究了，而且开始确信她能做出比当时市面上现有的更好的锁屏。她分析发现，即使她失败了，她也可能创立了第一家锁屏公司，因此这值得挑战。

当她刚刚开始着手让生意步上正轨时，她还不知道挣扎与困难的选择才刚刚开始。在她小小的公寓里，这个团队不间断地工作了一年多，开发着一个对常见且无聊的安卓手机蓝色锁屏进行重构的产品，让它变成一个具有沉迷性的游戏或其他品牌内容的交互界面。

这个锁屏刚一完成，Locket就飞速成长。才数月光景，它在市场中的用户数量就从第一天的25 000增长至逾150 000。然而，就在那个时候，这种商业形式中的一个主要缺陷变得明显起来。润荷原先的计划是对滑动手机锁屏的用户给予小额现金奖励，但因为用户的数量增长得太快，在广告主付账之前，Locket没有足够的钱来付给它的用户。Locket很快就耗尽了资金。

为了生存下去，Locket必须有所行动。润荷不得不迅速而敏捷地调转方向、重新开始——这意味着解雇整个团队。是的，（解雇）那些一直和她分享公寓的人们。那是她人生中最糟糕的一段日子。但她没有放弃，主要是因为她已经接受了"以败为进"是过程的一部分，而旅程的确才刚刚开始。

于是她又进行了一次高风险的赌博，把公司搬到了旧金山，并开始了疯狂的筹资。几个月的时间，她就从著名风险投资公司那里筹集了320万美元的资金。她的投资人中有前超模泰拉·班克斯、巨橡风投（Great Oak Venture Capital）和特纳广播公司（Turner Broadcasting）。润荷雇用了新的工程师，Locket 的屏幕又经过了数次迭代，才最终带给市场一个能够让用户们对自己的锁屏进行个性化设置新闻推送与照片的产品。随后，他们开发了第二个产品——ScreenPop，一种让用户能通过锁屏界面向好友发送信息的社交工具。谷歌将 Locket 列为 2014 年最佳应用之一。

"事到如今，我最大的恐惧就是以后我（会）后悔。我们经历了这些重大事件——我在 Locket 这里犯过很多错。其中很多我都并不后悔。"润荷告诉我们。那时距离她从公司壮丽退出并成为新闻头条只有几个月的时间。2015 年 7 月，美国与欧洲第一大移动购物创业公司 Wish 以秘密条款收购了 Locket。当这项交易被公之于众时，TechCrunch 报道了其他求购者（包括雅虎和 Facebook）也可能曾试图挖走这家公司。[20]润荷"没有风险，就没有回报"的方式，显然有了回报。

现在，她正在着手建立自己的第二家创业公司——Simple Habit。这是一个"冥想版的网飞"，其中遴选了数百个 5 分钟时长的冥想，由世界各地的正念*与健康专家引导。对于那些希望建立下一

---

* 正念是指以一种特定的方式来觉察，即有意识地觉察、活在当下及不作判断。——译者注

个 Locket 或其他神奇创新的有抱负的女性创始人，她的建议是：别挡自己的道儿。

"如果你真的对它充满激情，如果你真的想去做，就开始做吧，不要去想为什么你不应该去做——对于你为什么不应该去建立一个新公司，你会有太多太多的理由，所以就去吧，去做。"

·现实的创痛

残酷的现实是，大多数创业公司都失败了。[21] 研究显示，在获得投资的创业公司中，其中多达 75% 的公司永远没能给投资者带来回报。（而且，这还是那些走得足够远，能够去向外界找寻投资的公司。）[22]

"我们一直把这个过程浪漫化了。（然而）这是很难的。很残酷。对大多数人来说，结局都很糟糕。四分之三都将失败。"哈佛商学院教授汤姆·艾森曼（Tom Eisenmann）说。当时，我们正在询问他，为了更好地帮助学生为科技公司的艰难创业之路作好准备，哈佛商学院会如何调整课程。失败是如此寻常，以至于它成为了创业公司行话的一部分：企业家们被建议"快速地失败，经常地失败"或者"以败为进"。无论是在参加科技展会，精读 Medium 上的事后分析，还是在联合办公空间闲逛，失败都是硅谷文化的一部分。

所以，警示性的故事就在我们眼前，随处可见。碧·亚瑟（Bea

Arthur)（和《黄金女郎》女演员 * 无关），33 岁，花费五年时间建立了第一家通过视频聊天提供精神治疗的公司。她的公司最初名叫 Pretty Padded Room，发展迅速，最终用户遍布美国 30 个州和世界 23 个国家。朋友们亲切地称呼这位上镜的女人为"科技界的碧昂丝"，因为她迷人的卷发和牙膏广告般闪亮的笑容一路上给她带来了大量且积极的公众关注，其中包括一些电视亮相，2014 年她还被《新闻周刊》评为"值得押宝的企业家"。然而，这家公司虽然在其生涯中增长超过 600 000 美元，并且帮助碧付清了研究生贷款，但在她无法支撑如支付员工薪酬之类的成本时，它还是以失败告终了。她人生中的最低谷之一是在 2016 年的 4 月。当时，她在 Facebook 上向好友们发布帖文，称在几个月试图从投资人处筹集更多资金的努力失败后，她最终宣告放弃。她钻进被窝，有五周的时间以泪洗面，用墨西哥卷淹没自己的悲伤，思考着以后该何去何从。

"这一年，这次创业生涯是我真正的悲伤之源。"她告诉在场的 75 名充满同情的女性。那是在碧向世界宣告要关闭自己的创业公司的一个月以后，女性创业者们、记者们与技术专家们相聚曼哈顿参加 TheLi.st 聚力会（TheLi.st Power Conference），进行为期一天的交流与社交。这位曾经的家庭暴力问题咨询师依靠着这一群专业领域的熟人及好友的支持，一路走过五年的起起伏伏。现在，她蹬着一双系带高跟凉鞋，身穿一条漂亮的黑白无袖宽下摆连衣裙，和

---

* 《黄金女郎》的比特里斯·"碧"·亚瑟（Beatrice "Bea" Arthur）是一位职业生涯长达 70 年的美国女演员与歌手。——译者注

其他几个企业家一起走上台来讲述创业公司倒闭后的故事。她实话实说道，她目前的目标是减掉坐着为自己的公司默哀时增加的 15 磅体重。即便是在她开玩笑要"重振腹肌"时，在场的所有人都能感受到她的悲痛尚未平复。她刚一走下台，很多人都拥抱了她，提供着帮助。

从一开始，这就是一场狂野之旅。碧是在 2011 年创立这个公司的，因为她当时充满激情地想要让心理健康治疗对普通人来说变得更便利、更负担得起。用户每个月支付 200 美元订阅服务，这项服务将把他们介绍给各种各样的治疗师，从婚姻咨询到减重，专业涵盖方方面面。用户们可以通过网站预订每月套餐，通过 Skype 进行疗程。2013 年，这个拥有哥伦比亚大学硕士学位、开朗的心理治疗师受邀参加了美国广播公司（ABC）的"创智赢家"（*Shark Tank*）节目*。在那里，她辛酸地体会到——并且是在全国播放的节目中体会到——当你向投资人筹资时，你最好对你公司的财务状况里里外外都摸得透彻。在她提出以公司 30% 的股权换取 100 000 美元的投资后，"鲨鱼"凯文·奥利里（Kevin O'Leary）无情地撕碎了她，对她的创收计划不屑一顾。她搞砸了这笔交易。但即使在她备受煎熬、抹泪之时，奥利里还要更进一步，开始说一段达尔文式的寓言：在南非海岸旁一个岛上，成千上万只饥饿的海豹垂涎着世界上数量最庞大的沙丁鱼。奥利里告诉碧，水里的第一只海豹会被大白鲨们吞食，然而必须要有一只海豹先下水，这样其他的海豹

---

* 《创智赢家》是一档美国竞赛类节目，节目中的创业者向被称为"鲨鱼"（Shark）的投资者寻求资金。——译者注

才不会跟着下水、被吃掉。"所以说,你知道你在这个故事里扮演着什么角色吗?"他煞有介事地问着碧。"再也不会有其他创业者不带着数据就来这里。他们会从你留在水里的血中学到教训。"然后他告诉她,他"退出"。她曾祈祷这一期永远不要播出。

但它播出了。

她告诉我们这件事的后果:"如果我醒着,或者独自一人待着,我就会为'创智赢家'哭泣。是的。我在纽约市的每一条地铁线上都哭过。没有任何东西可以让人对这样的事情在心理上作好准备。这就像在一条黑暗的小巷里,走着走着,'噢,这里有个惊喜派对',然后被突然袭击,接着每个人都对你说'你妈是个婊子'。想象一下你深爱的事物,想象一下人们当着你的面在它上面拉屎。"那次录制已经过去三年了,谈起这件事还是让她感到难过。

虽然这件事很可怕,但她还是继续前进,而事实证明公众的关注促进了销售的增长。在她那次不幸的节目露面被重放约九个月后,她接受了男友的邀约,前往位于特克斯和凯科斯群岛的豪华的阿曼亚拉度假村享受片刻放纵。在那里,碧觉得自己可以习惯那纯净的白沙海滩、碧蓝的海水,以及同演员克里斯托弗·沃肯(Christopher Walken)一起上网球课。如果有一天退休后她能够在这样的地方享受阳光,或许所有的磨难都是值得的。她焕然一新地回到家,下定决心要对公司的财务状况有更好的掌控。2014 年夏天,她成为第一个公司被 YC 接受的非裔美国女性。正是这个极具竞争性的创业公司孵化器,帮助了她那位建立了 The Muse 的朋友。

"他们(YC)告诉我,我入选的原因是我是那种'无所不用其极'的女孩。这是真的。我开拓了道路。是我一手实现的成果。"碧告诉我们。那是在她关闭公司约一年之前。她重新戴上了厚厚的眼镜，不施粉黛，头发用非洲印花巾盘起，在公寓里工作着，一边为第二天的福布斯妇女会议（Forbes Women's Conference）进行预演，一边撰写着一篇关于警察的暴行的 Medium 博文，其起因是一个警官在得克萨斯州麦金尼市的一个泳池派对上将一个非裔少女推倒在地的场景被人录了下来。这个故事让碧深有共鸣。她成长于"孤星州"，是加纳第一代移民的后代。自她中学时起，她的父母就殚精竭虑地工作，经营着自己的小公司。她继承了他们的毅力。

所以对于继续发展公司的挑战性，她并没有抱着天真的幻想。在被 YC 选中后，她将公司改名为 In Your Corner。就算手握著名项目的 120 000 美元投资，也有机会同硅谷一些重要投资人见面，她仍知晓前路艰辛。然而，被创业之地的崇高梦想冲昏头脑是很容易的。在这里，一个公司可以在真正盈利之前就估值百万。参加 YC 项目让她获得了信誉，她因此能够从硅谷募集资金。但她马上就遇到了麻烦。她决定把工程外包给一个海外的软件开发者团队，而这成了一个致命的错误。培训这些工程师非常困难，最终她失去了对进程的控制，只得到一堆垃圾代码，让公司损失了数万美元。她在自己的产品面前感到无能为力，也觉得自己无处诉苦。

"你要告诉谁呢？特别是作为一个创业者。你的投资人？你的员工？还是你那些并不想听你说这些事情的朋友们？当你有那么点儿名气时，事情就会变得艰难。这是一种非常孤独的体验。"她说，回想起这些艰难坎坷后来实际上为其公司背后的整个使命提供了更多支撑。

虽然幕后有些波折，但 In Your Corner 仍继续在接下来的 18 个月里为客户匹配治疗师——它仍在盈利，2015 年度共赚得超过 400 000 美元。然而由于公司的花费增长，她很快就耗尽了现金。为了能够继续发工资，在绝望中，她向家人借款，也借了一笔高利率贷款。后来，在"女性@福布斯"（Women@Forbes）中作事后剖析时，她说自己最大的错误就是"喝下创业的迷魂汤"。换句话说，YC 之后的那几个月里，"投资者缓冲"甫一确保，她就开始"烧钱"：租用她觉得需要的漂亮办公室，即便小团队里的大多数人都在家工作；为网站更新了一些新功能，但因为没有招聘到合适的团队，这些新功能运行不佳。"我作出了漫无目的、铺张浪费的决定。为了模仿我在西部见闻的创业故事，我做出了疯狂且危险的举措，而不是明智且策略性的。"她写道。2016 年初，她再次试图筹集资金。然而，她越是将精力从销售和日常经营上转移开，遭遇的问题就越多。

"投资这些事情简直是精神枷锁。我没法去做我热爱的公司事务，一点儿也没法做。"2 月的一个下午，在曼哈顿的午餐上，碧这样告诉我们。那是在她关闭公司两个月前。她告诉我们，她正在重新开始自己作为治疗师的私人执业。她从几个月前就没有再从 In Your Corner 领工资了。她需要付房租。

她宣布放弃时，正是她遭遇了最低谷之时：两个跟随了她很长时间的治疗师给了她出其不意的一击，他们决定离开公司自己单干，同她竞争。一瞬间，她在自己的创业公司中投入的全部能量与爱都消失不见了，这让她感到心酸。从此以后，她要怎样介绍自己呢？一个失败的创业公司的创始人吗？

这时，一次观看百老汇热门音乐剧《汉密尔顿》的邀约，将她从深深的怯懦中拽了出来。在她宣布关闭公司的几周后，一个后来成为其好友的投资人慷慨地邀请她去看城里最火的音乐剧。林-曼努尔·米兰达（Lin-Manuel Miranda）以现代的风格重新讲述了"青春洋溢、朝气蓬勃且充满渴望"的孤儿亚历山大·汉密尔顿的故事：出生草根的他，一跃成为乔治·华盛顿最亲密的顾问、美国第一任财政部长。这个音乐剧让碧心潮澎湃。在令人振奋的嘻哈配乐中，有一首歌深深地打动了她：《静候》（*Wait for It*），这是阿龙·伯尔——汉密尔顿的克星——唱出的一首独白。戏中，伯尔鼓励着自己继续攀爬，即便他眼看着自己残酷无情的对手抢在他前头：

> 人生起起伏伏
>
> 我们失败崩溃
>
> 我们失误犯错
>
> 但若众人皆死，而我独活
>
> 但若这自有缘由
>
> 我愿静候那答案㉓

碧如醍醐灌顶。趁着幕间休息的时间，她冲到大堂，匆匆写下关于人生下个篇章的创想。

"这真的让我重燃激情。"几周后她这样对我们说，听上去比过去很久以来要更乐观一些。她正在增加自己的私人治疗工作，同时把她的视频体验变为全新的表演节目——一个关于女性及亲密关系的电子视频系列，为 VProud.tv（一个将自己定位为"由女性为女性而建的以视频为主导的交流平台"的公司）而制作。她同时还定期为"女性@福布斯"撰写专栏文章，接受自己的过去，将它看作一枚荣誉勋章。"对我来说，弄清楚它（创业公司）的模式是件很难的事情，我觉得它给了我一层保护壳。现在，我已经成为那些知晓地狱之苦并从中走出来的精英人群中的一员。"碧说道。

·需要是发明之母

当我们向内凝视创业公司风险重重的世界时，当我们跟随那些为新一代女性创始人开辟道路的极客女孩的脚步时，我们发现，正如汉密尔顿一样，她们似乎都有着一种强烈的驱动，想要从头开始创造一些东西，一做到底，不顾一切。正如米歇尔·菲告诉我们的，对解决问题的激情必须是让人全身心投入的。你必须不屈不挠。你必须无所畏惧。

"你能够看出一个必须去做、完全无法想象自己去做其他任何事情的创始人（和一般的创始人）的区别。你必须拥有韧性，必须保持那种'我正在做我命定的事业'的本意。"根据 BBG 风投公司——一家投资女性领导的消费科技创业公司的基金——创始人苏珊·莱恩（Susan Lyne）的观点，这是造就一个成功创始人的秘方。

正是"需要"驱使着 45 岁的希拉·利里奥·马塞洛 (Sheila Lirio Marcelo) 去思考帮助家庭寻找并雇用看护人员的新方法。2006 年,她建立了一家公司,这家公司将来会成为连接需要家务协助的家庭与需要工作的保姆、老年护工、遛狗员和家庭教师的最大的线上平台。激发她开始这项艰难任务的是她自己需要平衡照看宝宝和年长的父母之间的挣扎。

希拉是一个来自菲律宾的移民。当她还是曼荷莲学院经济学的一名准大三学生时,她发现自己怀上了第一个孩子——瑞安 (Ryan)。她在 20 岁时成了一个母亲和妻子,同 21 岁的丈夫罗恩·马塞洛 (Ron Marcelo) 一起住在校外。她和丈夫是某个周末在耶鲁大学通过一个菲律宾学生组织认识的。和她一样,她的丈夫也还在读书。幸运的是,她分娩的日子恰逢罗恩的第一天春假。这个假期就成了他的陪产假。由于家人不在身边,他们联系了一个日托中心,这样她就能回去上课了。但是在这家中心关门的时候,她唯一的选择就是把婴儿装进宝宝背包里,带到课堂和研讨班上。㉔

"他哭的时候,我只能离开教室。没有别的选择。我的经济负担不起,市面上也没有任何选择。"她说着,回忆起他们刚成为父母时那些充满压力的白天和无眠的夜晚。从曼荷莲学院毕业后,她一边做着咨询工作,一边努力适应着母亲的角色。若干年之后,她进入哈佛,同时开始法学学位和 MBA 的学习。在她开始着手发展创业公司 Upromise 的时候,她和罗恩已经有了两个儿子,她的父母搬过来帮忙照顾孩子们。然而有一天,她的父亲在家里抱着她的二儿子亚当（Adam）上楼梯时，突然心脏病发作了。他们的世界就此颠覆。希拉不知道要去哪里才能为她的孩子们和她的父亲都安排上看护服务。她在一家互联网公司工作，然而她却在匆忙中翻找黄页寻找帮助。她给一家保姆中介打了电话，但它的价格实在是太高了。她和罗恩当时挣的钱并不多，同时还需要偿还学生贷款。最后，一个远房亲戚在她父亲休养期间前来帮忙。

"我震惊于（看护人员）市场的缺失。因为我已经研究过房地产，开始思考市场的问题，就在那时我有了这个想法。家庭真的需要有选择。这并不只（为）我，也（为）数以百万经历这些事情的家庭。"她这样告诉我们，当时我们和她在 Care.com 位于马萨诸塞州沃尔瑟姆市的全球总部见面。她白手起家，花了超过 10 年的时间建立了这家公司。然后，以一种开拓性的步伐，在 2014 年她带领公司上市。1 月 24 日，她和家人一起敲响了纽约证券交易所的钟声，庆祝 5.54 亿美元的市值。㉕在那一年，Care.com 是唯一一家由女性领导的首次公开募股的科技创业公司，也是极少能做到这一点的这类公司之一。到了 2016 年秋天，Care.com 上积累的用户包括了来自 19 个国家的 1 240 万家庭和 960 万看护人员，这些用户使用一个应用程序来找寻后备计划、安排夜间托儿、进行家庭雇员税务筹划，它同时作为一个全新的国际项目来培训及安排调配经验丰富的老年护理护士。如果这些都还不够说明什么的话，在 2016 年6 月，谷歌资本（Google Capital）＊，一家由阿尔法贝股份有限公

＊ 现更名为 G 资本（CapitalG）。——译者注

司（Alphabet Inc., 纳斯达克股票代号：GOOGL）支持的成长型股票基金，对 Care.com 进行了 4 635 万美元的投资，成为其最大的股东。这是谷歌资本首次对上市公司进行投资。㉖

　　回头来看，希拉对于这个她想要解决的问题有着一个明确的想法。她亲身经历了这个问题。然而在她向前跃起之前，她必须先克服一个困境，即一个经营以女性为目标主体的公司的女性管理者。她告诉我们那个故事时，我们正坐在她带窗的办公室里俯瞰剑桥水库；窗台上放着她两个儿子婴儿时期的照片，瑞安如今 24 岁了，住在华盛顿特区，而亚当 16 岁，在读高中一年级。一开始，她说，她担心没人会认真看待她。当一个彼时在顶尖投行工作的商学院女同学问她，为什么一个拥有双学位的人会想要经营"临时保姆服务"，她的自我怀疑变得更严重了。在她权衡一家热门移动媒体创业公司的职位和着手自己创业之间的选择时，事情的转折点来了：她的一位导师、一位备受尊敬的风险投资家、她曾担任过入驻企业家的经纬创投（Matrix Partners）的戴维·斯科克（David Skok）告诉她，要看看镜子，再决定自己想要成为谁。

　　他问她："你开始这份创业，是因为你要做痛点公司来解决客户们的难题吗？还是你要做爽点公司，因为你想要加入这家媒体公司呢？你是谁？"

　　这场对话迫使她深思。她意识到，她所有经历过的挑战将她带到了这一刻，她不能因为担心别人的看法就止步不前。她必须不再把精力集中在其他人会怎么想上，而是马上动手去干。

　　在一个瑰丽的春夜，当我们和 400 名女性创始人一同坐在特里贝克区一个豪华的会场顶层时，傍晚的阳光自高窗隐约闪现，她同下一代女性企业家们分享了这一智慧。所有人都仰视着显示出巨大画面的两个屏幕，跟随着希拉的指引一起做着脑筋急转弯的思考。希拉穿着一件带褶边的黑色皮革开襟羊毛衫，踏着靴子，留着刚到下巴的服贴发型，看上去就像《妹子老板》（♯*girlboss*）中的一个狠角色。当每个画面闪过时，她都会向人群发问："我们看到的是罗宾鸟的蛋安全地放在巢中，还是一只准备起飞的鸟？我们看到的是一位正在照顾雏鸟的母亲，还是一位母亲忧愁的脸庞？"

这是一个挑战着女性如何看待眼前景象的认知训练，也挑战着社会期待是怎样影响着这些观点。她说，你不能让这些观点阻挡前进的步伐。相反，你必须抓住这些事件，将它们转化为机遇，把它们变成她称之为凯特尼斯（《饥饿游戏》中的角色）或者克拉克·肯特＊的时刻，在他人轻视你的时候，释放内心的超级英雄。

她告诉专心的听众，作为一个移民，作为一名有色人种女性，她对被忽视或隔绝的感觉略有体会。比如，她在清晨赶去商店——素面朝天、一把马尾——为家人购买鸡蛋和豆奶，因为说出一口流利的英语而让收银员感到震惊。还有一次，就在 Care.com 上市不久前，她正准备会见投资人，她出于习惯为自己倒了咖啡后给房间里的其他人也送上了咖啡。他们以为她是银行派来的助理，而不是创始人、主席、首席执行官。她作出了清醒的选择，没有被这件事惹怒，而是礼貌地放下这件事情，集中精力付诸行动。

＊ 即超人。——编者注

"你可能会和这样一群男人待在同一个房间，他们自然而然地觉得你可能是温顺的、安静的，或者你不会提出什么好观点，甚至（怀疑）你根本就没有跟上讨论。"她继续说道，"我倾向于集中在敏锐洞察上，有逻辑地抓住重点，主张自己的观点，完全保持策略性。我认为这会转变那些看法，而我们越是在这类事情上作出表率，那些可能无意的潜意识偏见才会被改变。"

2007年，当她开始建立为家庭匹配看护人员的平台并最终说服投资者其中的市场机遇时，她紧紧抓住了那个她至今仍称之为"北极星"的意念：她可以销售的是比帮助父母们更宏大的东西。考虑到世界的老龄化、不断增长的离婚率和不断下降的出生率，她预计未来将面临各类看护人员的严重短缺。她想要抓获老年看护、宠物照管、家教以及其他毫无组织但是时候进行专业化的非正式服务市场。她很早就看到了其中的全球性潜力。

在为两家不同的互联网创业公司工作之后，她很清楚创业公司要面对大起大落以及其中的风险。而且，作为一个在菲律宾长大的孩子，她记得她的父母是怎样勤勤恳恳地经营着他们的各类生意，从养鸡和种椰子，到货运和经营餐馆。她的父母曾经梦想着他们这个生性好奇而健谈、四五岁就开始阅读报纸的孩子能够成为家族里的律师，但他们最终还是接受了事实。同时，她的父母在很多方面都是她的榜样，塑造了她与丈夫的生活，在她自己的家里点燃了她关于看护责任的主意。她深情地回忆起父母平均分配家务的情形。

"你们是配偶，你们是伴侣，无论是工作还是生活，你们都要分担。我从未质疑过这一点。"她谈起自己的父母。直到今天，他们仍同她和罗恩住在一起。

如今，她成了商务女性中备受瞩目的榜样，她的任务拓展到了有关女性、工作、领导力的公开讨论。她为家政工人、带薪助产假以及可负担儿童与老年看护的更易获得性而发出倡议。在我们拜访其办公室的那天，我们偶遇了美国全国家庭佣工联盟（National Domestic Workers Alliance）总监浦艾真（Ai-jen Poo）。她、希拉和新美国基金会（New American Foundation）的安妮-玛丽·斯劳特（Anne-Marie Slaughter）共同合作，发起倡议，将美国的看护工作重新定义为经济与道德的必要元素。

2016年6月在白宫举行的美国妇女大会上，希拉宣布了她们的合作，并说道："看护在生活的方方面面影响着每一个人，但它通常被认为是个'软性'话题而被轻视。事实上，看护是我们经济的基础构建单元。如果没有一个强健的看护体系，我们便无法支撑千禧世代——这个最大的劳动力群体——生儿育女时的需求，以及婴儿潮时出生的一代人65岁后面临的不断增长的护工需求。我们的工作环境和政策并未满足美国家庭的看护需求，而如果没有建设性的改变，我们的经济将失去宝贵的劳动力，因为他们需要去照顾自己的亲人。"5 000名女性在这次大会上相聚，她们相互建立联系，为各类事物集思广益：从带薪休假到薪酬不公，从企业家职能到针对女性的暴力。㉗

这项合作的第一个项目制作了一份"看护索引"，这是第一个全美优质儿童保育服务可利用率的排名。从华盛顿归来时，希拉备受鼓舞。她很高兴看到奥巴马总统站在台上宣布自己是名女权主义者。2016 年夏天，在美国大选提名大会数周之前，在这次史上最具厌女主义和种族色彩的总统竞选之际，更是在首位女性候选人得票领先之时，朋友们开始问希拉是否考虑进军政界，乃至在下一届政府中担任一官半职。但她否认了。她还尚未解决 10 年之前决心解决的问题。她预计要解决这个问题，还需要 10 年或 20 年。"在我们需要继续构建的所有这些事物之上，我仍怀抱着我的北极星愿景，"她说，"我们的路才走了一半。"

· 注释

① ipsy valuation，September 14，2015，CrunchBase，https：//www.crunchbase.com/funding-round/f02fe780eb990c14c0422346f2de224b.
② Michelle Phan，"Follow Me to Work at ipsy," YouTube video posted November 13，2012，5：07，https：//www.youtube.com/watch?v = AuFOLJxutAM.
③ Megan Angelo，"Why I Believe Michelle Phan Is the Next Oprah," *Glamour.com*，March 31，2015，http：//www.glamour.com/story/michelle-phan-online-network.
④ Michelle Phan，*Makeup：Your Life Guide to Beauty，Style，and Success—Online and Off* (New York：Harmony，2014)，10.
⑤ Michelle Phan，"Barbie Transformation Tutorial," YouTube video posted October 7，2009，8：39，https：//www.youtube.com/watch? v = J4-GRH2nDvw.
⑥ Bill Carter，"Friends' Finale Audience is the Fourth Biggest Ever," May 8，2004，http：//www.nytimes.com/2004/05/08/arts/friends-finale-s-audience-is-the-fourth-biggest-ever.html?_r = 0，accessed November 6，2016.
⑦ Julie Naughton，"L'Oréal，Michelle Phan Part Ways：Em Michelle Phan Heads to ipsy.com," *WWD*，October 9，2015，http：//wwd.com/beauty-industry-news/beauty/loreal-usa-michelle-phan-part-ways-em-michelle-phan-heads-to-ipsy-com-10259153/.
⑧ Alicia Robb，Susan Coleman，Dane Stangler，"Sources of Economic Hope：Women's Entrepreneurship," Ewing Marion Kaufmann Foundation，November 2014，p.11，http：//www.kauffman.org/~/media/kauffman_org/research% 20reports% 20and% 20covers/2014/11/sources_of_economic_hope_womens_entrepreneurship.pdf.
⑨ Candida G.Brush，Patricia G.Greene，Lakshmi Balachandra，and Amy E.Davis，"Diana Report：Women Entrepreneurs 2014：Bridging the Gender Gap in Venture Capital," Arthur Blank Center for Entrepreneurship，Babson College，Wellesley，MA，September 2014，http：//www.babson.edu/Academics/centers/blank-center/global-research/diana/Docu-

ments/diana-project-executive-summary-2014.pdf，accessed March 2015.

⑩ Candida Brush，email interview by co-author Heather Cabot，June 21，2016.

⑪ Peter Dizikes，"Women，Less-Attractive Men Lag in the Effort to Find Financial Backing for Startups," MIT News Office，March 17，2014.研究参见 Alison Wood Brooks，Laura Huang，Sarah Wood Kearney，and Fiona Murray，"Investors Prefer Entrepreneurial Ventures Pitched by Attractive Men," *Proceedings of the National Academy of Sciences* 11，no.12(March 25，2014)：4427—4431。

⑫ National Venture Capital Association，*Building a More Inclusive Entrepreneurial Ecosystem*，July 2016，http：//nvca.org/ecosystem/diversity/.Venrock's Richard Kerby found 11 percent of VC's are women，67 percent men. Venrock 的理查德·克尔比（Richard Kerby）发现，风险投资公司中 11%为女性，67%为男性。NCVA 澄清，该数据为合伙人级别比例，并不包括初级投资助理。

⑬ Sukhinder Singh Cassidy，"Tech Women Choose Possibility," *Recode*，May 13，2015，http：//www.recode.net/2015/5/13/11562596/tech-women-choose-possibility，accessed May 13，2015.

⑭ Sam Altman，"The New Deal," *Y Combinator*（blog），http：//blog.ycombinator.com/the-new-deal.

⑮ Issie Lapowsky，"What Tech's Ugly Gender Problem Really Looks Like," *Wired*，July 28，2014，http：//www.wired.com/2014/07/gender-gap/，accessed July 28，2014.

⑯ Cromwell Schubarth，"VC Theresia Gouw：Backing Diversity Is More Than Funding Female Founders," *Silicon Valley Business Journal*，March 18，2015，http：//www.bizjournals.com/sanjose/blog/techflash/2015/05/vc-theresia-gouw-backing-diversity-is-more-than.html，accessed January 2016.

⑰ Gené Teare and Ned Desmond，"Female Founders on an Upward Trend，According to CrunchBase," *TechCrunch.com*，May 26，2015 https：//techcrunch.com/2015/05/26/female-founders-on-an-upward-trend-according-to-crunchbase/，accessed May 26，2015.

⑱ National Women's Business Council，*10 Million Strong：The Tipping Point for Women's Entrepreneurship*，2015 annual report（Washington，DC：NWBC，n.d.），7. https：//www.nwbc.gov/sites/default/files/NWBC_2015AnnualReportedited.pdf，accessed December 2015.

⑲ Yunha Kim，"What I Learned in My First Year as a Female Startup CEO," *Medium*，April 10，2014，https：//medium.com/women-in-tech/what-ilearned-in-my-first-year-as-a-female-startup-ceo-19ce929c9679#.rhcmcn34p，accessed April 2016.

⑳ Ingrid Lunden，"Mobile Shopping App Wish Buys Android Lockscreen App Maker Locket," *TechCrunch*，July 14，2015，https：//techcrunch.com/2015/07/14/mobile-shopping-app-wish-buys-android-lockscreen-app-maker-locket，accessed June 20，2016.

㉑ James Surowiecki，"Epic Fails of the Startup World," *The New Yorker*，May 19，2014，http：//www.newyorker.com/magazine/2014/05/19/epic-fails-of-the-startup-world，accessed July 2016；Kristin Pryor，"Here Arc the Startup Failure Rates by Industry," *Tech.co*，January 12，2016，http：//tech.co/startup-failure-rates-industry-2016-01；David S.Rose，"The Startup Failure Rate Among Angel-Funded Companies," *Gust*（blog），August 17，2015，http：//blog.gust.com/the-startup-failure-rate-among-angel-funded-companies/；Erin Griffith，"Why Startups Fail，According to Their Founders," *Fortune*，September 25，2014，http：//fortune.com/2014/09/25/why-startups-fail-according-to-their-founders/.

㉒ Deborah Gage，"The Venture Capital Secret：3 Out of 4 Startups Fail," *The Wall Street Journal*，September 20，2012，http：//www.wsj.com/articles/SB10000872396390443720204578004980476429190，accessed June 2016. 什卡尔·戈什（Shikhar Ghosh）的研究显示，在接受风投支持的公司中，比例高达 75%的公司从不给投资人带来回报，其中 30%至 40%的公司进行了资产清算，对其投资人造成了完全损失。该结果基于一项涵盖 2004 年至 2010

年间 2 000 多家接受风投支持、融资至少 100 万的公司的研究。

㉓　"Wait for It," lyr ics and music by Lin-Manuel Miranda，2015，http：//genius.com/Lin-manuel-miranda-wait-for-it-lyrics.

㉔　Susan Young，"Sheila Lirio Marcelo，JD 1998，MBA 1999," *Harvard Business School*，https：//www.alumni.hbs.edu/stories/Pages/story-bulletin.aspx?num＝3985，accessed June 2016.

㉕　Michael B. Farrell，"Care.com's IPO Raises about $91M," *Boston Globe*，January 24，2014，https：//www.bostonglobe.com/business/2014/01/24/care-com-raises-million-ipo/N5navj OBBhUWRM1y0p0IBL/story.html.

㉖　Ezequiel Minaya，"Care.Com Receives $46.4 Million Investment From Google Capital," *Wall Street Journal*，June 26，2016，http：//www.wsj.com/articles/care-com-receives-46-4-million-investment-from-google-capital-1467235513；"Google Capital Invests in Care.com—Transaction Marks First Investment in Public Company by Google Capital," company press release，Care.com，June 29，2016，http：//investors.care.com/investors/Press-Releases/Press-Release-Details/2016/Google-Capital-Invests-in-Carecom—Transaction-Marks-First-Investment-in-Public-Company-by-Google-Capital-/default.aspx.

㉗　"Caring Across Generations，Care.com and New America Launch the "Who Cares" Coalition to Redefine the Social and Economic Value of Care and Caregiving," company press release，Care.com，June 14，2016，http：//investors.care.com/investors/Press-Releases/Press-Release-Details/2016/Caring-Across-Generations-Carecom-and-New-America-Launch-the-Who-Cares-Coalition-to-Redefine-the-Social-and-Economic-Value-of-Care-and-Caregiving/default.aspx.

烈火添薪／女性金融家们

地狱里有块专门的地方，是留给那些不知互助的女人们的。

——马德琳·奥尔布赖特（Madeleine Albright）

在格林威治村一个阴雨绵绵的早晨，纽约蓬勃发展的科技界中的权贵大佬们——以及报道他们的记者们——相聚在纽约大学的史克博尔中心。前往那里的路途简直是噩梦。街道水泄不通。天气又冷又湿。然而，当硅巷的人群甩干雨伞、冲向环形会场中的座位、等待着一睹这些可能会成为下一个谷歌或 Facebook 的 14 家公司的真容时，那里有一种令人兴奋的期盼。在井然有序的观众席后方，一位 50 来岁、身着黑衣的黑发女人备受瞩目。她的六位女性友人环绕在其周围，其中有一位商业地产投资人、一位连续创业家和一位创业公司的首席财务官。她邀请了这些女性同自己一起观看纽约"科技之星"2015 年秋季毕业展。"科技之星"（Techstars）是一个富有声望的跨城市创业公司训练营，曾诞生了如精品健身课程订阅服务公司 ClassPass 和食材配送公司 Plated 这样的瑰宝。

当灯光暗下，焦虑的创业者们鼓起勇气走上台来，乔安妮·威尔逊（Joanne Wilson）露出如同骄傲的母亲一般的笑容。她一直在对两家由女性领导的公司进行培训，教导她们该如何同在晨间投售会后造访她们的投资人进行交谈。制作教授女孩编程的友情手链的公司 Jewelbots 的创始人和线上公寓租契交易平台 Flip 的创始人都是她的学生。而她的爱徒们正在台上叱咤风云。乔安妮悄声告诉我们，她已经为她们写好了支票。

论起自掏腰包对女性领导的创业公司进行投资这件事，没有一个女性比得上这位完美的纽约客。2013 年，在其旁征博引的博客 Gotham Gal 上，她开始和丈夫一起思考当代艺术、餐馆、流行乐和约会之夜的重要性。乔安妮是所谓的"天使投资人"，用自己的资产为创业公司投资，和代表养老基金等机构合作伙伴进行百万美元投资的风险投资人相反。乔安妮已经为超过 90 家由女性创立的公司提供了支持，而她的投资组合还在不断扩展。这些公司涵盖了各个领域，包括：littleBits，制作教小朋友电子学的开源电路模块；HopSkipDrive，又被称为"孩子们的优步"，由三位母亲创立，雇用老师和儿童护工接送孩子们参加各类活动；Union Station，提供伴娘服的线上出租服务；还有 DailyWorth，一家服务女性的财经教育网站。她跟着自己的感觉走。她找寻着高增长公司，这些公司解决她所理解的问题，由她信赖能不负所望的女性们创立。

"我并不对约会软件之类的东西进行投资，市面上已经有 500 000 家了。真正让我感兴趣的是那些来到我桌上，让我觉得'这很有道理，为什么还没有其他人根据这个模式做生意呢?'的东西。我真的很幸运。我的意思是，我想我对于自己要投资哪些公司，有很灵敏的嗅觉。"这个以自己先锋的文化艺术品位为荣且不吝于表达观点的音乐行家说。

对做生意而言，她的嗅觉总是很灵敏。她的妹妹苏珊·所罗门（Susan Solomon）回想起她们俩在密歇根州安娜堡的社区里为孩子们表演节目时的情景，露齿而笑。那时苏珊 4 岁，乔安妮 6 岁。在她们整个童年的冒险中，乔安妮总是在台前，而苏珊更喜欢待在幕后。当时，是乔安妮挨家挨户地召集所有孩子们来看她们的节目，甚至说服他们支付入场费。

回想当年，乔安妮可以看见其中的"连接点"。在她的职业生涯早期，她是公司的经济支柱，在布鲁克林国王广场购物中心的大型梅西百货（Macy's）的美妆部门管理着 150 名女性员工。她爱那份工作。最后，她一路晋升，成为连锁百货公司的采购，进而继任公司发展及管理职位，直到她决定离开零售业，专注于家庭生活。那时她 39 岁，家里有两个女儿。当她沉浸在母亲的角色中，并迎来第三个孩子即小儿子时，撰写博客成了她创造力的出口。待在家中，可谓是"塞翁失马，焉知非福"。那些年里，她把坐下来一起享用晚餐摆在家庭最优先的位置；她还在孩子们的学校的理事会中任职。2015 年，她的儿子即将从卫斯理大学毕业，两个女儿住在布鲁克林，正在开始自己的事业。家人之间的相互联系渐渐从例行公事蜕变为一种仪式，变得和庆祝犹太节日一样重要。他们是一个紧密的家庭，直到现在，她仍然同 Gotham Gal 的读者们分享这一切。

在她开始做每周一的有趣女性企业家专题博文后，她毫不意外地发现自己成为了一个"少女杀手"，志向远大的女性们向她寻求事业与生活方面的指导。当你面对面地见到 Gotham Gal 时，你就会明白其中的缘由。尽管她拥有这样的商业神通和作为一个直率且机敏的交涉者的声名，她不可思议地热情而有趣——一个真正的高洁之人。我们甫一同她在其办公室相见，就喜欢上了她。那是在曼哈顿西村的一栋绿树成荫的楼群中，坐落在惠特尼美术馆之下，东临哈德逊河，西临市内最时髦的商铺。

"每当有重大事件或不好的事情发生时，我会第一个打给她。无论我是在一天当中什么时候拿起电话，她都会接听。"Nestio 的联合创始人卡伦·梅约（Caren Maio）说。Nestio 是一个飞速发展的平台，旨在"促进住宅房地产专业人士的即时交流"。在卡伦同我们相约一起喝咖啡的那天早晨，她刚刚从风险投资人处得到了 800 万美元的投资。这是对硅谷的投资人们进行长达五周的穷追猛打式的投售的结果，而风险投资的发展脚步正是在 2015 年后半年的这个时候开始放缓。其实她之前一直觉得还没有准备好再次开始融资，但她告诉我们，是担任 Nestio 董事会成员的乔安妮给了她所需的推动力。乔安妮说服卡伦现在正是募集更多资金的时机，Nestio 拥有"产品市场契合度"，而且卡伦需要时不时从日复一日的运营管理中走出来，进行更大胆的创想。在卡伦最初的某次关键会议那天，她这位不知疲倦的英雄要求她动手去做。

"那天早上她给我打了电话，说'你有一间不可思议的公司。想想你建立的这一切。我从最初之时就在见证这些。去大展拳脚吧！'

她就像我在工作上的母亲一样。这就像是倾听母亲的建议,给予你需要的前进力。"卡伦说。

我们从很多个多年来受到这位多产的投资人支持的女性那里听到了一样的故事。很显然,她对这些公司的奉献超出了商业的范畴——这些奉献带着个人色彩。电子卡应用 Red Stamp 的创始人埃琳 · 纽柯克(Erin Newkirk)告诉我们,乔安妮常常在她生日时发来短信。埃琳、卡伦和 Food52 的联合创始人阿曼达 · 赫瑟(Amanda Hesser)说乔安妮会邀请她们去她温暖的公寓里,坐在她家的沙发上,对她们如同家人一般,听她们倾诉公司经营的高潮与低谷。乔安妮参加她们的婚礼,倾听她们的哭泣。甚至会告诉她们什么时候该买新衣服了。"我就是这么实话实说。需要有人这样做。"她俏皮又不露声色地说。

"她在所有事情上都会给出建议,比如'炒掉某人',或'这是你要提拔培养的人',再或者'你应该在邮件里这么说'。既有全局观点,也有关于如何沟通这样的细枝末节。"RockPaperRobot 的创始人杰西卡 · 班克斯(Jessica Banks)说。这是一家位于布鲁克林的工作室,根据物理学原理制作让人大开眼界的家具和家用配件,如悬浮桌和机器人式的枝形吊灯。

"她还是一位多方面的全能导师,不仅仅局限在商业领域。我能看到她是如何走到今天的位置的,也知道她面对着怎样的挑战,尤其在弗雷德这样在全球都备受瞩目的情况下。"杰西卡说起了乔安妮的丈夫,"公众倾向于像是(这样评判),'哦,这是弗雷德的老婆'。但是知道了他们之间的关系后,我会说'应该反过来说'。"

弗雷德·威尔逊（Fred Wilson）是传奇公司联合广场风投（Union Square Venture）的联合创始人，因为他极富远见地投资了 Twitter、Etsy、Zynga 和 Tumblr 等知名公司而在 2016 年被 CB Insights 列为全球前 20 位顶尖风险投资家。① 他也撰写博客。乔安妮和弗雷德是 20 世纪 80 年代在波士顿读大学时认识的，结婚已经有 20 多年了。也正是弗雷德最终鼓励乔安妮专注于投资女性企业的。在乔安妮与 CatchAFire（一个在志愿者和需要其专业技能的非营利组织之间建立联系的在线市场）的创始人雷切尔·钟（Rachael Chong）共进了一顿充满命运感的早餐之后，乔安妮受到了启发。当时雷切尔只有男性投资人，很想知道一位女性的观点。吃完早餐后，在两人跑步去赶出租车时，雷切尔急匆匆地请求乔安妮当她的导师。乔安妮以自己坦率认真的风格拒绝了担任导师的提议，反之当下就抛出了一个投资提议。

"我记得（早餐后）我回家路上一直在思考这些事情，是我的丈夫（后来）说：'你知道，你和所有这些女性交谈。你理解她们的公司。你和她们之间的关系程度是其他人达不到的。'"乔安妮回忆道。

这一设想的演变结果完全呈现在我们面前，是在 2016 年 4 月的一个凉爽早晨。当时，我们登上了曼哈顿下城的世界贸易中心一号大楼顶层。造型简洁的电梯门开启，展现在我们面前的是一个 LOFT 风格的空间，这里有着震撼人心的 360 度城市全景，有着一张张时髦的皮椅和装饰着鲜花的矮桌，我们也得以了解乔安妮的下一步计划。我们来到的是女性企业家节（Women's Entrepreneur Festival），也被称为"唯绯"（WeFest）。这是乔安妮的一个标志性活动，旨在帮助胸怀抱负的女性相互认识。从一场场激励人心的演讲，到那个要求我们"连接彼此，发表见解"的巨型标识，让人感觉对这群来自全国各地的创始人和投资人来说，没有什么能够限制她们的发展。在前一晚，Care.com 的希拉·马塞洛就已经奠定了鼓舞人心的基调。这个活动的主旨在于为有事业心的女士们举行终极联络活动，在音乐节的氛围下，她们可以募集资金、讲述故事、雇用人才，收放自如，更重要的是她们能够在一个舒适的环境下尽情闲谈。作为这天的开场，乔安妮恳请大家相互扶持、热烈鼓掌，宣告女性企业家的崛起为"新的妇女解放"。当她走下台时，等着同她谈话的人排成长队。不同年龄的与会者们耐心地等待着向她介绍自己，等待着向她提出自己的想法。这位彬彬有礼的女主人看起来年轻又时髦，戴着标志性的黑银相间耳环，穿着短皮夹克，蹬着厚底靴，留着线条凌厉的波波头。

当我们缓慢地走向某个人满为患的分会场时，乔安妮感慨道："六年前，我不会想到我们会在这样的一个房间里聚集 400 名女性。这一定是场运动。"

然而，没有稳定的现金来源和强有力的人脉作敲门砖，这场运动不可能蓬勃发展。乔安妮作为天使投资人的角色是具有战略性的。对她支持的大部分创业者而言，她是第一位投资者，决定着交易的条款，也为这些新公司带来它们所需的指导与人脉。然而一旦这些公司开始成长并实证其构想，它们对现金的需要会呈指数增长——且增速急剧。

"我不是一名风险投资人，我是一名天使投资人。我永远不会成为开出那种巨额支票的人。"她说,"但我可能是你最大的拥护者与军师。而所有人都需要一个这样的角色存在。"

那些真正巨额的支票来自强大的风险投资公司,它们希望支持的是下一个价值10亿美元的科技巨人。

无论你是谁,不论男女,想要从风险投资公司处募资都是很困难的。

根据美国风险投资协会的资料显示:"在向风险投资公司申请募资的每100个商业计划中,通常只有10个左右会被认真地看一看,最后只有一个能获得投资。"②然而,对女性和有色人种而言,要争取投资尤为艰难。举例来说,根据非营利组织 digitalundivided 的一份报告,在2012年至2014年间,只有0.2%的风险投资流向了非裔女性创立的创业公司(也就是10 238家中的24家)。③其中一个主要原因是风险投资公司仍只雇用少量的女性(及有色人种)决策者。加州门洛帕克,在那著名的沙山路上单调乏味的办公园里,聚集着风投公司中最具影响力的那几家,那里的女性及有色人种更是凤毛麟角。

并且,掌握实权——成为普通合伙人——的女性为数不多。2014年的"戴安娜项目"(Diana Project)是巴布森学院一个研究女性对成长资本可获得性的研究联合会。他们发现,在美国的风险投资公司中,只有8.5%的普通合伙人为女性,而在1999年是10%。④2016年 Crunchbase 关于风险投资行业女性的报告显示,在排名前100位的风险投资公司里,这个数字是7%。⑤桌子对面的席位已经挤满了白人男性常春藤毕业生,对那些未得到充分代表的创业者们而言，想要将自己和自己的想法投售到桌子对面，缺少有影响力的女性、非裔及拉美投资人已经成了主要难题。从历史上来说，投资人们会给最能引发自己共鸣的那些创业者们机会。坎迪达·布拉什（Candida Brush）是巴布森学院的一名教授，他在电子邮件中告诉我们，如果风险投资公司有一名女性合伙人，他们投资一个领导团队中有一名女性的创业公司的可能性要高 40%。⑥

"面对现实吧：男人对制作一个更好的哺乳吸奶泵不感兴趣。这对他们来说没意思。"凯·科普洛维茨（Kay Koplovitz）说。她是 USA Networks 的创始人，也是后来首个为科技女性服务的商业加速器公司 Springboard 的联合创始人。

该公司的女性特大企业创业培训项目有着 17 年的历史，毕业生中包括颠覆了租车行业的 Zipcar、将免预约医疗诊所开在 CVS 药局和塔吉特百货里的 MinuteClinic 等 13 家发展到首次公开募股的公司领导者们。

"不是每一个女人都会去做饼干生意，虽然饼干本身并没有什么不对的地方。（风险投资人中的）观念就是，女性就只会做这些民生或消费产品的类目，而我们每一天都在证明女性是科技和生命科学的颠覆者。"同时也创立了科幻频道（后来被称为 SyFy）＊的凯说。1969 年她初涉商业世界、作为少数女性之一时，以及 1977 年她成为首位执掌有线网络的女性时的感觉，她犹记于心。⑦那时，

＊ 美国国家广播公司（NBC）的一个有线电视频道，于 1992 年 9 月 24 日开播。SyFy 专门播放科幻、奇幻、惊悚、超自然等电视影集，制作播放的著名影集包括《异形庇护所》（Sanctuary）、《第十三号仓库》（Warehouse 13）、2004 年版本的《太空堡垒卡拉狄加》（Battlestar Galactica）、《星际之门》（Stargate）系列影集等。

职业之路的前行常常是一场零和博弈 *，因为一家公司只能有一个象征式的女性站在顶尖。她很高兴看到随着科技界与创业圈中姐妹会崭露头角，近些年来这种局面被不断地改变着。

与此同时，同固有观念作斗争是很艰难的，要打入风险融资的兄弟会也是一样的——然而这份工作的亲密性质正是协议得以达成的方式。在很多方面，它都像极了约会。克瓦尔·德赛（Keval Desai）告诉我们，在这场促成投资人与创业者的结合的舞蹈中，亲密的联系是必要的，只有这样，他们才能真正了解对方。如果双方是异性，那就尴尬了。

"投资人和创业者会花很多时间相处——午餐、晚餐、晚上 10 点钟的通话。一个投资人和一个创始人之间就会发生这些人际交往。如果情况是一男一女，你是不会接到邀你出去喝一杯的电话的，也不会在晚上 10 点钟的时候讨论雇佣计划或其他问题。在你进行投资之前，如果你们有着男人和男人的关系，事情会简单些。"他说，"要解决这个问题，需要更多女性风投家。进而，才会有更多女性得到投资。"

·见识风投界的"女子会"

抱着这个想法，我们对与在以男性为主的风险投资公司从业的

---

* 博弈论的一个概念，属非合作博弈。零和博弈表示所有博弈方的利益之和为零或一个常数，即一方有所得，其他方必有所失。——译者注

女性"小部落"会面很有兴趣。在 2016 年的第一周，我们来到了汇集硅谷生意人与梦想家的豪华中心——一家位于旧金山市中心、名为 Battery 的私人俱乐部。时髦的皮沙发、昂贵的酒单、场内穿着随意的亿万富翁们，这就像是 HBO 剧集《硅谷》中出现的场景。我们受酷炫至极的珍妮·勒夫考特（Jenny Lefcourt）之邀，来到这个专属根据地。她是风险投资公司自由式资本（Freestyle Capital）的三个普通合伙人之一，该公司由两名男性联合创立。她将我们介绍给她的一些好友与女伴，比如：珍妮·菲尔丁（Jenny Fielding），科技之星的总经理；Maveron 的丽贝卡·卡登（Rebecca Kaden）；软科风投（SoftTech VC）的合伙人斯蒂芬·帕尔默（Steph Palmeri）；谷歌的阿迪蒂·马利瓦尔（Aditi Maliwal）；还有史宾沙（Spencer Stuart）备受瞩目的猎头塔妮亚·宾德（Tania Binder）。顺便来打声招呼的还有莎拉·昆斯特（Sarah Kunst），她是健身应用 Proday 的创始人，也是一位为科技界的多元化倡议坦率直言的女性；克里斯汀·谷·戈德斯坦（Kristen Koh Goldstein），HireAthena 的创始人；雷切尔·谢因贝因（Rachel Sheinbein），天使投资人及美可达资本（Makeda Capital）的联合创始人；投资人雪利·柯林斯·卡普尔（Shelly Collins Kapoor*）；以及马西·彼得森（Maci Peterson），新兴通信平台 On Second Thought 的千禧一代首席执行官。我们感觉自己好像闯进了一个女超人的秘密俱乐部。乔安妮·威尔逊将我们介绍给了珍妮。她和珍妮都在卡伦·梅约的公司

---

* 原文拼写 "Shelley Collins Kapoor"，疑为笔误。——译者注

Nestio 的董事会任职，而自由式资本曾领投了 Nestio 最初一轮融资。从我们的见闻可知，世事皆在于人脉。对于那些探索硅谷同好会的女性来说尤其如此。

珍妮总是在黎明起床，在三个孩子醒来之前赶去上扶杆操（barre）* 课程、回复电子邮件。她联合创办了首家线上婚礼贺礼登记公司——WeddingChannel.com。这家公司在 2006 年以 9 000 万美元的价格被 XO 集团收购，并成为了上市公司 Knot（交易名为 XOXO）的一部分。从斯坦福商学院退学后，她与同学杰西卡·赫林（Jessica Herrin, 后来继续创建了 Stella & Dot）同风投公司凯鹏华盈——也就是鲍康如后来起诉的那家——签订了一份投资意向书（供资承诺），一同创立了这家婚礼贺礼登记公司。珍妮知道作为早期创新者，在男人的世界募集资本意味着什么。不过她说，在 20 世纪 90 年代末，身为女子并没有让她退步。

"最棒的是，在经历这些事情时，我们甚至从未有一刻考虑过我们的性别，而我现在觉得那几乎是不可能的。"她注意到。

讽刺的是，在 1 月的一个夜晚，当我们聚在一起时，关于硅谷女性状况的令人沮丧的调查报告《硅谷里的大象》成为新闻，揭露了这些女人早已知晓的事实：在这个行业里，性别歧视与无意识的偏见司空见惯（详见本书第一章）。⑧ 当晚，在那些吃着前菜、相互交换名片的女人中，很多人都和前风险投资家鲍康如是同一个小社交圈里的。鲍康如针对凯鹏华盈的性别歧视诉讼以败诉告终，但也

---

* 使用芭蕾舞的技巧，用微型运动（micro movements）着眼于塑造小肌肉群的运动，通常会使用芭蕾扶杆。——译者注

曝光了科技金融界的白人、男性变成了什么德行（更多关于此诉讼的信息，参见本书第一章）。即便这样，当我们啜饮着红酒，同这群自信、各样的时髦女性聊天时，她们中的很多人似乎对硅谷的未来抱有信心，特别是对在这个以人脉定成功的行业中她们自己的人际网的力量持乐观态度。

"这儿有着一个非常非常强大的团队，团队里都是极其聪明的女性，她们相互吸引。她们互帮互助。我想，和很多男人相比，她们互相之间要更加开诚布公。"31 岁的丽贝卡·卡登说。Maveron是一家由投资消费类电子产业的星巴克首席执行官霍华德·舒尔茨（Howard Schultz）创建的风险投资公司，而 31 岁的丽贝卡是该公司的唯一一名女性普通合伙人。

丽贝卡判断，现在有三代女性风险投资家正在这个生意人和人才发掘者的特权世界中发展壮大。而她们似乎都相互认识。丽贝卡和三个哥哥在纽约市长大。她告诉我们，像她这样的年轻风险投资家总是倾向于从女性前辈那里寻求意见——从交易流程到婚姻儿女，所有事情。她们做的可能是一份孤独的工作，很多时间都在路上奔波。在她们得空的时候，她那群亲密的千禧一代的友人就会相聚在市中心，共进晚餐，共饮美酒。Battery 俱乐部是一个很受欢迎的地方。不过，她们也努力前往硅谷临近郊区，寻求与更为老练的同行们进行社交的机会，这些前辈们正在一边养家，一边平衡高强度的工作。

"我觉得她们（女人们）更愿意谈论赔偿金。她们更愿意对职业道路开诚布公。对自己的公司结构也是这样。对自己在公司面对的问题也是。"这位哈佛毕业生、斯坦福工商管理硕士这样告诉我们。

在我们采访的女性风险投资家中，不管她是在硅谷工作，还是在洛杉矶的硅滩或者纽约的硅巷工作，几乎所有人都谈起了这种有机社交模式的可复制性。无论是狩猎野餐、深海捕鱼还是高尔夫课程，这类社交一直以来都是男人们的"主菜"。2016 年的 4 月，在帕克城新近为科技界思想领袖举办的为期三天的滑雪节——"稀薄空气创意节"（Thin Air Innovation Festival）——期间，兼任谷歌风投（谷歌持有的公司阿尔法贝的分支公司）投资伙伴的连续创业家莎娜·特勒蒙（Shanna Tellerman）邀请了超过 50 位最具影响力的女性投资人和创始人前往位于犹他州帕克城的一个私人度假村。⑨莎娜彼时正在建立自己的第二家创业公司 Modsy，这是一家未来主义的家居设计公司，一个将三维图像同电子商务结合起来的让人身临其境的线上平台。她说，能够将来自全国各地，其中有些甚至彼此都不相熟的女性集合起来，然后让她们来到崎岖的覆满积雪的山峰上，毫无时间规划，只是一起放松休闲，真是太奇妙了。

乔安娜·麦克法兰（Joanna McFarland）是服务儿童的租车公司 HopSkipDrive 的联合创始人。她从管理自家创业公司的繁忙日程表中挤出时间，坐飞机来到犹他州。她说，优哉游哉地进行这么清闲的行程，感觉很奇怪。但这正是关键所在，她说："我们都在这儿，我们在帕克城，我们滑着雪，我们都为在周四滑雪而感到有点儿愧疚。（我们觉得）像是'我应该去工作'。然后，我们意识到这正是整个度假的关键……那就是出来认识其他女人，分享经验。我们就说，'男人们总是出去打高尔夫啊，他们之中没人觉得愧疚。那就是工作'。我们都这么说，'我们现在就在工作'。"

在那个周末，讨论不断开展着，在滑雪缆车上，在品酒时，在山坡上听着乐队演奏时，在她们离开滑雪旅馆、回到现实很久以后。她们一起做着生意。她们继续引荐彼此，相互认识。莎娜告诉我们这些情况，并计划在下一年继续这个"尖峰计划"（Pinnacle Project）。

"我觉得不能就这么一下子跃进好几步，你看，男人们有老男孩关系网。而我们女人没有这样的东西。你该怎样建立一个老男孩俱乐部？它必须始于友谊。它必须打下互相真正熟识的根基，才能让我们集中精力一起做生意。"莎娜告诉我们。

逾 25 年前，正是这样的羁绊，让 Aspect 风投的联合创始人特蕾西娅·古（Theresia Gouw）和詹妮弗·丰斯塔德（Jennifer Fonstad）缔结了深厚的友谊。她们 20 来岁在管理咨询公司贝恩咨询（Bain & Company）工作时认识，当时她们在一个为安海斯-布希（Anheuser-Busch）* 预测啤酒产量的四人小组工作。当她们摸索着如何当母亲、在男人的世界里开拓高强度职业生涯时，她们变得越来越亲密。

"她有四个孩子。我有两个孩子。我们总是一起喝咖啡或共进午餐，我们会一边吃一边谈论公事，但我们也会谈论所有其他事情。告诉所有男性合伙人你将要生孩子了，会是什么情形？你要如

---

* 美国最大的啤酒酿造公司。——译者注

何摸索出工作—生活的平衡？"当我们同特蕾西娅在曼哈顿寒冷刺骨的 2 月的一个下午见面时，她这样说。

2014 年，两个好友开始建立 Aspect 风投。这是由女性创立的第一个、也是最杰出的一个风险投资公司，并逐渐成为著名的模范公司。

"我们雷厉风行，说干就干。我们成为了科技投资界备受瞩目的女性领导者，因此在我们的投资组合里有 60% 的公司拥有清一色的男性创始人团队，而 40% 的公司拥有（一名）女性创始人或联合创始人。这看上去更像是现实世界的情况，而在大部分风险投资组合中，这个比例还要翻一番。"特蕾西娅说。

如今，特蕾西娅经营着属于自己的基金，活成了硅谷传奇，这同她的童年实在相去甚远。她的父母是 20 世纪 70 年代因逃离雅加达的骚乱而来到纽约西部小镇的华裔移民。米德尔波特位于布法罗城外，在俄克拉何马州爆炸凶手蒂莫西·麦克维（Timothy McVeigh）的家乡附近，麦克维上的就是邻近的一所高中。两个青少年曾在同一时间在同一家汉堡王打工。在这样的社区里，只有很少的孩子会离家上大学。特蕾西娅被布朗大学录取，是小镇里一个世纪以来第二个去上大学的学生。她的父母想让她成为一名医生。但她被工程学深深吸引，在其贝恩咨询的任期结束时，她前往斯坦福念商学院，随后成为帮助软件公司管理数字版权和付费的成功公司 Release Software 的创始副总裁。当詹妮弗供职的风投公司德丰杰投资（Draper Fisher Jurvetson, DFJ）投资了特蕾西娅的公司时，她们二人在董事会偶遇，故友重逢。

特蕾西娅，45 岁，曾经担任阿克塞尔合伙公司（Accel Partners）的合伙人达 15 年，因为下高风险赌注而赢得荣誉，包括早早地就对房产交易巨鳄 Trulia 进行投资。詹妮弗，哈佛商学院毕业生，担任德丰杰合伙人与总经理达 17 年，监督进行了一系列针对保健科技的投资，随后在以色列和越南经营基金。她告诉我们，在这么多年里，帮助她作为公司少有的几名女性之一成长的秘诀是将性别放在一边，仅仅将她的工作看作有待解决的情况和有待回答的问题。这给了她在合伙人或董事会议上发言的动力。

"我想，这让我不去多想我应该做什么，不应该做什么，或感到扭捏局促。这既不是自负，也不是自卑。而仅仅是专注于需要解决的问题。我想正是这种心态在那样的环境中带领我前进。"詹妮弗告诉我们。

她和特蕾西娅俯瞰着斯坦福大学里罗丹雕塑花园宁静的景色，经过三次午餐时间讨论她们职业生涯的下一个篇章，她们酝酿着建立 Aspect 的计划。她们谈起自己是多么怀念曾经卷起袖子和年轻公司们一起工作的时光，这些极富意义的经历随着这些公司的壮大、自己步入管理职位而逐渐褪色。詹妮弗鼓励特蕾西娅参加百老汇天使（Broadway Angels），那是她在 2010 年联合创立的一家天使投资集团，集合了硅谷中一些最知名、最受尊敬的女性权力掮客——顶尖科技高管和出身具有威望的风险投资基金的女性——一同发掘创业公司前景。特蕾西娅在 2016 年第 15 次入选福布斯全球最佳创投人榜最佳科技投资人，她经过深思熟虑，最终同意加入百老汇天使。但这个自力更生，白手起家建立、经营某种事物的创想，一直以来对这两个女人都极具吸引力。当然，她们知道自己会跟随前人的步伐，建立一家专注于科技界的风险投资公司。但真正打动她们的是同那些正在筹集第一轮机构资金的创业公司一起工作的市场机会。她们决定动手去做。而就在她们宣布合作关系的2014年2月，全美媒体对科技女性的讨论正开始升温。

"对我们而言这显而易见，当我们同人们谈起我们的事业时，科技界的女性正在经历着很多事情。如你所知，这些事情有段时间曾经激起过一些水花，但2014年的那些事儿，然后发酵到2015年初，这些事情从窃窃私语变成了男人们和女人们的主流对话。"特蕾西娅解释道。

她们从机构投资者处募集了1.5亿美元，设立了她们的第一个基金，随后不久便庆贺了她们的投资对象、由女性领导的LearnVest以2.5亿的价格被保险公司西北互助（Northwestern Mutual）收购。⑩她们投资了美妆订阅公司Birchbox和The Muse，这些公司一开始并不被男性投资者所理解。而现在，她们对多元团队带来明智投资的信念更胜以往。

"要按逻辑来思考。如果你的公司没有雇用世界上50%的智囊人才会怎么样呢，怎么会不有害于你的生意呢？而且所有的公共数据都表明这样做对生意是有利的……平等（拥有多元董事的上市公司）的收益比那些没有多元化的公司高15至20个百分点。"特蕾西娅提醒道。

正如我们见过的很多女性金融家一样，Aspect的创始人们也认为只有将男人们纳入对话，机会之门才会向女性创新者们敞开。"科技界的女性问题并不单是女人们的问题。这是所有人的问题。这个问题并不能靠女人们独自解决。这个问题也不能靠男人们独自解决。"投资人亚当·昆顿说。他常常在各种会议上表示要不断将女性领导的公司纳入自己的投资组合，因为他想要挣钱。

回到曼哈顿，在乔安妮·威尔逊的唯绯宴会上，在那活力四射的人群中，穿梭着一小群来自田纳西州查塔努加的南方女人，她们就做到了这一点——她们成功说服了自己所在的紧密的社区中最为显要的男性公民及商界领袖，让他们知道投注本土女性领导的公司是值得的——并且本地的女人们也能成为精明的投资人。

·硅谷之外的投资牛人

乍一看查塔努加，这个通往南方腹地的门户，这个拥有南北战争之前的传统、元媛*和上流社会般生活风格的城市，你可能不会认为它会是高科技创新或女权主义的温床。但在我们认识那些维持着城市运行的女人们之后，我们认识到查塔努加一直都是伟大创想之地。这个中型城市以其创业传统闻名于世——1899 年，可口可乐的装瓶王国就在这里诞生——而它正经历着重生。田纳西河的河岸上诞生了无数大公司，因此这座城市曾经被称为"美国南部发电机"。2010 年，其被誉为美国网络连接最快的超速宽带连接不断吸引着科技行业的创业

---

* 在社交场合首次亮相的上流社会少女。——译者注

者们。⑪然而，所有的创业公司都是由男人们经营的。

"我们不断聚到一起，和一群群女人们一起聊天，像是'查塔努加的企业界正在发生着许多很酷的事情'，但我们真的因为没有看到女性的身影而忧心忡忡。我们在台上没看到女人，显然在观众席和投资者中也没看到女人。"克里斯蒂娜·蒙塔古（Kristina Montague）回忆道。她是 JumpFund 的执行合伙人，那是一家她于 2014 年合伙创办的由女性经营的公司，对美国东南部由女性创办的前沿科技企业进行投资。从为难以找到合适尺码的脚制作 3D 打印鞋履的 Feetz，到在官网上声称"致力于建造玩具的因特网"的 Dynepic，再到为工业机械替换部件提供图片搜索技术的 Partipic，都是接受 JumpFund 注资的创新公司。一个春天的下午，当这位 40 来岁、两个孩子的母亲驾着 SUV 带我们参观城里的新兴创新区时，我们听说了 JumpFund 诞生的故事，知道了克里斯蒂娜同她的合伙人们是如何终于和男性同伴开始合作的。

在每一个拐角，新与旧都在这个城市的变迁中碰撞着。在封闭废弃的仓库、工厂的阴影之下，在城市的工业化历史的遗迹之下，查塔努加拥有一家 CrossFit、一家露露乐檬（Lululemon）、一家手工奶酪店，还有很多色彩明亮的壁画和当代雕塑。克里斯蒂娜的丈夫的曾曾曾祖父约翰·托马斯·"JT"·卢普顿（John Thomas "JT" Lupton）是可口可乐最初的装瓶厂主之一。当这座城市刚刚开始努力吸引科技创业公司的时候，克里斯蒂娜正在田纳西大学商学院担任副院长。她，以及包括为城里最初几家风险投资公司之一的灯柱集团（Lamp Post Group）审核募资公司的心理治疗师谢利·普雷沃斯特（Shelley Prevost）在内的几个朋友，都认为查塔努加需要更多女性的身影。她们坚信，要做到这一点的唯一办法就是通过个人投资建立一个基金，用于支持女性企业家。

然而在 2013 年，在她们最初几次同当地男性投资人分享这个设想时，她们并不被看好。查塔努加复兴基金（Chattanooga Renaissance Fund，CRF）的家伙们告诉她们，女性科技创业者很难找，而且，说实话，男人们并不觉得查塔努加的女人们——这些女人中的很多人都对本地慈善事业极度热衷——会对投资感兴趣。"我想我们所有人，或者至少我，曾经都低估了潜在女性投资者的数量。"当我们同 CRF 的普通合伙人戴维·贝利茨（David Belitz）对话时，他回忆道。正如克里斯蒂娜所说，她和朋友们接受了挑战，和通过本地银行、家庭教师协会、乡村俱乐部和慈善委员会认识的女人们团结起来，一同筹集资金，为属于自己的投资组合找寻公司。短短几个月的时间里，她们的人脉和生意伙伴在读书俱乐部、在去瑜伽课的路上、在她们从查塔努加的私立学校接孩子时，都在宣传着跃基金。

"当我们在六个月内成功地从 98% 的查塔努加女人们那里筹集到 250 万美元时，很多人都震惊了。"克里斯蒂娜自豪地说，露出微笑。最棒的是，现在城里的男性投资人们都指望着克里斯蒂娜和她的朋友们来寻找潜在生意，他们甚至共同投资，共享办公空间。而在 2016 年的秋天，JumpFund 宣布它将进行 500 万至 700 万美元的第二轮融资，用来为女性领导的风投部署更多资金。

"查塔努加是有女性牛人的，而且她们敢作敢当。她们无需道歉，不用躲藏，敢作敢当。而且不倨傲也不狂妄，她们就是在做自己，我很喜欢这一点。"50岁的凯茜·贝特纳（Cathy Boettner）说。她是本地塑料制造厂克利夫兰塑料管厂的前总裁，也是JumpFund最初的54名有限合伙人之一。

"就像我对我的孩子们说的，'永远不要为任何人熄灭你的光。上帝把光给了你，你就要用它照亮你能照亮的所有人，你就应该这么做'。这也是为什么我这么喜欢查塔努加的女人们的原因所在。"她说。当时我们正在寻求了解更多有关全美各地新兴涌现、不断发展的主动投资者课程的信息。这些课程旨在帮助为女性领导的公司提供资金，同时鼓励各地的极客女孩。

她们的数量仍然很渺小。然而，根据新罕布什尔大学风投研究中心的资料，美国女性天使投资人的数量约8万，从2004年的仅占天使投资人总人数的5%增长到2015年的25%。[12]并不是所有人都有加入游戏的筹码。要成为天使投资人，这个人必须是可被信任的，根据美国联邦法律，这意味着他们要么个人年收入达20万美元，要么与配偶的年收入总和达30万美元，再要么个人的净资产或与配偶的合计净资产超过100万美元。[13]

我们在城里时，JumpFund的女士们坚持要为我们展示一下南方的好客之情。这个休闲聚会在某个新开张的供应本地农场新鲜出产美食的餐厅举行，以当地风味佳肴魔鬼蛋作为前菜，还有油炸泡菜（!）、大量白葡萄酒、满堂欢声笑语。聚会上，我们同克里斯蒂娜、谢利以及决定在第一轮每人至少投资3万美元的其他12位女性相谈甚欢。我们当下就明白了为什么长桌上这些年龄跨度从

40 岁出头到 80 来岁的衣着考究的女人们会被称作现实中的"钢木兰花"(steel magnolias)*。

在她们之中，玛丽·基尔布赖德（Mary Kilbride）是一个训练有素的注册会计师，拥有 30 年的志愿者经验，在六家非营利机构的董事会上任职，其中包括：成功地游说了田纳西州的立法者们加强性交易相关法律的查塔努加妇女基金会；卷发的莫莉·赫西（Molly Hussey），两个孩子的母亲，也是一位才华横溢的画家及艺术的拥护者；阿什利·帕滕（Ashlee Patten），第四代查塔努加人，她是一位专门为女性服务的成功的财产经理人；卫斯理学院毕业生 M.J.莱文（M.J.Levine），她是一位直言不讳的社会领袖；前高级营销主管及一家连锁吹发吧**的投资人安德烈亚·克劳奇（Andrea Crouch）；还有慷慨的慈善家乔安·耶茨（JoAnn Yates），大衰退时她在城里长大，如今支持着许多基金会，包括城里第一家 STEM 特许女子学校。鉴于她们已经把投资组合中的 18 项投资谈拢了，驱动她们的显然是做生意的智慧。然而，虽然帮助其他女性是一个很吸引人的动机，但她们的所作所为却并不是慈善。她们期待着正儿八经的经济回报。

"我猜这说出来可能不太礼貌，但我很享受赚钱。"乔安说。她是团队中更经验老练的一员，坐在基金会这个设备齐全的办公室中舒适的扶手椅上。她的周围摆放着卢普顿家族的老照片和一幅装在

---

* 《钢木兰花》是美国喜剧电影，讲述美国南方小镇上一群女人的情谊及她们面对死亡的故事。——译者注
** 吹发吧是提供洗发、吹发、造型服务的美发沙龙，通常会提供酒水小食，创造轻松愉悦的环境。——译者注

相框里的美国地图，地图上用图钉标示着最初那些可口可乐灌装厂的地址。乔安打扮雅致，穿着奶油色的羊毛衫、配套的便裤、条纹丝质衬衫、平底鞋，戴着闪亮的钻戒。

"我就是享受看着事物不断发展。我过得不算节俭，但也不轻浮度日。我喜欢看着这些东西组合在一起。"她用她那柔和的拖长音调的田纳西口音告诉我们。乔安说，她以前总是很喜欢同曾是成功纺织品制作商的亡夫谈论生意上的事情，也喜欢阅读商业杂志。当年查塔努加开了第一家证券经纪公司时，她常常逛去那里观看证券报价机。

"有时候，行情不太好，我就开玩笑说'我去购物'。我在想，'我要买进，我要持股，等晚些时候收益大了，我就能出手了'。"她说着，描述着一年年来，她是如何对自己的财务变得更加坚定而自信的。

JumpFund 的七名执行合伙人找到了一个投资速成课程。这个课程是由金种子（Golden Seeds）举办的，那是一个专注于女性的美国最活跃的天使投资网络之一。它对女性进行培训，教她们怎样寻找交易，也就是"生意流"，如何评估商业模式与市场，如何研究公司的创始人和客户（尽职调查），如何协商交易条款、对公司价值观达成一致，等等。金种子由 300 名男士和女士组成，它对女性领导的高增长公司进行投资，也是最初几家寻求针对女性的早期投资机会的公司之一。在金种子刚刚被构思出来的 2014 年，为自己的公司筹措资金的女人们很难找到外部投资人（参见第一章），能够从银行获得贷款的更是少之又少。

洛蕾塔·麦卡锡（Loretta McCarthy）是一家总部在纽约的集团的执行合伙人及初始成员，这个集团通过其位于波士顿、硅谷、南加利福尼亚和得克萨斯的分部联合组织交易。正如她所解释的，"大量的女性正在建立公司，但就是得不到投资，意识到这件事情让人很沮丧。我们确实觉得应该是女人们挺身而出，带头开始写支票"。到了2004年，她们终于找到了方法。她是一位拥有多年经验的市场营销高管，而她那些出生在婴儿潮的同伴们当时已经有了25年以上的扎实的职业经验，领域涵盖银行、法律、医药和其他高薪行业，而且她们的银行账户充裕，因此能够自由地开始投资。

"这是一个有力的洞见：我们处在去做这件事的位置，因为我们拥有去做这件事的财力、技能与人脉，而且似乎对我们……对金种子的早期成员看来……这的确是我们的使命。我们拥有经营经验，我们知道如何运营公司，我们知道如何吸引团队。在我们之前的职业生涯中，这些都做过。去思考如何筹办大型组织以解决我们在意的问题，这对我们而言并不陌生。"洛蕾塔说道。她的履历包括奥本海默基金（Oppenheimer Funds）的执行副总裁、首席营销官以及美国运通（American Express）的市场营销副总裁。

从十几年前金种子开始投资时起，从圣地亚哥到堪萨斯城再到威斯康星州的麦迪逊，美国全国范围内涌现出了超过12家专注于女性的其他天使投资团体。其中一些，包括Astia Angels、37 Angels、百老汇天使和梅花巷投资，为投资者提供正式的面对面展示。其他一些，如Portfolia，则是对投资机遇进行在线策展。根据美国认证天使投资人的组织美国天使投资协会（ACA）的信息，越来越多的女性加入了天使投资团体，而且正同男同胞们并肩进行更多的投资。这对女性创业者而言是个好兆头。在 ACA2016 年的全国大会上，30%的与会者是女性，她们实打实地在为创新的最初舞台添柴加薪。

"天使投资构成了创业公司 90%的外部融资。所以这些资金并不是来自风投，也不是来自银行或其他类似来源。这些资金来自天使投资人。"ACA 常务董事玛丽安娜·哈德森（Marianne Hudson）强调说。

·改变天使投资的面貌

有一个人将培养这些新的女性天使投资人、并保证她们更多元作为自己的使命，这个人就是娜塔莉亚·奥贝蒂·诺格拉（Natalia Oberti Noguera）。这位自称"顺性别"（非跨性别）的开朗的拉丁裔酷儿是 Pipeline Angels 在布鲁克林的创始人。33 岁的娜塔莉亚正在"改变天使投资的面貌"，方法是为那些身份认知为女性及非二元女性（既不是女性也不是男性或第三性）的多元化人群提供学习如何投资由平等多元创始人领导的营利社会企业的训练营。自从 Pipeline 在 2011 年开设起，这里已经毕业了超过 200 名天使投资人，为创业公司部署了超过 200 万美元。得到投资的创业公司包括：给非营利机构撰写巨型管理软件的 PhilanTech；DogPatch Technology，它创造了看护人用来管理亲人的医疗预约、护理与理疗的移动平台 Flower 应用；还有 Blendoor，帮助公司消除简历筛选过程中偏见的软件制造商。

本书作者二人都参加过 Pipline 的项目，希瑟是 2013 年在纽约参加的，萨曼莎是 2015 年在旧金山参加的，而我们俩的这些经历正是激发我们撰写这本书的部分原因。与一起参加课程的其他女性一起，我们花了六个月的时间学习做生意（通常是向金种子的导师学习）；我们以一种希瑟向她的孩子们描述为"女人们的创智赢家"的方式筛选了许多公司，最终向每家公司投资了 5 000 美元。而且像一起参加课程的许多女性一样，我们之前从未觉得自己是投资者。一开始的时候，这件事在很多方面都挺吓人的——比如其中的风险，以及我们之中那些在金融、创业或科技领域毫无经验的人要面对的知识鸿沟。娜塔莉亚找来的女性有着各种各样的背景：从律师到医生、记者，甚至是烘焙师和珠宝设计师，她们想要一起学习并作为团体进行投资。有些女性之前曾抽出时间照顾家庭，现在希望重回职场。其他人则是创业者。此外，还有一些女性已经退休，但渴望展开新的篇章，找寻新的方向来发挥她们的专业技能。

娜塔莉亚常常喜欢用她最喜欢的 Twitter 标签来给她的观点加上标点，比如"♯语言很重要"。娜塔莉亚以她对社会正义的热忱闻名，她挑战着社会上根深蒂固的性别基准，孜孜不倦地为女性企业家发声。这位耶鲁毕业生的父亲在联合国工作，她的童年是在中南美各地每隔两年的辗转迁徙中度过的，在厄瓜多尔、洪都拉斯、哥伦比亚和多米尼加共和国等地方都待过。她从小就是一个企业家，只是年岁渐长时才意识到这一点。她和母亲及姐妹曾经在她们位于波哥大的公寓厨房里制作披萨，卖给邻居。娜塔莉亚记得在自己八九岁时曾经设计过传单，然后塞到他们综合设施的各家门下，这是属于她的女童子军饼干故事，但是娜塔莉亚一直都没有把这段经历同某一天拥有一家属于自己的公司的想法联系起来，直到她去了耶鲁，在那里她开始做一份大学杂志。大学毕业以后，她参与了社会创业项目并开始为那些创建改变世界的营利公司的女人们建立社交网。她了解到女人们为创业募资是很难的。人们期望她们去做慈善工作，也愿意为此捐款，但他们一旦了解到这些女人想要挣钱就退缩了。这种事情甚至在男性经营的、带有社会使命的公司里也会发生，比如说汤姆布鞋（TOMS）和沃比·派克（Warby Parker）眼镜就因为几轮成功的融资成为头条新闻。她意识到如果她能召集富有的女性作为投资者，她或许能够帮助情况得到改善。

"我看到外面有那么多的高资产净值的女性们凭借着她们的财富，通过慈善、赈济、捐助带来积极影响，所以我决定我要在慈善和天使投资之间建造桥梁，同这些高资产净值女性分享，这样她们就能用她们的财富带来积极影响。"她告诉我们。在 2011 年为女性开设训练营后，娜塔莉亚意识到女性投资者们也需要改变观念。正如我们参加这个项目时所经历的，我们的一些同学更习惯于在慈善事业上投入时间和金钱，而低估了其他一些她们可以提供助力、帮助公司成长的项目。

"一个我很喜欢的对天使投资的定义是'智慧财富'。这个意思是它不仅仅是金融资本，也是人力资本和社会资本。所以，你知道，一个天使投资人能为一个创业者提供什么样的人脉和资产净值？一个创业者能从一个天使投资人那里获得什么样的技能？"娜塔莉亚说，"我经常说，很多女性已经在提供这三种资本中的两种了。那被称为志愿工作。那被称为社会服务。重点是要第三种金融资本，像是'嘿，在这场游戏里真是下了本钱的'。"

·聚焦多元化创始人

当娜塔莉亚这样的倡导者们努力让单一的投资界变得更加多元的时候，另一个边缘人士也在引发轰动。阿兰·汉密尔顿（Arlan Hamilton）并不是从科技业或金融业起家的。她一路成为女权金融家的路途带着不少魔幻色彩。她来自音乐产业，和席洛·格林（Ceelo Green）、法雷尔（Pharrell）、贾斯汀·汀布莱克（Justin Timberlake）、唐妮·布蕾斯顿（Toni Braxton）和杰森·德鲁罗（Jason Derulo）这样的明星一起巡回演出，她负责在幕后摆平灯光师、伴舞演员和服装设计师。如今，这个前巡演经理人正在试图吸引女性、非裔、拉丁裔和 LGBTQ 群体创业者们的注意，方式是通过她命名为后台资本（Backstage Capital）的新式"微 VC"基金将这些创业者展示给硅谷名流们。这个高挑而热忱的年轻女士有着一双老成的眼睛，她在 2015 年下半年逐渐成为了一个未被充分代表的首席执行官们的布道者。而机构投资者对此持续关注着。

"我对她既信赖又赞赏的原因是，她挺身而出，说出了那些业内人士不愿意说的话。"乔斯林·戈德费恩（Jocelyn Goldfein）

说。她是后台资本的首批投资人，也是 Facebook 的前工程总监。

阿兰既是非裔美国人，也是同性恋。她的目标是在接下来的若干年里筹集 1 000 万美元，为 100 家由未被充分代表的首席执行官们建立的公司提供资金。到了 2016 年 11 月，她已经成功获得了足够的资本来进行 20 项投资以及支付她自己和她的小团队的薪水。几位著名的投资人对这个基金进行了投资，其中包括：第一个面向消费者的因特网浏览器 Mosaic 的联合创造者和网景的联合创始人马克·安德森（Marc Andreessen）；Slack 的工程总监莱斯利·麦莉（Leslie Miley）；以及谷歌地图的联合创造者拉斯·拉斯穆森（Lars Rasmussen）。

阿兰意外闯入风投界始于 2012 年，当时她听说阿什顿·库彻（Ashton Kutcher）和艾伦·德詹尼丝（Ellen DeGeneres）这样的明星以及 Lady Gaga 的前经纪人特洛伊·卡特（Troy Carter）、贾斯汀·比伯（Justin Bieber）的经纪人斯库特·布劳恩（Scooter Braun）和麦当娜（Madonna）的经纪人盖·奥希尔尼（Guy Oseary）等好莱坞圈内人士都开始投资硅谷的创业公司。曾经经营过一家在 2008 年停刊的小型独立杂志的阿兰开始如饥似渴地阅读有关硅谷的书籍与博客，她着迷于创业公司文化以及重视从失败中学习的观点。失败是旅程中固有的部分，失败实际上可以被看作"荣誉的勋章"——这个观点启发了她。正如当年她把休息之外的时间都用来打推销电话和社交，以此来进入娱乐行业一样，她花了超过三年的时间尽可能地吸收所有关于创业公司的信息，特别是关于它们如何融资的信息。她甚至向 Twitter、优步、Kickstarter 等多家公司的早期投资人克里斯·萨加（Chris Sacca）以及早期投资了 Fitbit 和 Zynga 的布拉德·费尔德（Brad Feld）等杰出科技企业"造王者"发送电子邮件，寻求指导与提示。收到了所有人的回复后，她开始默默地召集一个由一些最知名的业内人士组成的导师网络。

"我可以做我想做的任何事情，因为我要从无到有，白手起家。"阿兰说。

与此同时，她开始无偿地为新兴企业家们提供建议，其中包括：朱厄尔·伯克斯（Jewel Burks），视觉识别软件公司 Partpic 的首席执行官及联合创始人（在其首次融资尝试中，JumpFund 和乔安妮·威尔逊成为了她的投资人中的两个）。阿兰借鉴了自己管理名人形象、他们的随行人员及技术团队的专业技能，帮助那些在招聘、营销、生产等所有事情方方面面都需要帮忙的斗志满满的创业者们。她很快发现自己有种挑选赢家的天赋。

"我有种在很早的阶段就挑选出公司的眼光，或是挑选出那些至少能够走到他们需要走到的下一个阶段的公司的眼光。出于某种原因，我就是天生擅长辨识出这些，非常像西蒙·考威尔（Simon Cowell）* 所做的那样。他没有才华，我也没有才华，但我们都能嗅出才华，对吧？"她大笑着说。

最终，她从奥斯汀撤离，前往旧金山，参加了一个在斯坦福大学举办的为期两周的选择性投资者训练营。这个著名的加速器同 500 家创业公司进行合作，坚定地支持着多元化的首席执行官们。

---

* 西蒙·考威尔被称作"选秀之父"。——译者注

这个最终被命名为"解锁风投"(Venture Capital Unlocked)的项目召集着有色人群,尤其是女性。

阿兰发现这是一次超现实的体验。她一边进行着风险投资家的学习,一边指望着一单单薪水度日,不是巡演出差,就是在朋友家借宿。在某段时间,她发现自己暂时无家可归了。她从来没有让她的同事们知道自己遭遇过经济困难。不过后来奇妙的事情发生了。2015 年的夏天,她在 Medium 上发表了一篇文章,叙述了想要帮助一路上她遇到的创业者们提升形象的梦想。这篇题为"亲爱的白人风险投资家们,如果你正在阅读这篇文章,这(几乎!)已经太迟了"的文章像病毒一样疯传。文中她作出不详的预言,"如果你还没有雇用一个有色人种、女性和/或 LGBT 人群的团队,积极地翻开每一块石头,不放过每一个角落缝隙,拨开每一个灌木丛,没有这样去寻找这个国家里每一个合格却未被充分代表的创业者,那么你就要错过很多钱,而投资界里的其他人会挣到这些钱"。[14]

· 创新女孩

其中一个"挣到了钱"——而且很早就挣到了——的知名投资者就是苏珊·莱恩(Susan Lyne)。当这位充满魅力、经验丰富的媒体主管管理美国广播公司的电视网娱乐部门时,她是《绝望主妇》(*Desperate Housewives*)、《迷失》(*Lost*)和《实习医生格蕾》(*Grey's Anatomy*)背后的远见卓识者。而这仅仅只是她传奇般的职业生涯中的一个迷人篇章。她的职业之路九转回肠，占据着媒体、娱乐及电子商务领域最吸引人的职业高峰，常常沐浴在公众瞩目的耀眼灯光之下。在玛莎·斯图尔特（Martha Stewart）前去西弗吉尼亚州联邦监狱服役的五个月间，她优雅地接任玛莎·斯图尔特生活全媒体公司（Martha Stewart Living Omnimedia）的首席执行官。随后，苏珊极具先见之明地在 2008 年至 2013 年间担任了吉尔特集团（Gilt Groupe）的首席执行官，后来又担任了该集团的主席。这家曾经估值超过 10 亿美元的奢侈品限时抢购网站在 2016 年 1 月以 2.5 亿美元的价格出售给萨克斯第五大道精品百货店（Saks Fifth Avenue）的拥有者——零售企业集团哈德逊湾公司（Hudson's Bay Company）。⑮她后来转而担任了美国在线品牌集团的首席执行官一职。

如今，这位四个成年女儿的母亲正在为 BBG 风投（BBG Ventures）找寻最好、最光明的商业机会。BBG 风投是一家由美国在线提供资金支持的估值 1 000 万的公司。她之所以创立这家公司，是为了对女性领导的早期数字公司进行投资。2017 年，第二个金额更为巨大的基金启动了。在宣布不再担任美国在线品牌集团的首席执行官，转而经营 BBG 时，她接到的第一个电话不是别人，正是乔安妮·威尔逊打来的。二人接下来携手投资了多个项目。

"那些声称自己找不到优秀的女性创业者的人都没有去找。"在 2015 年 BBG 启动几个月之后，苏珊这样作出声明，这句话广为流传。⑯

"BBG"是为了致敬青少年编程课程"编程女孩"（Girls Who

Code）中五个有进取心的夏季实习生、毕业生。她们在 2014 年夏季一个后来被称作"♯创新女孩"（BUILTBYGIRLS）的著名夏季实习项目中协助重新启动了美国在线的名人八卦网站 Cambio。

"从（这个实习项目）中真正收获的是：代码的理念是宗教般虔诚的，也是开启这次全部创新的核心。"苏珊在 BBG 的合伙人、"♯创新女孩"的创始人尼莎·杜尔（Nisha Dua）说。她说，这些年轻女性将科技看作其生命的延伸，她们对科技的热情对 BBG 团队是一种启示。她们招募了 17 岁的年轻人们，一起大胆创想，创建一个能吸引她们朋友的网站。苏珊和尼莎观察到，这些年轻女性从电脑编程转向设计、转向创造编辑内容、转向对学习管理数字媒体公司兴致满满，这些过程如此流畅。这些青少年的激情与技巧指向了一个即将到来的由女性推动的创新革命。而对这次革命，大多数其他投资者可能尚未预见。

苏珊到 2016 年满 65 岁了，神气地露出一个温暖而年轻的微笑，戴着时髦的饰品，散发出她投资的那些千禧一代创始人身上的那种能量。她曾经是《乡村之声》（Village Voice）的总编辑，创办了《首映》（Premiere）杂志。在传统媒体刚刚开始在互联网革命的重压下崩塌时，她离开了那个领域。在那之后，她在迪士尼、美国广播公司和玛莎·斯图尔特待了 10 年，随即无缝转入电子商务和数字媒体行业。在 2008 年初智能手机和应用商店开始改变日常生活时，她清晰地看到了女性成为下一代科技开拓者的机会正在浮现。

"当那发生时，我想让它加固并在某种程度上提速了这个原本就要发生的转变，那就是早期接受者从极客男转向一个更为广泛的消费者人群以及、更明确地说，年轻女性人群。"当我们拜访美国在线位于格林威治村的闹市的时髦办公室时，苏珊向我们解释说。在苏珊的职业生涯中，她花费了大部分时间来关注"女性终端用户"的口味、兴趣与动机。当她在 2019 年坐上美国在线董事会的席位并在 2013 年同意经营美国在线品牌集团时，该公司已经非常着重于吸引女性的注意了。她清清楚楚地记得，在首席执行官蒂姆·阿姆斯特朗（Tim Armstrong）向董事会解说关键因素时，他放出了一张写着粗体"80%"的幻灯片——这是美国由女性做主的消费品购买决定百分比（现在这个数字是 85%）。那些"首席家政官"们还将继续如饥似渴地使用那些不断涌现的社交工具来同亲朋好友沟通、浏览图像、购买商品。

"到了 2014 年，这已经非常明显了。Snap 启动了，Pinterest 启动了，Instagram 启动了。你知道所有这些平台都以女性为主体用户，而且（她们）也是社交（媒体）会以如今的高速发展的主要原因。"当我们在写着"♯创新女孩"的艳粉色荧光灯下交谈时，苏珊告诉我们。

随着女性对社交媒体的兴致增长，线上购物也不断增长，苏珊开始观察到一片建造以消费科技为主的公司的女性创业者的浪潮。随着 2007 年苹果手机的面市及次年应用商店的退出，创办这些电子公司的门槛陡然降低了。突然之间，创造一个电子原型并在受众中测试的花费只需要数十万美元，而不是过去的数百万美元，因为任何人都可以使用开源工具 API，也就是应用程序接口（application program interface），来把设想付诸实践。正是代码使得不同的软件应用能够相互沟通，并同电脑操作系统沟通。⑰她说，你不需要风投资金的支持来启动项目，也不需要在大学任职来"入局"。从只有硅谷的技术员们手握着王国的钥匙，到来自商学院、媒体、时尚、保健及房产各界的富有进取心的人们都能参与其中，这是一个至关重要的转变。

"这（转变）实际上是从科技经济到科技化经济的变动。这就是这个世界的现状。"苏珊对我们强调道。而这为那些在生活中发现问题并想解决问题的女性革新者打开了一个全新的世界。到 2014 年，在苏珊和尼莎在"TechCrunch 突破创新展会"（TechCrunch Disrupt）的台上公布 BBG 之前，她们已经会见了几十名开发移动应用、媒体/内容平台以及电子商务的女性。苏珊说，讽刺的是，保守派们对这个新浪潮无知无觉。

"这感觉像是一个巨大的机会。我们启动这个基金就能对这些女性创业者中最优秀的那些进行投资，这一方面是因为我们觉得从中能够获得巨大利润，另一方面是因为每当你支持一个女性创始人，成百万的女性的生活都能得到改善，因为这些女性创始人正在建造的东西是非常具有特性的，也是非常能够解决问题的。"她说起自 2014 年起 1 400 家向基金进行投售的公司及 40 家 BBG 支持的创业公司。这些公司中包括莎娜·特勒蒙的家居设计应用 Modsy、珠宝租赁订阅服务 Rocksbox、线上珠宝店 Ringly 和 HopSkipDrive。竞争是激烈的。在头 20 个月里，BBG 浏览了超过 900 家由女性创办的公司——其中 90% 的推销都是自己主动来找 BBG 进行投售的。BBG 不需要出去狩猎生意，因为它处于不断爆满的状态。如果苏珊和尼莎的团队有更多人手，她们还能同更多创始人会面。这同传统投资人口中常说的"女创始人太难找"这一借口是相反的。

苏珊姐妹四人是一个紧密的小团体，她们的童年是在马萨诸塞州临近波士顿的小镇栗树山度过的。她发现，赋予女性以力量已经成为她个人生活与工作生涯的一个标志性内容。她极为慷慨地分享着自己丰富的媒体精英、商业高管与名流人脉，有时候她还会在自己温暖的上东区寓所中为女学员举办私人晚宴。这个寓所也是她将女儿们抚养长大的地方。这里满是家人的老照片、纪念品与几百本书籍。最近的一个晚上，她邀请了 BBG 投资组合中一些具有潜力的创业者到她雅致的家中聚会，聚会上她为她们和科技记者们作了重要的引荐。"她愿意分享自己的人脉并担当连接人，这是她慷慨地对待创业者们的一个例子。她帮助我们理解了关系的发展在很早的阶段就开始了。"LOLA 的联合创始人亚历山德拉·弗里德曼（Alexandra Friedman）说。LOLA 是一家在线订阅服务公司，每月为用户提供有机卫生棉条送货上门服务。

在苏珊漫长的职业生涯中，她显然忍受了太多次所谓房间中唯一一个女人的经历。在宝贵的人脉资源外，这些经历让她成为了一位值得尊敬、备受信赖的商业教练。她和尼莎都同意一个观点，那就是通常来说女性创始人需要的意见是她们应该开拓思路，她们必须后退一步，回顾自己这么久以来创建的事业，她们要知道一个好点子是如何转变成一个伟大创想的。

当亚历山德拉和她的合伙人乔丹娜·基尔（Jordana Kier）为

LOLA 向苏珊投售时，那是她们头一次向投资人展示自己的公司。当这两名年轻的公司联合创始人叙述她们的故事时，苏珊点着头，专注地聆听着。她们讲完后，苏珊皱起了眉头，停顿了一刻。[18]亚历山德拉和乔丹娜紧张得冒汗，屏住了呼吸。在仔细研究完最后一张列出其三年财务预测的幻灯片后，苏珊问："就这样？"然后，她满脸笑容地接着说："你们不觉得你们能够发展得更壮大吗？"那是关键性的一刻。

"苏珊教会了我们销售梦想。"亚历山德拉说。

· 注释

① "The Top Twenty Venture Capital ists Worldwide," *The New York Times*, March 13, 2016, http://www. nytimes. com/interactive/2016/03/13 technology/venture-capital-investor-top-20.html, accessed March 13, 2016 *The Top 100 Venture Capitalists*, CB Insights, March 13, 2016, https://www.cbinsights.com/blog/top-venture-capital-partners/.

② National Venture Capital Association, *2016 National Venture Capital Association Yearbook* (New York: Thomson-Reuters, 2016), http://nvca.org/pressreleases/2016-nvca-yearbook-captures-busy-year-for-venture-capital-activity/, accessed May 2016.

③ Kathryn Finney and Marlo Rencher, *The Real Unicorns of Tech: Black Women Founders: The ♯ProjectDiane Report* February 2016, p.7, http://www.projectdiane.com/projectdiane-report/y6msc43xwnucb0o3dc9nyykezgi3xu.

④ Candida G.Brush, Patricia G.Greene, Lakshmi Balachandra, and Amy E.Davis, "Diana Report: Women Entrepreneurs 2014: Bridging the Gender Gap in Venture Capital," Arthur Blank Center for Entrepreneurship, Babson College, Wellesley, MA, September 2014, http://www. babson. edu/Academics/centers/blank-center/global-research/diana/Documents/diana-project-executive-summary-2014.pdf, accessed March 2015.

⑤ Gené Teare and Ned Desmond, "The First Comprehensive Study on Women in Venture Capital," *TechCrunch.com*, April 19, 2016, https://techcrunch.com/2016/04/19/the-first-comprehensive-study-on-women-in-venture-capital/, accessed April 19, 2016.

⑥ Dr. Candida Brush, e-mail interview by Heather Cabot, June 21, 2016.

⑦ Kay Koplovitz, interview by Heather Cabot, November 7, 2016.

⑧ Trae Vassallo et al., "Elephant in the Valley," survey by Women in Tech, 2016, http://www.elephantinthevalley.com/, accessed January 2016.

⑨ "Thin Air Innovation Festival to Debut in Park City, Utah—April 6—8, 2016," Mar-
    ketwired, January 28, 2016, http://finance.yahoo.com/news/thin-air-innovation-festival-
    debut-184930452.html.
⑩ Ben Severman, "Northwestern Mutual Buys Online Planner LearnVest," *Bloomberg*,
    March 25, 2015, http://www.bloomberg.com/news/articles/2015-03-25/northwestern-mu-
    tual-buys-online-planner-learnvest.
⑪ Dean W. Arnold, *Old Money, New South: The Spirit of Chattanooga* (Chattanooga, TN:
    Chattanooga Historical Foundation, 2006), 7, 15.
⑫ Center for Venture Research, University of New Hampshire, https://paulcollege.unh.edu/
    research/center-venture-research/cvr-analysis-reports; Jeffrey Sohl, telephone interview by
    Heather Cabot, May 27, 2016.
⑬ Commodity and Security Exchanges, General Rules and Regulations, Securities Act of 1933,
    17 C.F.R. § 230.501 (1933), http://www.ecfr.gov/cgi-bin/retrieveECFR? gp = &SID =
    8edfd12967d69c024485029d968ee737&r = SECTION&n = 17y3.0.1.1.12.0.46.176.
⑭ Arlan Hamilton, "Dear White Venture Capitalists: if you are reading this, it's(Almost!)
    too late," *Medium*, June 13, 2015, https://medium.com/female-founders/dear-white-ven-
    ture-capitalists-if-you-re-not-actively-searching-for-and-seeding-qualified-4f382f6fd4a7♯.xby22sjc1,
    accessed May 2016.
⑮ Jason del Ray, "Hudson's Bay Confirms $250 Million Acquisition of Gilt Groupe,"
    Recode, January 7, 2016, http://www.recode.net/2016/1/7/11588582/hudsons-bay-con-
    firms-250-million-acquisition-of-gilt-groupe.
⑯ Christine Magee, "Female Founders Fare Much Better," *TechCrunch.com*, January 30,
    2015, https://techcrunch.com/2015/01/30/female-founders-fare-much-better-in-2014/, accessed
    January 30, 2015.
⑰ API 的定义: http://www.webopedia.com/TERM/A/API.html。
⑱ Alex Friedman, "Susan Lyne on Mentorship, Getting Funded and the Future of Female En-
    trepreneurs," *The Broadcast*, April 28, 2016, https://www.mylola.com/blog/susan-lyne-
    mentorship/, accessed May 2016; Alex Friedman and Jordana Kier, e-mail interview by
    Heather Cabot, June 20, 2016.

逐梦遂愿／信心教练们

"喜欢我"不是你的职责，而是我自己的职责。

——拜伦·凯蒂（Byron Katie）

力量不是与生俱来的。你要去争取它。

——碧昂丝（Beyoncé）

多纳·萨卡尔（Dona Sarkar）穿着豹纹，她很好地驾驭了这件衣服。这是西雅图市中心的午夜时分，这位多才多艺的女士在一个巨大的录影棚里感到得心应手。她正在主持世界上第一次全息黑客大会（HoloHack），这是 100 名技术员、电影制作者、三维艺术家与音效工程师们一同努力为微软的扩增实境设备"全息眼镜"（HoloLens）制作第一批应用的 48 小时头脑风暴活动。① 这个具有未来感的头戴设备能让被称为全息影像的三维图像从电脑屏幕走入现实，滑动手指就能进行操控。36 岁的多纳是一个硬件极客，也是一名时尚设计师兼小说家，她现在还领导着全息眼镜的拓展程序，这确定了她在微软冉冉之星的地位。

很难相信她的第一门计算机科学课挂科了。但她就是挂科了，她常常在美国各地旅行时讲述这个坚韧不拔的故事，激励年轻女性在工程学习上奋勇直前，在男性主导的科技界中坚持事业。作为 Windows 操作系统的长期开发者，多纳倾向于认为科技是"让美梦成真的隐形仙女教母"。而在 2016 年 6 月，她负责监督微软 Windows 内部程序，其间有数百万用户就测试版本的更新作出反馈。②

"我最大的成功就是在世界上最大的软件公司之一成为高级别女性成员。微软是一家传奇的软件公司，在这里担任女性高层和高层工程师，的确是一个巨大的成就。"这个钟爱粉色唇膏的黑发博学之士告诉我们。"当我在底特律（长大）时，如果有人告诉我，'嘿，多纳，你将来要去微软工作，担任非常高级别的职位，挣非常多的薪水'，我可能会笑得歇斯底里。"

这是因为多纳以前从不认识任何一个像后来的她那样的女人。她在底特律的市中心长大，她的双亲是来自加德满都的移民，在汽车行业工作，而她的祖母是一个裁缝及时尚设计师，经营着一家小服装店有 50 年了。多纳就读的那所老城平民区高中的计算机实验室里有一些老旧的台式机。当她和计算机实验室的那群青少年男孩子们说想加入计算机社团时，他们大笑着把她赶出了实验室。从五年级在教室里第一次看见一台老式的麦金托什机（Macintosh）＊那天

＊ 苹果公司于 1984 年推出的一种系列微机。——译者注

起，她就对计算机着了迷。她的父亲在她高中时和她一起阅读《华尔街日报》（*Wall Street Journal*），关注了所有关于 20 世纪 90 年代科技巨头们的新闻。父亲鼓励多纳将计算机当作实际可行的职业选择。他感觉这个新兴的行业不像银行或法律这样的传统行业那样故步自封，他好学的女儿如果走上这条道路，或许有机会过上更好的人生。在她高中时，他就凑出钱来为她在社区大学报名参加了一个编程课程。然而这并不能让她作好面对 CS100 的准备。这个密歇根大学的编程入门课程将七个复杂概念揉到一个学期里教授。

当她同男同学们分组做作业时，她感觉他们在说外语。她后来才知道他们中的大部分都在高中时上过计算机科学的大学先修课程*，而她的高中并不提供这样的课程。

"我一直在听他们说话，他们会说'老天，我不敢相信这东西怎么这么简单。我们到底为什么要做这些？谁不知道这些啊？'。而我就坐在那儿，心想，'我不知道这些。我一点都不懂。我甚至不知道这些词是什么意思。什么是比特？什么是门（编程中的构建块）？什么是 N？什么是 X 还有——'。然后老师开始讲课，这些家伙们就会说'我们已经知道这个了，说下一个'，他们会喊出声来。"她回忆道。多纳挂科了，因为她羞愧得不敢提问题。她不想有人觉得自己是个木鱼脑袋，打定主意要自己捣鼓。

之后不久，她想过要不要干脆完全放弃计算机专业。但随后她

---

* 大学先修课程（Advanced Placement，AP）是在美国和加拿大等国的高级中学中，由美国大学理事会赞助和授权的高中先修性大学课程，相当于美国大学课程水平，比一般的高中课程更深入、复杂和详细。——译者注

开始回想起自己学骑自行车的经历，她磨破了膝盖，流了不少眼泪，发誓再也不要骑车，但最后还是在两天后回到了车座上。她重修了这门课，这一次她得了一个 B。

"这不是最好的成绩。"她说，"但这比之前已经好了很多，而且我意识到自己也学到了很多。我真的能够做项目了。我突然意识到了我只是需要再学一遍，就像这些家伙们那样。他们第一次学时也不见得就学会了。"

她想要传递给其他女性的信息是：你不能因为第一次不成功就放弃自己的目标。"这就像是在说，'我赛跑就是为了赢第一。我得了第二，所以我要放弃跑步'。这太可笑了，这个概念对我来说很怪，我想说'你们这些说的是什么鬼'，很多人如果不能确定自己能成功，就不去尝试。而我认为，如果你做到了 50% 或 75%，这要远远好过 0。"她说。

这就是为什么她在成年后强迫自己学习缝纫机——她想学习时尚设计课程——也是为什么她一直在创意写作习训中坚持写故事的原因所在，即使她第一次写的小说告吹了也不放弃。她坚持不懈的努力最终为她带来：全新的时尚产品线 Prima Dona Style 的启动；Fibonacci Sequins，为 STEM 撰文的风格博客；以及企鹅兰登书屋签下的三本书。

·失败是成功之母

一路上，多纳一次又一次地提醒自己，创新本身只有通过试错来达成。你必须承担风险，从失败中学习。这就是为什么快速的原型设计很关键的原因所在——测试一个想法，观察它的发展，一路不断进行调整。错误和失误构建起知识和自信。这种态度渗透进硅谷的文化，却同很多女性被抚养长大的方式相反。西方国家的女人和女孩遭受的完美主义压力常常压垮了想要尝试的心愿。2014 年出版的畅销书《信心的编码》认为，在女孩们小时候怂恿她们变成取悦者、变得顺从，会造成长期的危害。

"研究显示，当一个男孩失败时，他会泰然处之。当一个女孩犯类似的错误时，她会认为自己很粗心，进而认为这反映了技能的缺失。"在强调卫斯理妇女中心佩吉·麦金托什（Peggy McIntosh）的研究时，凯蒂·凯（Katty Kay）和克莱尔·希普曼（Clair Shipman）这样写道。③

这种认知的差异可以追溯到斯坦福大学研究者卡罗尔·德韦克（Carol Dweck）所谓的"成长型思维对固定思维模式"的差异。她的研究结果常常被试图理解并消除高科技领域的性别鸿沟的倡导者们所引用，不过这个道理放之四海而皆准。拥有成长型思维的人们适应性较强，更少因为失败而气馁，因为他们相信才智和能力可以经久磨炼，而那些拥有固定思维模式的人们认为天生固有的才智和能力是定量的。如果将这套逻辑应用到如计算机和工程学这样女人们可能觉得自己"不属于那里"的行业和学术环境，她们缺乏代表性的状况就变得更好理解了。④正如美国大学妇女联合会（AAUW）2015 年一份名为"求解等式"（Solving The Equation）的报告中讨论的，莱斯大学社会学副教授埃琳·切赫（Erin Cech）及其同事们调查了一名工程学生参加数学或科学考试所需的信心及他/她想象自己申请工程师职位、实际具体工作所需信心之间的差异。他们发现，"认为某些人的大脑天生就适合做工程工作（并且男性在数学和科学方面比女性要优秀）的观念会导致较低的职业角色自信，认为有些人天生就是工程师，而其他人则不适合工程学"。⑤

"这是一件我希望更多女孩和女人们知道的事情，参加工程学课程并不需要你成为最优秀的工程师。我希望压力能少一点。为了达到优异成绩，我给了自己那么大的压力，如果我早知道编程会在广泛意义上成为一个能受益终身的绝妙技能，我可能会用不同的态度对待它。"梅洛迪·麦克洛斯基（Melody McCloskey）说。她在加利福尼亚大学戴维斯分校获得了国际关系和法语的双学位，而不是计算机科学，但最终在 2011 年建立了 StyleSeat。这是美国市场最大的线上美容保健服务公司，该公司在 2015 年实现了 100% 的年增长率，那一年网站的在线预约数达 2 300 万。⑥ "我希望更多的女性能了解到，要建立一家科技公司或为一家（科技）公司工作，你并不需要成为世界上最优秀的工程师——甚至根本不需要是一名工程师。"

在我们同一些美国最成功的技术人员、创业者及投资人对话时，我们不断地听到类似的故事：在其人生的很多时候，他们都因为完美主义压力而被自我怀疑和不安的情绪所困扰。玛利亚·克拉维博士（Dr. Maria Klawe）是哈维·穆德学院的院长、世界著名数学家与计算机科学家，也是备受尊敬的 STEM 女性斗士。她告诉我们，她一生都遭受着"冒充者综合征"（impostor syndrome）的折磨，这是一种高成就人群感觉自己是诈骗者的现象。⑦现在她60来岁了，玛利亚试着利用自己的焦虑，让自己保持正确的前进方向。

"我自己对这种情况的解释是，我一半的大脑不断地觉得我是一个失败者。我另一半的大脑则在说：'我能改变世界！我能扭转乾坤！'当我分析我应该怎么处理事情，或希望知道事情可以用不同的或更好的方式去处理时，我就会听从失败那一半的想法；当我要制定野心勃勃的目标时，我就遵从'我能改变世界'那一半的想法。这很有用。"她告诉我们。

她非常热心且开诚布公地讨论"冒充者综合征"的广泛性，在每年哈维·穆德学院的入学仪式上都会谈到这一问题，让学生们——无论男女——都知道自己并不孤独，都知道自己需要学会寻求帮助："我们之所以希望他们能学会寻求帮助，是因为当你走向世界，你需要面对各种问题，这些问题都很有挑战性。所以我们希望你知道，向你的同事、向你的老板、向在你隔壁楼办公的人寻求帮助，真的没有关系。'我在这件事上很挣扎，你有什么建议吗'或者问'你能告诉我这件事该怎么做吗'，我们的学生要学习这些。"

·训练女性接受风险

在我们研究科技女性的生活与职业正压的这五年中，我们见证了支撑其信心的新机会爆炸式地涌现——训练营、投售竞赛、会议、研讨会，都是为了科技界女性在企业与创业的角斗场上取得胜利作准备而举办的。

当电梯门打开、面对曼哈顿的 Spotify 办公室的那一刻，我们能感受到空气中的能量。女人们三四个人一队地挤在桌边，有人戴着头巾，有人穿得花团锦簇。她们一边进行着深入探讨，一边敲打着键盘、若有所思地来回浏览着面前苹果笔记本电脑的屏幕。我们来到的是纽约市女性黑客大会（SheHacksNYC），这是一个仅限女性参加的"黑客松"。这个紧张的周末在一场竞赛之中到达高潮，包括美国全国广播公司财经频道（CNBC）"强力投售"（Power Pitch）节目的裁判艾丽西亚·赛雷特（Alicia Syrett）在内的一些纽约著名投资人都观看了这场比赛。

参赛者们告诉我们，这同在硅谷占主导地位、多为男性参加的黑客松感觉不一样。这里看不见空披萨盒或桶。取而代之的是由有机野生稻米、鹰嘴豆沙拉和水果切片组成的自助晚餐。而且到了下午 5 点的时候，整个房间的人都停下来进行冥想休息。一个戴眼镜的瑜伽行者带领着所有人进行了一套正念训练，通过集中注意力共情同感来消解压力——行者解释说，这是团队合作与释放创造力的关键。这里的女士们闭着眼睛，一同吸气，然后出声吐气，一屋子的人由米里亚姆·拜库什（Miriam Bekkouche）引导进行一个简单的冥想练习。她是 The Brain Spa 的创始人，她白天的工作是 37 Angels 的活动管理，那是一家专注于由女性建立的创业公司的天使投资集团。对这 60 名牺牲了周末时间、走出自己的舒适区、接受冒险的具有魄力的女性而言，这是片刻的舒心。

冥想结束后，我们同 22 岁的克莉丝蒂娜·费（Christine Pha）

见了面。她是一个刚刚学成的前端网页开发者，正和自己的团队一起建造一个帮助音乐家们记录音准合拍率并全程进行评分的应用程序。她的丈夫是一个严肃的爵士音乐家，时常练习，她认为需要有一种比现有的调音应用更好的办法来帮助他提高自己的艺术水准。在同谢丽尔·桑德伯格本人的千载难逢的偶然会面后，她受到了启发，决定进行尝试。某个夏天，谢丽尔在她的家中为若干名 Lean In Circle 成员举办了一次聚会，她对克莉丝蒂娜和其他在场的女人们强调，如果她们希望在科技行业工作，她们需要看到比营销和公共关系更远的地方。"她在那一刻提出的倡议是，'我们需要女人们去产品部门。我们需要女人们去运营部门。我们需要女人们去创造'。"她告诉我们。"在那个周末之前，我一直专注于我的营销和设计事业。我带着她的话回到家，现在我希望建造些东西。"这件事让她来到了这一步，开始对自己的新技能进行第一次测试。

当女性黑客大会的两位联合创始人戴安娜·穆拉赫沃夫斯卡娅（Diana Murakhovskaya）和艾琳·里亚巴亚（Irene Ryabaya），第一次畅想"在女性开发者与有想法的女性之间牵线搭桥"的时候，这正是她们所期盼的机会。这两位朋友在各大银行的交易桌上都拥长期备兑的大宗商品。她们决定创建一个名为 Monarq 的手机应用，以帮助像她们一样的职业女性同其他聪明且有野心的女性建立友谊。那是事情的开端。这两位冒险家是在 2014 年的一次假期旅行中、在马来西亚婆罗洲的一座小山上受到的启发。回到家后，她们给了自己 30 天的时间创建 Monarq。戴安娜是机械工程师出身，而艾琳拥有计算机科学学位，她们从一开始就下定决心，要找一名女性软件开发者来创建 Monarq，因为她们认为一名女性能对她们的愿景感同身受。然而她们没能找到适合这项工作的人，即便在看过几场黑客活动后都没有找到。因此，她们决定举办自己的黑客松，仅限女性参加，希望借此找到有进取精神的开发者们，在创业的世界中携手共进。第一次活动吸引了 40 名女性，女性黑客大会就此诞生。她们从纽约扩展到菲尼克斯、休斯顿，大会内容也增添了导师晚餐会、投资人早餐会，甚至增加了一个大会，让女性黑客大会的参加者们能够继续建立人脉，开办自己的大会。关于这个夜晚，我们觉得最有趣的事情是虽然许多与会者都还年轻，但她们并不是刚刚走出校园。她们正从某个职业转向另一个职业，希望由此运用自己新掌握的数字技能，而且她们希望找到一个地方能让她们安全地进行练习、打造履历或尝试自己的商业构想。

"我觉得女性需要更个性化一点的环境。你需要大量的鼓励。"对于一些女性对展示自己的能力或对公众讲述尚未成型的想法时表现出的不情愿，戴安娜评论道。当天活动的所有项目都进行过预筛，团队都提前作好了分配。然而，戴安娜说程序开发甫一展开，大家就不停地在女厕所前拦住她，对她说自己有个想法，但觉得这个想法没有好到可以提交，或者她们不觉得自己的编程技能足够好到可以领导团队。她和艾琳说这就是为什么她们希望这个黑客松仅限女性参加，同时在组内设立能够进行快速指导的男性和女性教练与导师，并强调没有什么愚蠢问题的原因所在。她们想让女性黑客大会让人感受到扶持与安全。对最近参加了一些编程课程的投资银行家克里斯蒂娜·莫伊（Christine Moy）来说，大会的确做到了这一点。这位膝下有一个蹒跚学步的幼童的母亲和她的团队围绕着名为 Babyhood 的创意而工作，赢得了本次活动中的投售竞赛，Babyhood 是一个针对新晋父母的社交网络。这是她头一次在公共场合描述自己的项目，看到脑海中的创意演变成现实中的蓝本雏形，感觉很棒。

"在你周围，全部都是那些像你一样生气勃勃、强大聪颖的女性，而且你能得到反馈。你们都有自己合适的位置，比如你擅长什么，你专注于什么，你对什么感兴趣。接着，你分享出来，然后就能（说），'伙计，我今天长知识了，而且我感觉我有了队伍'。"克里斯蒂娜说。在我们写这本书的时候，她还没有辞去自己在银行业的正式工作，但一直坚持为自己的想法而努力。

· 自我推销的艺术

学习如何分享伟大创想、使之转变为推销和美差——这就是为什么 100 名女性软件开发者在某个春天的下午相互传递 M&M 糖豆的原因。她们分成几个小组，作为破冰游戏的一部分，每个人都需要根据她手上拿到的糖的颜色回答一个私人问题。如果拿到的是蓝色，就要谈论自己最棒的一击——无论是在专业工作还是个人工作中最令你骄傲的那个。如果是红色——你要揭露你最大的一次失败。许多在场的女性都处于自己职业生涯的中期，而这次活动"书写/述说/编程"对于她们来说是一次在同行中相互沟通、坦诚地讨论自己的成就与失误的难得机会。

这个 2015 年在纽约举行的为期三天的大会有一个明确的目标：通过发表文章与公众演讲，让女性计算机程序员能够发展自信，从而"发展自己的专长"。这个训练营是由芝加哥的开发者丽贝卡·米勒-韦伯斯特（Rebecca Miller-Webster）创建的，源于她自己在职业中向上发展的渴望，而她之前真的不知该怎样去做。

"有一个让我感到受挫的地方是，我感觉虽然有关于科技女性的大型讨论，但它更多地是在讨论怎样教女性去编程，并没有讨论已经在业内的女性以及她们正在经历的问题、如何改变处境。"丽贝卡说。她 33 岁，一头挑染着蓝色的白金色头发让她在人群中分外醒目。她意识到，交流与自我推销是她许多同僚缺失的关键技能——而可能正是这些技能的缺失阻止着她们向更好的工作、更丰厚的待遇前进。一时兴起地，她在 2013 年参加了一个专栏项目研讨会，学习如何撰写、发表评论文章。

在我们参加"书写/述说/编程"大会的那天，我们注意到主办方尽其所能地为母亲们降低了门槛，为她们提供了托管服务和母婴室，这在专业大会上——尤其是在科技活动中——是很罕见的。与会者们非常认真地想要充分利用每分每秒，到最后，每个人都需要想出至少一个能够马上发表的博客主题。她们还练习了如何推销自己，争取委员会的席位、成为小组发言人以及被记者采访的机会。那些成功地在公司内及公众视野中提升了知名度的开发者们则提供了反馈与获得出版机会的诀窍。2016 年，该研讨会挪到了芝加哥，规模变得更大，有 150 人参加。

"我想（消除性别鸿沟的）第一步是推销自己——无论必须与否，我们都得做。我不愿意（科技）大会主办者来对我说'我想要更多的女性参加，但我不认识任何女性'。我想让他们知道这些女性们都是谁。"丽贝卡告诉我们。

普妮马·维贾亚尚克（Poornima Vijayashanker）和凯伦·卡特琳（Karen Catlin）认为，让女性们获得这种认可、促进其专长的一个百试百灵的方法就是举起手来，尽可能地进行展示、演讲。这个乐观向上的团队称公众演讲为能够使女性职业生涯腾飞的"复合维生素"。当我们同她们私下会面时，她们刚刚主办完一次世界上科技女性参与人数最多的研讨会——2015年休斯顿格雷丝·霍珀计算机庆典。这里的观众们能与她们感同身受。这两名女性都获得了硬核技术证书，两人也都克服了面对观众的自我障碍。普妮马是在线私人会计服务公司Mint的创始工程师。童年时期，她一直在同自己的极度害羞作斗争，直到中学时她尝试着参加了辩论队。一路走来，她成为了Mint的女发言人，并在2009年Intuit收购Mint之后成为了财富500强公司的一个广受欢迎的发言人。凯伦是奥多比系统公司（Adobe Systems）的软件工程师与前副总裁，她说她之前从不喜欢在全体大会上演讲或在讨论会上发言，直到她发誓每个月至少练习一次公众演讲。转折点是2012年在斯坦福附近的山上同一位她所信赖的导师的远足途中，她考虑离开奥多比并开始建立一家着重于帮助女性在科技界前进的咨询公司。她的导师问她，是否有过很多公众演讲的经验。

"噢，我的天，所有我在整个职业生涯中每一次走上讲台时感受到的舞台恐惧，像一堵墙一样倒向我。但我意识到，她之所以这么问，是因为这将对我至关重要：建立一家咨询公司，在女性面前讲话，从而希望能够启发一些科技界的女性。这将成为开启我想要做的这个新事业的关键。"凯伦说。事实的确如此。她强迫自己每个月进行一次展示，包括 TEDx* 演说。她的公司启动了，而她也最终同普妮马开始聚力合作，后者从 2007 年起就通过她的博客 "Femgineer" 为工程师与创业者们提供在线交流课程，并在后来由此建立了同名教育公司。

在凯伦与普妮马的新书《展示！技术员的公众演讲指南》(*Present！A Techie's Guide to Public Speaking*) 首次出版的一个月之前，我们同她们一起聊天。她们很快就将出发进行新书巡回签售会，并计划在这些签售会上提供关于从克服舞台恐惧到寻找正确的听众、再到怎样在你并不知道所有答案的时候处理问答环节等一切问题的实用窍门。普妮马，杜克大学电子工程与计算机科学毕业生，告诉了我们一些她们会提供给学生们的建议，既包括当面教学的，也包括她们通过 "Femgineer" 进行的 8 周线上信心交流课程中的。她向我们展示了其一个有助发音的老辩论技巧——把一支笔放在嘴里，大声读报读书，每天 15 分钟。她说这会帮助人打开两颊，并帮助演讲者专注发音与节奏。她们鼓励学生在演说前同观众 "打招呼"，这样就能做好热身并同与会者建立联系。普妮马和凯伦非常不建议她们的学生背下整篇演说稿，相反，她们建议学生们

---

* TEDx 项目 (TEDx Project) 是由 TED 于 2009 年推出的一个项目，旨在鼓励各地喜爱 TED 大会的民众自发组织 TED 风格的活动。——译者注

在头 15 至 30 秒的内容上下功夫。

"搞定它——记住它——因为当你走上台时，就是舞台恐惧最严重的时候。就在最开始。如果你的头几句话能够达到效果，只要脑子里记得那些，你就没事了。"凯伦说。

在休斯顿会面的几个月后，我们参加了她们在 Facebook 位于加利福尼亚门罗帕克的总部举办的图书分享午餐会，也参与了普妮马和凯伦当天带领的信心构建练习。

"我们想看到更多女性领导者。"普妮马告诉 Facebook 分享会上的女性们。"被关注意味着她们在台上进行展示演说。因此，我们今天作这次演讲的目标实际上是鼓励你们今后朝着在下一次会议上发言、作大胆的飞跃、报名活动或 TEDx 演讲走出小小的一步。"

开场时，她们问认真聆听的 50 名女工程师观众她们为什么害怕公众演讲。手唰唰地举了起来。

"我有严重的舞台恐惧。"一个女人说。

"我开口说话时，害怕失去信心。"另一个女人附和道。

在这一个小时的分享会中，普妮马和凯伦向工程师们提供了一些她们可以立刻开始使用的简单技巧。她们从一些"力量姿势"说起。

她们请所有人站起身来。然后她们请与会者们高高地将手举过头顶，比出一个象征胜利的 V 字手势。

"这是一个力量姿势。"凯伦解释道，"你看到奥林匹克的运动员们在穿过终点线的时候这么做。你看到孩子们在足球场上得分时这么做。如今，你甚至会看到新郎新娘在婚礼上交换誓言的时候这么做。这个姿势跨越了文化，跨越了性别。"

她们援引社会心理学家、哈佛商学院教授埃米·卡迪（Amy Cuddy）在其广为流传的 2012 年 TED 全球演讲中说的话，称持续做出一个力量手势两分钟确实可以提高你的睾酮水平——无论男女——并让你感觉更有力量。凯伦补充道，与此同时，这将降低皮质醇水平，或者说压力水平。⑧

"通过举起手来做出力量姿势，你可以让你的身体误以为刚刚完成了目标，以为你处在游戏的获胜方。"她说，"这是一种克服舞台恐惧的完美方法。你可以在演讲之前做，在面试之前做，也可以在展开艰难的谈话之前做。普妮马和我在进行我们今天的演说之前就做了这个姿势。"这真的感觉不错。

两位女士都向人群分享了自己的恐惧和过去的失误。凯伦坦言，她因为在演讲的幻灯片中塞入了太多文字内容而臭名昭著。普妮马则谈起自己有一次毫无准备地上台演说，结果场面尴尬。她们想让这群聪明、有抱负的工程师们带着这样一个讯息离开：公众演讲需要练习，但她们能做到——也值得为之努力。

"公众演讲改变了我的人生。"普妮马说，"我搞定了我的入学面试、我第一份工作的面试，随后继续做着其他许多事情，比如为我创建的创业公司作展示演说。我帮助筹集资金、招募团队。现在，公众演讲是我职业生涯的一部分。我不会总把它看作为我牟利的东西。这更像是我不愿意再害羞下去。我想要人们认真地看待我，我想要被关注。"

· 为女性创新加油

正如普妮马早年建立 Mint 时学到的，公众演讲是创业公司创始人工作的一部分。在进行了一次优质的投售会之后，那种清晰且自信地解释你的构想、尤其是其中财务部分的能力是成功的关键。自 2005 年左右起，几十家商业孵化器与加速器突然在全美范围内涌现出来，以帮助那些至少拥有一名女性创始人的创业公司。[9] 这些年代更新一些的关注女性的计划同著名的 YC 很相似，它们承诺提供行业导师、早期资金与大量的培训。孵化器倾向于帮助新公司成型与启动，而加速器则帮助它们成熟、发展——其中一些也提供种子资金，以股份作为交换。例如，康涅狄格州韦斯特波特的女性科技公司创始人学校 Refinery 提供每周 5 小时的课程，12 周后课程结束，女性学员们会在"路演之夜"（Demo Night）上向当地投资人们展示自己的公司。课程的费用为 2 500 美元，而这些钱将累计起来作为最终投售竞赛的现金奖金。另一家位于科罗拉多州博尔德、名为 MergeLane 的公司由"一家提供培训项目的投资公司"创建，12 周的项目中有 3 周实地课程和 9 周在线课程，为已经成家的创始人们提供了更大的灵活性。MergeLane 向进入项目的公司提供 20 000 美元的投资，在项目结束时则有可能额外提供 100 000 美元，以交换 6% 的股份。

别搞错了，MergeLane 的联合创始人、50 岁的苏 · 哈尔布朗勒（Sue Huibronner）说，对首席执行官们的密集训练和"产品解决方案锻炼"的工作并不是在做慈善。这是为了挣钱，打赌多元化的团队会为 MergeLane 基金与其投资伙伴带来巨大的回报。

"有一个假定是，如果你做的事情是有关女性或普遍意义上的多元化的主题，你就是在做慈善。我们只是在猛烈反驳这个观点。"苏在描述参与项目（自 2014 年启动）的最早两批公司时强调道。她曾经是联邦检察官，后来成为了首席执行官与投资人。

MergeLane 及其他不断发展的课程项目的普遍主题，即在帮助创始人打磨商业计划及团队的同时，训练她们以具有说服力的方式表述自己的商业图景的能力——特别是在面对满屋子男性投资人的时候。

"其中很大的一部分是'我该如何更适应我自己的领导角色'。更加适应自己的领导角色包括重视那些让你成为领导者的品质，而不只是看到你的销售能力或编程技巧。"苏解释道，同时补充说，MergeLane 注重的是长线发展，如果有一天这个项目被废弃了，那就是它的使命完成的时候。

堀江爱利（Ari Horie）也认为这些重要的领导技巧都根源于确信感——全身心地拥抱自我，发自内心地认为自己从事着命定的事业。就在 Facebook 园区的不远处，她为八名女性创始人开办了为期两周的沉浸式女性创业实验室（Women's Startup Lab）。爱利请来行业专家们来为这些女性创始人们进行培训，教导她们创业的本质与相互扶持的艺术，而她们也在其中投入了全部的情感与财力。这个项目推崇的真谛是"人"（hito）——日语中代表人类的符号，描绘出两个人相互扶持的图案。这也是为什么爱利希望构建一个女性创业者们在项目结束后也能长久地相互扶持、彼此负责的团体的关键。这就是为什么她要求研讨会的参与者必须共同生活 14 天的原因。她们在加利福尼亚州福斯特城居民区一栋被称作黑客屋的房子里住上下铺。据爱利的描述，这是一个亲密且让人信赖的环境，在这里，女人们能够放下戒心，一起讨论她们作为创业者面临的实际问题。

当我们在一个周三的晚上 7 点到达那里时，铁板洋葱和烤牛排的香味在前门扑面而来。当我们在前厅脱下外套时，一个穿着红色连衣裙、有着深色头发的小女孩喜笑颜开地躲在厨房桌子后面目不转睛地盯着我们看。我们对她微笑时，她跑进了厨房，手臂紧紧圈住她妈妈的腿。

克里·库伊拉德（Kerri Couillard）是一个程序员出身的创业者，来自圣塔菲。她领着我们走进一间宽敞的起居室，在那里三名女士坐在一张公用桌前对着各自的电脑不停地打字。另外两名女士则在白色写字板前小声交谈着，写字板上龙飞凤舞地写着诸如"关键指标""价值主张"这样的术语。在角落里，我们瞥见了一个像是浓缩咖啡机一样的东西——那其实是一个 3D 打印机。接线板、充电站、投影仪、打印机、无线网———一个创业者创立公司所需的一切——都在这里，触手可及。

"今天是在黑客屋的第 10 天，"克里一边领着我们沿着狭窄的楼梯前往她和其他三名女士共用的卧室，一边告诉我们，"我们正在为我们的投售作准备，周五我们将在团队面前演说。"

卧室很干净，但缺少装饰，有四个床铺、两套橱柜和一张书桌。地毯和墙壁都是白色的。墙上没有挂画。

"我先前并不确定自己能不能撑过两周。"她坦白说，爬上了自己的上铺床位，向我们展示她只能在床上面坐直身子。"对于在高低床上睡觉和完全缺少隐私，我当时很在意。我是一个内向的人。我是说，我可以好几天都不和人说话。我只是为自己正在做的事情感到自豪，因为这对我来说肯定算是一种考验。"

我们很快了解到，除了这个位于昂贵的硅谷居民区、不起眼的两层楼房，还有很多房屋的屋主（通过爱彼迎）将房间出租给有抱负的科技创业者们。花费仅仅 45 美元一晚的价格，房客们可以得到合租房里的一个床铺和一顿便饭。这间屋子里的客人们很幸运，屋子主人是一对来自日本的年轻夫妇——丈夫是一家科技传媒公司的创始人，而妻子则是一个训练有素的美食大厨，因此餐食美味而丰盛。晚餐是家常菜，有鱼有肉，有来自农贸集市的新鲜蔬菜，还有大量的米饭和土豆来为深夜的黑客环节补充脑能量。早餐包括新鲜出炉的面包、肉桂面包和鸡蛋三明治。

这栋房屋并不像《社交网络》这类电影或 HBO 的《硅谷》这样的连续剧中所描绘的邋遢、兄弟会风格的黑客屋那样，这里更有家的感觉，一部分的原因是这对夫妻的四个年幼的孩子在屋子里跑来跑去，同客人们一同就餐。

"孩子们特别乖巧。"克里说，"他们从不在我们工作的时候打扰我们。虽然有四个孩子，但房子里一直都很安静。如果要打电话的话，就要去车库（才不会打扰到别人）。"

这个项目中典型的一天是从早上 5 点起床、吃早餐开始的，随后是创业实验室门罗帕克办公室的研讨会和辅导会，一整天排得满满当当。

"我们晚上 7 点回房子，"克里说，"但通常到 9 点才开始吃晚餐。我一直工作到半夜，累瘫，然后第二天再来一遍。这确实有些训练营的感觉。"

不过对克里来说，两周的时间不用再操心她的两个孩子和家庭的需求正是她所需要的，这样她就能让自己的公司更上一个台阶——她的公司名叫 Babierge，是一家提供婴儿车、婴儿床等婴儿用品租赁服务的公司。

"这次经历真的改变了我。"她在结束项目的几周后这样告诉我们。"我现在拥有了这种自信。我的思路不再狭隘。我不再同恐惧作斗争，不再担忧是否能成功。我的丈夫完全不知道发生了什么。他告诉我，我需要花几天时间重新扮演母亲的角色，我说：'不。我真的不能再像过去一样了。'"

克里这种新发掘的自信，同爱利在 2013 年创立女性创业实验室时心中的自信是一样的。她的目标是通过让女性创始人们检视内心深处的恐惧、激情与使命感，帮助她们将萌芽阶段的公司发展为成熟的公司。参加者们一边学习如何推动公司进入融资阶段，一边深入了解自己。要做到这些，离不开硅谷老手们的帮助与指导——这些老手是企业家、风险投资家和创业顾问，比如营销大师比尔·朱斯（Bill Joos）、风险投资家海迪·罗伊森（Heidi Roizen）、连续创业家弗兰·梅尔（Fran Maier）及知名作家与演说家盖伊·川崎（Guy Kawasaki）。

其他一些加速器致力于成长目标的达成，而女性创业实验室则更倾向于培养女性首席执行官，并给她们灌输成为具有影响力的领导者所需的自信。

"很多人认为女性创始人们没有得到投资，所以觉得让她们得到投资就能够解决问题。"爱利解释道，"然而通常来说，问题的根源要更深一些。我见过那么多有能力的女性，但没有人帮助她们达到准备好接受投资的阶段。"

这正是吉尔·里士满（Jill Richmond）面临的问题。她当时是Kraver 的联合创始人及首席营销官，她说她和她的联合创始人在开始加速器项目时正在经历"彻底的领导力脱节"。对二人来说，辅导会变成了关系咨询会。

"在实验室，我们经历了很多令人头痛的摊牌会，顾问会介入，分析问题所在。"她告诉我们，"我们会在外进行一些执行领导力培训，学习怎样直接地传达信息，在两周的时间里，我们真的变得能够支撑公司的定位、引入了三名主要顾问并获得了首位主要投资人，如果不是因为实验室，这些都不会发生。"

吉尔告诉我们，爱利在队里扮演着护犊母亲的角色。"当我和我的合伙人遇到麻烦时，我可以安心地将她叫到一间屋子里，问她'爱利，如果你是现在的我，你会怎么做'。"女性创业实验室并不用专业建议换取公司股份，而是为两周的项目收取一笔定额费用（本书写作时，这笔费用为一万美元）。对于很多尚未挣得分文的公司来说，这是很大一笔开销。

"我们之前对预支这么一笔钱很是担忧。"吉尔说,"当我申请女性创业实验室的项目时,我并不清楚自己是否能有收获。但不用交出股份这一点是我们喜闻乐见的。"

吉尔说,称呼女性创业实验室(WS 实验室)为加速器公司是有误导性的。"这是一个执行领导力项目。"她解释道,"那些申请加速器的人都期望在结束时能筹得一笔资金。这在 WS 实验室是不存在的。"

同队里很多其他学生的项目不一样,克里的 Babierge 在她加入创业实验室时就已经在盈利了。但她需要使用一个线上募资,并从自己的退休存款中割出一大笔钱来支付学费。作为交换,她无需出让公司的所有权份额。

"一万美金是很大一笔钱,"她告诉我们,"但我得到的辅导的质量值得让我付出这笔费用。比起出让我视若珍宝的公司的一部分,我觉得付费更值当。"

克里在完成项目不久后就从首席执行官的位置上退了下来,让位给 Match.com 的联合创始人、WS 实验室的培训官弗兰·梅尔,由后者领导公司开启下一个发展篇章。如果没有实验室给克里带来的人脉,她的公司可能无法一举签下梅尔。

创业实验室吸引的创始人类型也和其他加速器不同。这里大多数参与者们并不是那些刚从斯坦福毕业的"娃娃脸"程序员,而是那些玩杂耍似地一边兼顾创业公司的发展,一边接送孩子上下学、购买日用杂货的母亲们,以及拥有法律、零售、教育职业履历的四五十岁的女人们。

爱利自己也是一名连续创业者，她能够理解女性创始人们在兼顾首席执行官、母亲、妻子与一家之主这些角色时要面临的挑战。当我们深入谈起她的个人生活以及她母亲的去世、同丈夫的离婚如何燃起了她的雄心时，爱利变得有些情绪化。在女性创业实验室之前，爱利就开始做 B! Minds 了，那是一个教授双语儿童第三种语言的工具。

"比例很高……女性（会）因为要兼顾更多而放弃。她们没有可以寻求帮助的资源和人脉。"爱利说，她有两个上中学的孩子。我们当时正坐在一间令人愉悦的会议室中，那儿有个白色写字板，在写字板用蓝色绘制的操作项流程图上面用红色写着这样一句话：天天都有糟心事。

在她的人生旅途中，她经历了一场在"人"——依赖他人——与她母亲为她塑造出的刚毅个性之间的微妙之舞。当爱利还是一个婴儿时，她的父母离婚了，她的母亲作为单亲母亲将爱利抚养长大——这在当时的日本是一种禁忌。从很小的时候开始，这个机敏的小女孩就懂得作为边缘人的滋味。学校里，她朋友们的家长不许自己的孩子同她一起玩耍，因为她母亲是单身。作为回应，爱利身为官员之女的母亲告诉她，受欢迎、融入集体都不重要。爱利说，考虑到在当时的日本，成为社会的一部分被看作必须的事情，这个态度非常叛逆。

为了培养爱利的独立个性，她的母亲要求爱利背粉色的背包上学，而当时学校里所有其他女生都背红包，所有男生都背黑包。她想让女儿在同龄人中感受到自己的独特，并拥抱与他人的不同。

"她有目的地让我变得不同……她不断地说，'我想让你获得自信。自信来自拥有自己的观点'。"爱利说。她穿着皮质袖子的黑色羊毛衫，戴着银色耳环，看上去时髦而不做作。

爱利最初是作为想学习英语的高中交换生来到美国的。但她很快发现自己成了边缘人，落入了加利福尼亚奥兰治县一个环境严酷的高中，还有一个不太友好、甚至会不让她吃饭的寄宿家庭。在学校里，她忍受着奚落，甚至还会目睹帮派冲突，但她决意要坚持过完这一年。这是一次催人奋进的经历。她常常向创业实验室的学生们援引这种敢于与众不同的价值观，提醒她们，她们的独特视角是她们作为男性主导的科技界中的女性所带来的最重要的东西。

"作为创业者，就是要不断解决未知的难题。"爱利解说着让最优秀的创业者能够拨开疑虑、迈步向前的决定性特质。她说，勇气源于真正的目的感。"这会给你方向。人们带着一颗通透的心离开这个地方，这与她们过去的经历无关，而是因为她们清楚地知道前路在何方。"

· 改变文化,而不是改变女性

要指出一点很重要：虽然女性创业实验室这类专注于女性的加速器及其毕业生得到的切实效益令人振奋，但很多人并不认为这些努力真的能为试图融资的女性创始人们的生存环境带来实际改善。天使网络与基金会 Astia 的首席执行官莎伦·沃斯梅克（Sharon

Vosmek）说，教育女性去顺从目前风投系统的需求是有风险的，因为这样会促使白人男性的文化变为基准，而不是修正根本的偏见问题。

"我想要修正这个生态系统。"莎伦说，"每当我们着力于女性事业时，我们总是试图改变女性的行为，使其能够融入男性范式。这样并不能让我们向矫正曲直更近一步，而应该被矫正的就是这种范式。"

阿莉森·卡平（Allyson Kapin）是社交团体"科技女性"（Women Who Tech）的创始人，也是由 Craigslist 创始人克雷格·纽马克（Craig Newmark）支持举办的女性创业者竞赛"女性创业挑战赛"（Women Startup Challenge）的创始人。作为倡导者之一，她说，她对专注于性别这件事感觉很复杂。挑战赛 2016 年总决赛在领英位于加利福尼亚山景城的全球总部举行，竞赛为 SIRUM 提供了 5 万美元的奖励，竞赛组织者将其描述为"将闲置、尚在有效期的机器分配给需要的人的 Match.com"。⑩

正如阿莉森说的，"在理想的世界里，我们不需要做这类事情，因为凡事都会很公平。女性会拉到投资，有色人种会拉到投资，在大会中、在科技公司与创业公司中都不会有这些多元化问题。然而这并不是我们身处的世界，这就是为什么我们需要做这样的事情，而我希望有一天我们能够到达一个科技女性和女性创业挑战赛都不需要存在的时代，因为那个时代的竞争是公平的。"

而当我们同凯瑟琳·芬尼（Kathryn Finney）会面时，她提醒我们要注意不要将从个别女性身上得到的案例推演到所有女性身上。凯瑟琳是为科技界的非裔与拉丁裔女性发声的组织"数字无分割"（DigitalUndivided）的创始人，也是 2016 年一份关于非裔女性创始人所面对的融资鸿沟的重要研究《科技界真正的独角兽们》（*The Real Unicorns of Tech*）的合著者。她说，少数族裔创业者们并未从科技界女性新近收到的关注中获利："我并不认为在包容性方面有什么革新性的进展……这在我看来很可笑，因为这是一个以革新为荣的行业。我的意思是，这些创造出无人驾驶汽车的人在包容性上还是用的 20 世纪 80 年代的老一套。雇用一名有多元化背景的首席官。办场活动。我的意思是所有这些事情早就被做过千百遍，很显然这些都不管用，因为问题依然存在。"

她是最早的一批时尚博主之一，也是最早的非裔美国博主之一。这位造型行家当时准备将自己的博客"Budget Fashionista"的庞大受众转化为惊人的生意，并在 2013 年以一个未披露的价格出售给一家中型中西部传媒公司。作为微软首位非裔美国工程师的女儿，她在科技的环绕下长大，也记得自己跟随着父亲在家乡明尼阿波利斯和华盛顿雷德蒙德总部之间出差。2003 年，她在建立自己的造型博客时学会了编程，这样她就能够自己发布梦寐以求的钱包鞋履的照片，并和粉丝分享特价和折扣。

戴着标志性的豹纹猫眼眼镜，踏着珊瑚色的运动鞋，背着美丽的鸽灰色普拉达手袋，凯瑟琳从头到脚看上去就同我们曾经看到的《今日秀》（*Today*）上的时尚达人一模一样，当时她是《今日秀》的撰稿人。虽然她有着耶鲁大学公共卫生学院国际流行病学的硕士学位，但凯瑟琳说她还是遭遇了男性同行的轻视。当时她加入了一家纽约的科技加速器，从事一个关于美妆产品的电子订阅服务创意的工作——她将这个创意称为"非裔女性的 Birchbox"。她对 2006 年的那一天记忆犹新，当时她终于鼓起勇气主动面对一群白人男性谈论起自己的生意创想。

"他们假定我不知道自己在说什么。觉得我并不具有所需的技能。"她说。有个家伙甚至问她是否认识任何时尚博主——只要谷歌一搜就能知道她本人就是当时最受欢迎的博主之一。让她愤怒的是没有一个人费心搜一搜。"我都不值得让他们谷歌一下。"她说。

那次经历以及其他几次偏见实例最终将她引向了种种开创之举，包括举办大会和奖学金计划，吸引未被充分代表的创始人并给予她们力量。但到了 2014 年，这些举措收效甚微，令她沮丧不已，于是她决定花费一年的时间深入挖掘偏见背后的棘手问题——到底是哪些人得到了投资？为什么？他们是哪里毕业的？——甚至还挑战自己有关创业世界中有色人种女性现状的假设。她发现，加速器不接受非裔女性的原因通常是她们缺少一个技术型联合创始人或该项目和这些女性的目标市场不相关。她所有这些研究的成果就是"♯戴安娜项目"（♯ProjectDiane），该项目带来了第一份有关科技创业与非裔女性的深入报告。报告发现，只有 11 家由非裔美国女性创建的公司从投资人处获得过超过 100 万美元的投资。⑪

这些发现为凯瑟琳的下一个篇章打下了基础：大创中心（the BIG Innovation Center），一个在亚特兰大设立、为期四个月并面向非裔与拉丁裔科技创始人的加速器，在 2016 年 9 月面世。它同时为软件开发专业的少数族裔学生提供带薪实习项目。该中心同临近的 HBCU——也就是"传统黑人学院与大学"（historically black colleges and universities）——共同合作来招募参加者，其中包括备受推崇的女子学院斯佩尔曼学院。这个加速器项目通过凯瑟琳亲自出过资的哈里雅特基金（Harriet Fund）和哈里雅特天使辛迪加（Harriet Angels Syndicate）来提供培训与资金。凯瑟琳告诉我们，她想驱散关于领导力与非裔女性的错误看法，而她的使命就是为有色人种女性打开新的人脉网络，让她们得以遇见正确的人启动她们的公司，从而为她们的成功作好准备。

科技界的非裔女性"想要这些"，她说。"我们想要去争取。我们为争取作好了准备。我们告诉人们我们想去争。我们的问题是我们缺少赞助者。没有人会赞助我们。没有人会为我们说话，说'这就是那个应得之人'。我们没有赞助者，也没有导师。"

许多女性面对的这种人脉的彻底缺失促使具有开创精神的有线电视台高管凯·科普洛维茨（Kay Koplovitz）在 2000 年创立了第一个服务于女性的加速器——Springboard。早在 20 世纪 90 年代，科技创业公司的"非理性繁荣"——美国联邦储备系统时任主席艾伦·格林斯潘（Alan Greenspan）在 1996 年将科技称为"掘金潮"——令科技界的兄弟们在泡沫破碎之前筹到了数百万。⑫凯注意到，女性创业者们同样也在建立科技公司，然而其中大多数却没有筹集机构资金的清晰门路。

"我见证了这些资金流动的全过程。风投资本中有超过 1 000 亿美元涌入了那些公司，换取些许股份，获得公司的部分所有权，而女性在那个市场中并没有一席之地。"她回忆道。20 世纪 90 年代后期，在比尔·克林顿的第二个任期中，她在美国妇女商业委员会中担任要职。"我意识到我们必须建造驶入口。我们必须击倒那扇门。"

Springboard 正是这么做的，它安排了首次为女性举办的投售竞赛，定下的目标是吸引 100 家公司申请。结果 Springboard 收到了 350 份申请，选择了 26 名创业者，让她们在一个训练营项目后作展示演说。这个训练营让她们得以接触到一支顾问的"梦之队"——律师、会计、企业家、投资人——所有这些都为这些女人的重大时刻作好准备，让她们可以在 400 名风险投资家和天使投资人面前谈论自己的公司。对其中许多女性创业者来说，这是她们第一次向专业投资人进行投售。

那是在 2000 年的 1 月 27 日，没有人真的知道应该期待什么，凯说。然而，有 22 家公司拿到了投资，而 5 家公司，包括 Zipcar，继而筹备首次公募。在这次活动的 6 天之后，科技市场崩溃了。在后来的很多年中，各风投基金随着科技创业公司的失败而关闭。但对于 Springboard 而言，没有回头路。这个非营利机构继续让 642 家公司参与了它的项目，并总计筹集了 74 亿美元的资本。在 2016 年，这些公司中有 13 家公司上市，84% 的公司仍在营业。[13]

根据凯的观点，Springboard 的成功源于它一直在选择那些对不确定性有很高容忍度的创始人们。"她们具有学习敏锐度。她们并不惧怕未知处境。她们并不惧怕朝着没有答案的未来前进。她们爱追根问底。她们寻求知识，并学以致用，快速地应用到自己的公司之中。她们学得很快，也能很快迭代改进。"她说。

当她们完成 Springboard 的项目时，她们得到的是由具有影响力的顾问编织成的庞大人脉，是人力资本——这是许许多多人告诉我们的成功的关键。她们还在投售演讲的修改调整上获得帮助，并得以参加着重于"金融语言"——投资人的语言——的信心塑造课程，同时还会了解投资人的期待与向他们推销的技巧。这个项目还强调通过让女性变得更习惯自我推销来帮助她们，而这一点不断成为许多女性的瓶颈所在。

"我们要让她们变得更加自信，就要让她们去谈论自己。这有些一概而论了，但这在很大程度上仍然很真实：女性不喜欢吹嘘自身的成就。我们必须教会她们，要成功，就必须这么做。"凯说。她的话同我们从女性金融家苏珊·莱恩和乔安妮·威尔逊那里听到的"贩卖梦想"的建言遥相呼应。

·薪火相传

纽约，一个阳光明媚的周六早晨 9 点，来自全美各地的 150 名女性企业家专注地聆听着，而光彩照人的詹恩·海曼（Jenn Hyman），一个让奢侈时尚变得大众化的时尚科技创业公司的首席执行官，正娓娓道来她与合伙人珍妮·弗里斯（Jenny Fleiss）将她们的梦想——Rent the Runway——销售出去的故事：作为"您衣柜里的 Netflix"。

"在我们最初的几份投资简报（针对投资人的展示演说）中，我的措辞是我想要'将衣橱放上云端'，如同音乐订阅通过 Spotify 被放上云端以及娱乐订阅通过 Netflix 被放上云端一样。"詹恩说这段话的时候，正同珍妮一起接受美国广播公司新闻频道经济记者丽贝卡·贾维斯（Rebecca Jarvis）的采访，这期节目名叫"多大算大？探索风投界的收益与投资回报预期"。⑭

这是一个革命性的创想。然而想要成功，她们必须真正地改变客户的行为模式。而这谈何容易！

"在 Rent the Runway 出现之前，女人们从未租过衣服。男人们可能一年有一次场合会租无尾礼服，但女人们从不租衣服。"活动结束几个月后，詹恩告诉我们。为了做到这一点，她们在很大程度上依赖着口口相传。"我们需要说服（女人们），租衣服是一件很酷、很精明、令人渴望的事情，因此如果她们租过衣服并得到赞美，她们就会告诉别人她们'租了时尚服装'——这样她们就不会隐瞒这件事。"詹恩说。如果客户们隐瞒了服装的来源，Rent the Runway 就不能得到发展，因为它的客户获取成本就会变得如天文数字一般。当我们问起她们早期有哪些恍然大悟的时刻时，她这样告诉我们。

Rent the Runway 位于一个崭新的商业类目——租赁经济——的前沿。然而，当两位女士在 2009 年创立尚租时，她们还住在哈佛商学院的宿舍里，没有任何时尚或科技行业的经验。她们会把课程满当当地安排在周一和周二，这样在一周剩下的时间里她们就能驱车南下曼哈顿，四处奔走，打推销电话，试图找到愿意同 Rent the Runway 签约的时装设计师。在从哈佛毕业前，这两位超级明星将从风险投资家处融资。而最终，在 2016 年夏天前，她们将筹集 1.86 亿美元的风投资金。詹恩之所以讲述那个关于她们最初投售展示演说的故事，是想说明必须大胆设想。

"女性更加保守。她们不会走进一间坐着风险投资家的屋子并说：'我有一个即将价值十几亿美元的创意！'所以，我们在想：我们该怎样启发、激励女性们去大胆设想，让她们意识到自己的创想改变世界的全部潜力呢？"詹恩对着人群说。那是一个 2016 年 4 月周末峰会的开场白，她们举办这场峰会的目的是为了激励下一代女性创业者。

创业七年并获得成功后，这对合伙人作出了决定：她们传递薪火的方式，并不只是分享自己的创业故事。她们希望将当年起步时曾希望能有人分享给她们的建议与见解传递下去：如何找到正确的投资人，如何找到让你的公司加速发展的正确团队，如何发展人脉来找到建立公司的最优秀的人才。她们决定设立一个名为"创业者项目"（Project Entrepreneur）的计划，由 Rent the Runway 基金会与金融服务公司瑞银集团（UBS）资助。那个被安排得满满当当的一天，我们也在场，见证了学员们聆听詹恩与珍妮的小贴士的场景。许多其他成功的创业者也加入了她们二人，一起分享关于招聘、获取客户，甚至如何管理财务预测及雇用工程师的小贴士等的个人经验与指导意见。

"在 Rent the Runway 创立之初，珍妮和我并没有其他可以商量的人……我们没有工程背景。当时很多创业者都是有工程背景的，所以他们面临的问题与我们面临的不尽相同。"当我们问起创造一个仅限女性的活动的重要性时，詹恩告诉我们。她和珍妮想为构建女性创始人社群尽一份力。"我想，让旅程变得有趣的一部分是有人作伴——移樽就教，举杯同庆——而这也让创业生涯更有价值。"她说。

时髦的曼哈顿市中心酒店里的这个周末在投售演说培训及竞赛中达到了高潮。在这场竞赛中，12 家公司将竞争三份各 1 万美元的奖金及三个在 Rent the Runway 总部为自己的公司工作五周的席位。在等待宣布获奖者时，我们同其中一些满腔热情的女士们交谈起来。她们这个周末忙着相互交换名片，学习着成功故事。讲述者包括：在线婚庆策划公司 Knot 的联合创始人卡莉·罗尼（Carley Roney）；定制美妆服务公司 Glamsquad 的联合创始人兼首席执行官的威尔基斯·威尔逊（Wilkis Wilson），后者同时还是在线购物网站 Gilt 的联合创始人及战略顾问。其间有一个尴尬的小插曲：当推崇低碳主义的品牌 Skinnygirl 的创始人、演讲嘉宾贝瑟尼·弗兰克尔（Bethenny Frankel）被问到有色人种女性应该采取什么样的策略向投资人进行投售时，她的回答是去找个白人男性合伙人。除此之外，这个周末似乎对与会者们具有实在的启示意义。⑮

Eat Offbeat 是一家利用纽约难民居民中的烹调人才资源的送餐服务公司。对其联合创始人马纳尔·卡西（Manal Kahi）来说，能够会见其他女性创业者令她感到振奋。而这个活动仅限女性更让她备受激励。

"见贤，方可思齐。这让我们获得了不断前行的勇气，让我们知道我们就是能成功。"她说。陈秀莲（Suelin Chen，音）拥有麻省理工学院材料科学与工程学博士学位，曾管理哈佛大学工程学院的"哈佛实验室"（Lab@Harvard）项目，该项目旨在支持学生的创业理念。陈秀莲赢得了接受詹恩和珍妮指导的机会。她告诉我们，她至今为止作为一名科技创业者所经历的直接的性别歧视，比她曾在科学实验室或学术界经历的要严重得多。

在 Rent the Runway 总部的五周时间里，她着重于为自己的公司 Cake 打磨融资投售。Cake 是一个为临终策划打造的平台，秀莲希望在接下来的几个月中为公司进行第一轮融资。

"我现在的努力，我真正希望从创业者项目中获得的结果，是让自己作好万全之备，这样就没有人会怀疑我的认真、我的决心、我的学识、我的能力。"秀莲说。

这在我们听来，似乎秀莲或许曾经遭遇过其他女性向我们表述过的那种信心缺失。但当我们询问詹恩的意见时，她坚定地否决了这点。实际上，她说信心根本不是问题所在。问题在于，就说服投资人支持自己这项极具挑战的任务而言，女性创始人们从未得到过男性同行得到的那样多的建议、协助与反馈。

女性"就是会获得更少的反馈。对于该如何修改投售中应有的信息、数据，她们听到的重要信息更少，（相反）却总被告知她们该用什么样的站姿、什么样的语调。这其中很多都在于拓宽女性同更多人结交的道路，让她们建立更多关系，扩大她们的人脉网"。她说。她还补充道，实际上秀莲在之前已经被给予了很多糟糕的建议，致使她过于简化了关于自己产品的解说，而不是让解说中透出产品和她都应有的周密成熟。詹恩下定决心在接下来的几周里帮助秀莲的投售回归正轨。

尽管取得了巨大的成功，但詹恩还是希望不断变化、成长。同许多其他科技界的首席执行官们一样，她也拥有自己的教练。在最近的一次"全面评估"（360 evaluation）中，他告诉她，一些投资人和董事们觉得她过于激情了。他们想让她在开会时或在描述新创意的措辞上不要那么热情。对这些反馈，她没有遵从，而是提出了抗议。

"热情洋溢、温和、激情，这些都是偏向女性化的特质。"詹恩说，"我觉得女性领导者更趋向于这么做。其次，正是这些特质造就了我本人。这是我作为一个领导者的一部分，我会去激励他人，让他们真的觉得在 Rent the Runway 为创新而努力工作、加入这个团队是很棒的事情。不，我不会削减自己的这个特质。"

仍然只有少数女性做到了首席执行官的高度，詹恩说这正是她、珍妮以及其他女性创始人们——与詹恩、珍妮同时期取得成功的 Eventbrite 的茱莉亚·哈茨（Julia Hartz）和 ClassPass 的帕瓦尔·卡达基亚（Payal Kadakia）——想要携手解决的问题。詹恩想让人们看到并接受这一个全新的企业领导模式。

"并没有多少人可以让我们学习，情况对作为领导者及首席执行官的我是如此，对我的投资人们也是如此。他们的投资组合里并没有任何其他领导董事会议的女性首席执行官，也没有公司得到发展及拓展的女性首席执行官。我是他们唯一的案例，我所有的投资人都在许许多多的董事会中任职，并且任职时间长达二三十年，而我是他们唯一的案例。这是我们所有人要面对的问题，那就是我们没有更多的案例。"詹恩说。

通过创业者项目，詹恩和珍妮寄希望于秀莲及其他两个在竞赛中夺魁的创始人将会成为下一代的榜样。当秀莲结束了创业者项目的活动、准备面对投资人时，她为另一个创业中的潜在障碍感到担忧，而训练营并未涉及这个难题：母亲身份。我们谈话时，她已经怀孕四个月了，正在同詹恩一起打磨自己的商业计划和展示演说。然而，她还没有告诉加速器公司里的任何人这个好消息。

"这给我带来新的挑战，一个新的时间压力，这很悲伤，因为这件事是如此快乐、激动人心，而它同时也是我在职业上要隐藏的事情。"她吐露说。

·注释

① Dona Sarkar, "Arrive as Strangers; Leave as Friends," blog, May 31, 2016, http://dona-sarkarbooks.com/; Sean Ong, "My Experience at the ♯Holohacks Seattle HoloLens Hack-athon," *Sean's Blog*, May 24, 2016, http://www.mrseanong.com/video-blog/my-experi-ence-at-the-holohacks-seattle-hololens-hackathon?utm_content = bufferd1c73&utm_medium = social&utm_source = twitter.com&utm_campaign = buffer.

② Vanessa Ho, "Meet the Windows Veteran Taking the Torch for the Windows Insider Pro-gram," Microsoft Story Labs, n.d., http://news.microsoft.com/stories/people/dona-sarkar.html.

③ Katty Kay and Claire Shipman, *The Confidence Code* (New York: Harper Collins, 2014), 88.

④ Vikas Bajaj, "Q & A with Carol Dweck," *The New York Times*, December 12, 2013, http://www.nytimes.com/2013/12/12/opinion/q-a-with-carol-s-dweck.html? _ r = 0; Christianne Corbett and Catherine Hill, *Solving the Equation: The Variables for Women's Success in En-gineering and Computing* (Washington, DC: American Association of University Women, March 2015), 89.

⑤ Christianne Corbett and Catherine Hill, *Solving the Equation: The Variables for Women's Success in Engineering and Computing* (Washington, D.C.: AAUW, March 2015), 89.

⑥ Susan Price, "StyleSeat Raises $ 25 Million in Series B," *Fortune*, July 13, 2015, http://fortune.com/2015/07/13/styleseat-series-b/; "StyleSeat Acquires Beauty Booked To Expand

Beauty and Wellness Platform," *PR Newswire*, January 19, 2016, http://www.prnewswire.com/news-releases/styleseat-acquires-beautybooked-to-expand-beauty-and-wellness-platform-300206017.html.

⑦ L.V. Anderson, "The Imposter Syndrome Is Real and It Does Affect Women More Than Men," *Slate*, April 12, 2016, http://www.slate.com/articles/business/the_ladder/2016/04/is_impostor_syndrome_real_and_does_it_affect_women_more_than_men.html.

⑧ Dana R. Carney, Amy J.C. Cuddy, and Andy J. Yap, "Power Posing: Brief Nonverbal Displays Affect Neuroendocrine Levels and Risk Tolerance," *Psychological Science* XX, no.X (2010): 1—6, DOI: 10.1177/0956797610383437, http://www.people.hbs.edu/acuddy/in%20press,%20carney,%20cuddy,%20&%20yap,%20psych%20science.pdf.

⑨ Optimal Solutions Group, "Resource Inventory for Growth-Aspiring Women Entrepreneurs: Findings and Future Directions," report for National Business Women's Council, Washington, DC, March 2016, p.3, https://www.nwbc.gov/sites/default/files/NWBC%20Final%20Report%20032516.pdf, accessed June 2016.

⑩ "科技女性"(Women Who Tech) 关于 2016 年竞赛的新闻稿，作者为阿莉森·卡平 (Allyson Kapin)。

⑪ Kathryn Finney and Marlo Rencher, *The Real Unicorns of Tech: Black Women Founders: The ♯ ProjectDiane Report*, February 2016, http://www.projectdiane.com/projectdiane-report/y6msc43xwnucb0o3dc9nyykezgi3xu, accessed February 2016.

⑫ "Irrational Exuberance," Investopedia.com, n.d., http://www.investopedia.com/terms/i/irrationalexuberance.asp?layout=infini&v=5E&orig=1&adtest=5E.

⑬ Kay Koplovitz, telephone interviews by Heather Cabot, June 3, 2016, and November 7, 2016.

⑭ "How Big Is Big? Navigating Revenue and Investment Return Expectations in the World of Venture Capital," Project Entrepreneur, New York, New York, April 9, 2016.

⑮ Valentina Zarya, "'Real Housewife' Bethenny Frankel Is Under Fire for Her Comments," *Fortune*, April 15, 2016, http://fortune.com/2016/04/15/bethenny-frankel-black-women/.

创新工制／工作—生活的斗士们

"妈咪惩罚"是真实存在的。

——谢丽尔·桑德伯格

我有个大脑,有个子宫,我两个都用。

——美国国会女议员帕特里夏·施罗德(Patricia Shroeder)

对于"你如何能同时兼顾立法者和

母亲的角色?"这一问题的回答

从来都没有工作—生活平衡。所有值得为之奋斗的事业都会打破你生活的平衡。

——阿兰·德波顿(Alain De Botton)

当茱莉亚·哈茨和丈夫凯文(Kevin)创立 Eventbrite——世界上最大的在线售票公司——时,她正即将成为人母。那是在 2006

年，公司在旧金山波特列罗山上的一座老旧共享仓库中运营；这里
配备着古怪的旧家具，包括一个形状很像高跟鞋的红色天鹅绒椅
子，脏得让茱莉亚拒绝坐上去。这对夫妻尚不满 30 岁，靠吃拉面为
生，不间断地工作着。而他们在雇用第一批员工之前有了一个宝
宝。茱莉亚告诉我们，这种在创立 Eventbrite 的同时遭遇为人父母
的疯狂身份转变的经历，对他们有关公司文化的决定造成了很多
影响。

"我们有了这样的观点：'嘿，如果我要去一家公司，而我经历
了我们刚刚经历的这些，我希望有什么样的感觉？我希望得到什么
样的支持？'"她说。

从鼓励"高光人"（Britelings，Eventbrite 对其 600 名员工的称
呼）向茱莉亚和凯文提出各种问题的每周"向哈茨敞开心扉"开放
性对话，到公司允许员工在需要时获得无限制休假及在家工作选择
的"按需休假"政策，这对夫妻的目标自始至终都是创造出一个以
人为先的环境。他们还提供了一个令人印象深刻的"保健门厅"，
那是一间设备齐全的护理室，可改装供按摩、针灸、营养活动
使用。

"在 Eventbrite，我们关心的是全部的你，而不仅仅是作为员工
的你。"午餐时，她解释道。我们当时在保皇党餐厅（Cavalier）就
餐，这是一家同她的办公室隔着两个街区的英式啤酒屋。保皇党餐
厅的老板安娜·温伯格（Anna Weinberg）被茱莉亚称为"凶猛的
女性创始人"，餐厅好似一幕拉尔夫·劳伦广告中的画面，有装点
着马匹团的深红色墙面和一幅描绘狩猎的壁画。

茱莉亚身穿一件清爽的白衬衫搭配经典的黑色便裤，和餐厅的环境很是相称。侍者像老友一般欢迎她，并给她上了一份免费的开胃菜。

我们在这之前只见过她一次，但这位 37 岁、两个孩子的母亲有种让你觉得一见如故的力量。这位被《财富》杂志评为"最强大的女性企业家"之一的女人说最终解决育儿问题的办法是她住在附近的母亲，说她曾尝试用冥想手机应用来集中精神，说虽然她会在 6 点钟就赶回家吃晚餐，但晚上 9 点之后她很少用电子邮件，因为那个时候她已经精疲力竭了。因为自己在工作出差——最近是去纳什维尔，公司正在那里开设新的客服中心——上花了很多时间，她承认自己感到愧疚和焦虑，还常常感到窘迫。而随着她的大女儿对母亲频繁的缺席的抱怨越来越强烈，她的愧疚感也越来越严重了。

"我应对的方式是同她坦诚相待，告诉她我每次离开时也很难过，这似乎确实能帮助缓解她的难过。"茱莉亚说。"我知道我女儿的出身非常非常优渥，但有时我感到很欣慰：她同样要被迫面对命运的不公这件事情，那就是我们的生活中有个名为 Eventbrite 的东西，而它有时会占优先地位。"

虽然她承认，开诚布公地对待自己管理个人生活与工作时面对的挑战这件事在一些人看来是软弱的表现，但她说这种坦诚正是 Eventbrite 得以成功并拥有雇用及留住女性员工的傲人成绩的核心要素。根据公司的资料显示，在 2016 年秋，Eventbrite 中 48% 的员工为女性，且公司约 43% 的管理职位由女性担任，这样的数据得到了《财富》杂志的认可，并在 2015 年将其评为最适合女性的工作环境之一。在我们同茱莉亚共进午餐几周之后，她从凯文手中接过了首席执行官的位置，他们通知员工们，凯文将在秋季休假处理一些未公开的健康问题。她强调说，从迎接新生儿到管理创业公司，她和凯文从一开始一直都平等地分摊工作与生活的负担。

"凯文和我的确从这种对半分的伴侣关系中获益。"她说，"现如今的爸爸们也想参与其中。他们也想有时间照顾孩子，也想早点下班、拥有工作之外的生活。这并不仅限于女性。"

她说在他们家，凯文是每天早上的关键人物。他会将正处在学龄的女儿们带下楼，为她们做早餐，包括蔬果奶昔。虽然她每天早上 5:55 就会起床去上普拉提教练的课或骑一会儿她的佩洛顿自行车，也会和孩子们待一会儿，但她通常没有时间吃早餐。当女儿们在 7:30 听见她踏着高跟鞋哒哒哒下楼的声音，她们就知道是时候上路了。

从 Eventbrite 的早期阶段，在 2016 年 9 月该公司每个月处理 187 个国家超过 800 万张票的时候，培养强大的女性领袖就是茱莉亚的激情所在。在一次招聘活动上，我们亲眼见证了这一点。活动中，她邀请了一群女性"狠角色"们来分享她们有关新员工招聘的经验。她说，她会推动女性们担任管理职位，并在意外发生时为她们提供所需的支持与便利。

"女性榜样真正地涌现出来、不断发展自己的事业并成为其他女性的积极榜样，这是很重要的。"她解释道，"在雇用一名女性工程师时，没有什么比在面试时让另一名女性工程师在场更重要。"

但她同时也想让管理层的女性展现其人性的一面，并坦率地承认一边育儿持家一边前进是多么困难。由于茱莉亚已经把这个信念很明白地传达给了她的员工，所以梅洛迪·麦（Melody Mai）才能够轻松地告诉她的老板自己快耗尽精力了：她要花一小时通勤，同时还要照顾三个孩子，其中一个还是婴儿。她知道她需要多一些假期，也想要更大的灵活性，这样她就能挤出时间来进行锻炼。

"知道我对平衡时间的需求能够得到支持，这意义重大。"梅洛迪说，她是公司的项目管理总监，"知道我能从领导者处获得所需的支持能够消除我的负罪感，让我能够更有效率、更有干劲地工作。"

Eventbrite 的办公室让人感觉是一个试着去照顾员工需求与品味的地方。护理室提供免费的一次性补给品，装备了医院级别的吸奶器，能够把吸奶时间缩短到 10 分钟。自行车室内放满了通勤自行车。并且员工能够自由地选择在舒适的豆袋椅、吊床、站立桌或跑步机桌上工作。事实上，这家被《财富》杂志评为前 100 家适合千禧世代的工作场所的公司还提前向员工征求有关他们对市场南新驻点需求的意见，那里配有图书馆，还有着旧金山的开阔视野。

在我们拜访的那天，最热闹的房间是能量吧，茱莉亚也称之为榨汁站。这是一个 DIY 的果汁吧，每天都备满色彩斑斓的新鲜蔬果、椰子水、各种奶——牛奶、杏仁奶、米浆、豆奶——还有多种蛋白粉及"能量剂"。我们进去的时候，一位女士正在使用两台商用搅拌器中的一台混合羽衣甘蓝、黄瓜、菠萝、香蕉和椰子水。茱莉亚曾经是一名芭蕾舞者，她的职业生涯开始于有线电视行业，当时她为音乐电视网（MTV）与固定电台（FX）开发新潮的节目。

她说，在计算了安排新鲜冷榨果汁每周几次送货到办公室需要花费的采购费用后，她有了开设果汁吧的点子。她发现果汁吧同时还鼓励了团队合作。

"这是我们 Eventbrite 的共享经济的一部分。"她笑道，"不是传统意义上的，而是在于你无法只做一人份。大家团结合作，分享饮品。"

同硅谷同行们一样，Eventbrite 见证了其工作团队由 20 来岁的大学毕业生快速地成长为 30 来岁的父母们，比起周五的桌上足球与啤酒，他们更关心诸如设备齐全的护理室、带薪育儿假和安排育儿时间的灵活性这类福利。Eventbrite 的公司文化必须随着时间不断演变——不只政策，也包括支持系统。公司最近将其带薪家庭假提高到了母亲 16 周、第二养育者 12 周。她的目标是让女性员工度过新任母亲的头 18 个月——很多女性都在这期间放弃了职业生涯——同时鼓励她们放眼未来五年，思考何去何从。

"当高光人们开始有小宝宝，无论是员工还是他们的伴侣，我们都让他们参与其中。"茱莉亚说，"我们会问：'你的伴侣计划怀孕、想收养一个宝宝或你自己怀孕，这些情况分别是什么样的？'我们试图提供一个点对点的支持系统，真心诚意地庆祝宝宝的到来，致敬这件事的伟大，并支持那个成员，因为我们并不想成为灾难预言者，但我永远不会对任何人说'要宝宝很容易'这种话。"

当然，为人父母也不容易。当我们结束我们的午餐时，茱莉亚坦率地谈论起家庭责任如何影响重大，这是她希望自己不断发展的公司能够让员工知晓的，以创造尊重工作和生活平衡的范围。

"这同职业发展、领导力发展以及我们每天的精神面貌息息相关。在公司内部，Eventbrite 有着什么样的旋律与氛围？我们要如何身体力行？在关键时刻，我们是以人优先，还是将人置后？"

· 战胜"为工作而活"的心态

马拉松式的工作时间是硅谷文化的一部分。在互联网繁荣的早期，正是这种创业世界的高强度与快节奏吸引了本书合著者萨曼莎·瓦尔拉芬斯，让她加入了这个行业。然而，问题是这种"为工作而活"的心态更青睐年轻人——而不利于那些想要生儿育女的有抱负的女性或任何想要工作之外的生活的人们。①

"我们没有什么工作之外的生活：生活就是工作，工作就是生活。"凯瑟琳·罗斯（Katherine Rosse）* 在她 2012 年的揭露作品《孩子王：我眼里的马克·扎克伯格及其 Facebook 王国》（*The Boy Kings：A Journey into the Heart of the Social Network*）中写道。这本书讲述了她作为 Facebook 的第 51 号员工、并最终成为马克·扎克伯格的代笔人的经历。

"我们之所以这么做，是因为我们期待得到与之相符的回报——任何短期的损失，比如偶尔约会的自由或投入工作之外消遣的精力，这些都会得到长期回报，形式是我们期望有一天能价值百万的

---

* 原书此处为 Katherine Losse，似为笔误。——编者注

员工股票期权。我们不言自明地理解，Facebook 要找的是士兵，而不是雇员。"她在回忆录中记录道，说明为何任何人，特别是那些需要承担照顾职责的人，会觉得难以在这样一个缺少灵活性的环境中工作。研究表明，繁荣的科技行业中处于职业生涯中期的女性中超过半数会离职——这个比例是男性的两倍有余。②

"但并不一定要是这样。"Facebook 的联合创始人达斯汀·莫斯科维茨（Dustin Moskovitz）反驳道，在 2015 年 8 月的 Medium 文章中提及科技公司中快节奏通宵工作文化的后果。

"研究很明确：超过一周约 40—50 小时，从额外工作中获得的边际收益会急剧减少，并很快变为负数。"这位扎克伯格的大学室友、Facebook 的第一位首席技术官说。莫斯科维茨的论文提及了最近的一些研究，这些研究说明当人们每周工作更少小时数、更少天数时效率其实会更高。2015 年夏天，当莫斯科维茨继续投入 Asana 平台的联合创办工作时，《纽约时报》一篇有关亚马逊病态的内部机制及闷闷不乐的白领员工的报道启发了他，让他决定将矛头对准行业中的工作习惯。③

"我观察到如今的科技行业的文化是一种推崇高强度的文化，这让我感到深深的悲伤。"莫斯科维茨表示。"理智上，我的结论是这些公司既毁了员工的个人生活，又一无所获。"④

莫斯科维茨只是众多呼吁各科技公司重新审视其工作/生活平衡理念的声音之一。在他发表其警醒呼吁不久，他曾经的伙伴、典型的套头衫黑客哥扎克伯格发布了自己在非常公开的两个月育儿假中更换新生女儿尿布的照片。

事实上，如今四分之三的千禧世代都认为工作/生活平衡及工作的灵活性是他们作出职业选择的关键决定因素。"新任父母们，尤其是千禧世代，渴望着拥有家庭生活及工作—生活灵活调节的机会。"尤因·马里恩·考夫曼基金会 2016 年一份关于创业与母亲身份的报告如是写道。⑤加之要找到合格的技术员工变得愈加困难，很容易理解为何各科技公司有了这种对于工作/生活平衡的新的关注，特别是对于育儿假政策。为了满足数字时代的需求，纵观整个行业，不管是大企业还是创业公司，都将需要一支能力高超的员工队伍。有些雇主已经开始重新思考每天去办公室——甚至去办公室本身——是否仍有必要。

·重新定义科技工作者

与此同时，在基层，得益于学习高新科技技能的机会不断增加，有迹象显示新的工作方式正在变得可能，尤其是对于那些住处远离硅谷的女性来说。正是这些，带领着 39 岁的萨拉·格里尔（Sarah Greer）重回职场。

在亚特兰大北部的一个周日傍晚，格里尔的六口之家中，一场由萨拉领导的长达 5 小时的家庭教学刚刚收尾。她和孩子们一整天都专注于乘法问题及一个哈利·波特单元——其间他们对比了巫师世界与现实世界。在萨拉冲向超市买了菜后，3 岁、8 岁和 10 岁的女孩及她们 15 岁的哥哥一起帮忙准备了晚餐。这天是"自创披萨之夜",孩子们待在厨房里给面包抹上酱料、撒上芝士,而爸爸妈妈帮他们将作品放进烤箱。晚餐结束后,他们将餐盘放进水槽,8 岁的女孩负责洗碗,而萨拉则在她的笔记本电脑前开始了这天的"第二班"。她经营着自己名为 CodeGreer 的网站设计公司。公司生意正兴隆。

"我为一个产妇陪护建了一个网站,还为一个技术编辑(建了另一个网站)。现在,我正在为一名销售营养补充剂的先生搭建网站。未来还有给一个健身教练的。一个即将开张的剧院需要一个。噢,还有一个政治竞选。"一天早上,当她的孩子们课间休息、在当地公园玩耍时,她这样告诉我们。萨拉在家里的客厅以每小时 50 美元的薪酬上着夜班,她现在比在家为某个信息安全公司工作的丈夫布莱恩(Brian)挣得还多。

"现在,这不是用来支付我账单的钱,但我必须说,我现在每个小时挣的钱是我丈夫的两倍。"萨拉说着,进而告诉我们,他们的远期计划是在孩子们长大成人后一起做生意。

萨拉并没有计算机科学学位。她在佐治亚州立大学念了一年,然后一直在一家最近被收购的名为 EarthLink 的早期网络服务供应商担任销售,直到十多年前被公司裁员。但是她喜欢代码,而最初她自学一些基础编程是为了建立一个展示其宝宝的照片的网站。当布莱恩于 2007 年失业后,萨拉开始寻找一份临时兼职工作来挣点外快。她在所有地方都碰了壁——甚至塔吉特百货都拒绝了她。

"没有人愿意看我一眼。没有人愿意雇用我。我仅仅离开了职场几年,但就好像是'不,你三四年没有工作了'。我简直不敢相信。这太让我震惊了，只是因为我离开职场去生孩子，或只是因为我被裁员了，就没人愿意雇我了。在我们的家庭教学团体里，很多妈妈们也有相同的感觉。"她说。

然而，她和朋友们不会就这么接受职场不需要她们这件事。一个接着一个地，她圈子里那些有魄力的女士们开始在家建立自己的小公司。

"这些女性不会因为这种事而止步不前。"她说，"我也一样。"

正当试图弄清楚自己要做什么的时候，她在 2013 年末偶然从一次播客节目中听说了关于未来技术类职业以及未来电脑程序员劳动力短缺的事情。节目中的采访人是在同一家名为 Skillcrush、面向女性的初级线上编程学校的创始人对话。当晚，萨拉就查看了这个学校的官网，并注册了课程。一开始，她复习了 HTML，几周后她进而学习 JavaScript——一种用来创建布局、颜色主题及功能，从而使网站能够吸引用户的编程语言。她会在晚上做功课，有时会做到凌晨，其间会在跑步机上走 45 分钟作为休息。三个月后，一个高尔夫教练——朋友的朋友——前来找她设计一个宣传其儿童课程的网站，她的新公司"代码格里尔"就此诞生。

Skillcrush 是 31 岁的阿达·比尼尔（Adda Birnir）的妙想结晶。她打算彻底改变陈旧的朝九晚五工作环境，提供一个灵活、远程的新工作模式，让像萨拉·格里尔这样的大学肄业生及四个孩子的母亲能够得到一个可以一边在家教育孩子，一边创立公司的机会。

"你值得拥有一份充满创意、令人兴奋的工作，一份让你早上想要起床的工作。"Skillcrush 的网站上写着这样一句标语，标语旁边是一张照片，照片上的时髦妈妈戴着运动风的宅气眼镜，二头肌上文着华丽的文身，膝盖上坐着一个打扮入时的宝宝，她凝视着自己的电脑。阿达将 Skillcrush 的氛围描绘为"带着一点儿朋克摇滚风的女权主义"。

阿达个子高挑，一头金发，脸上带着俏皮的笑容，比起我们预想中的狠厉的反叛者，她看上去更像一个面带稚气的邻家女孩。我们第一次偶然遇见这位在圣芭芭拉市玩着冲浪和水球长大的南加州人，是在 2015 年春天的纽约"书写/述说/编程"大会上（详见第四章）。在参加那次大会的女性软件工程师中，有一些是 Skillcrush 的毕业生。这些科技从业者试图打破常规，在一个满是男人的领域中达到下一个高度——这正是阿达的课程试图在 Skillcrush 学生身上灌输的态度。这位加州大学教授夫妇之女告诉我们，2012 年她在纽约创办了公司，而在那之前短短几年，她从她的市场营销职位上被解雇了。她回忆起，那天她环视整个办公室，看着那些丢掉工作的人们，发现只有那些拥有技术技能的员工留了下来。毕业于摄影与非裔美国人研究专业的阿达一直都对计算机编程很感兴趣，但一直没有做过。然而，当两周的遣散费花光的时候，她已经通过读书自学了 HTML，并立刻通过帮助需要搭建网站的朋友来磨砺自己的技术。她的第一份工作收获了 1 000 美元——比她之前设想的更多。她一边接手更多的项目，一边搜寻着免费的线上教程，并在遇到问题的时候向前同事发电子邮件请教。

"我想我算是磕磕绊绊地在路上前行着。这个过程中的很多东西就是必要的。我很显然是在自己知道怎么做之前先接到了这些工作；"她说。最终，她把她学到的所有东西都转化成了 Skillcrush，包括如何在一个男人的世界里前行并得到重视。

"一个女人想要进入像科技这样由男性主导的行业，是有点儿逾越的。"她咧嘴一笑说。她正是这么营销她称为"蓝图"的三个月课程的——她仍然亲自教授其中的一些部分。这个耶鲁毕业生说，这些课程呈现在学生面前的形象有一种兴风作浪的意味。"她们可能想要'是呀，我可以做'。而我想要她们觉得'操，我能写代码'。"

本书付印之时，Skillcrush 每一个蓝图的价格为 399 美元。在每天一小时、为期 12 周的课程中，她们要学习基础前端网页设计、移动端网页设计、社交媒体市场营销和软件开发，并需要完成家庭作业。在整个课程中，每天都会布置作业，她们可以与助教进行视频通话，可以连上一个学生社区，而导师们将训练她们推销自己、筹备作品集并发展自由职业生涯。

阿达说，这个课程也致力于消除科技界文化中的神秘感，其途径是分享那些没有人告诉过你的捷径——如何让学生们能够熟悉如 Slack messaging 和 GitHub 这样的核心交流工具——以及翻译那些以令人疑惑而闻名的硅谷业内术语。在 Skillcrush 传递给其学生的信息中，最重要的就是她们要不断在职业中学习新技术，她们要对此有信心，而且很多公司甚至会为她们的持续受训买单。"她们不需要在掌握所有东西后才开始前进。"阿达解释说。

Skillcrush 只是一个实例，还有其他规模虽小但不断成长的渠道帮助着女性学习备受青睐的计算机编程技术，让她们为美国不断增长的技术职位空缺作好准备。这套收费课程系列中囊括了为期数周或数月的线上课程，也提供如 Hackbright Academy 和 Fullstack 这样更集中的面对面编程训练营，后者的费用可能超过 15 000 美元，需要全勤，并承诺为学员提供直接进入工作的渠道。根据为课程评级的课程报告公司（Course Report）的信息，2016 年秋天从美国沉浸式编程学校毕业的学生中，43% 为女性。⑥ Skillcrush 的与众不同之处不仅仅在于它专注于在虚拟课堂上为女性授课，也在于其中的创业倾向。Skillcrush 并不承诺在结业后安排一份工作。它的目标是教授学生们如何立刻开始挣钱。

"我的目标是帮助女性，为她们提供能够提高其挣钱潜质的技能，根本上（去）给她们的生活带来积极的经济影响。"阿达说。这同她的父亲——一名数学教授——曾为她作出的一个著名预言中的描述有异曲同工之妙。那是在阿达的高中毕业聚会上，她父亲对亲朋好友说自己等不及看到总是拥有一颗柔软的心的阿达"用科学拯救世界"。

"我记得当时所有人都在说，'他在说什么？科学？'。我当时说，'额，老爸。你太荒谬了。强行把你的数学预想往我身上套。很显然，我才不想这么做'。现在，他显然笑到最后了。"她说。

当我们在 2016 年春天向她询问最新进展时，她报告说她的公司每月注册学生人数已经有 400 人了。上课的人数已经超过了 7 000，其中大多数都是女性，包括 20 来岁的社会新人或希望拓宽挣钱潜质的行政人员们。第二大人群是像萨拉·格里尔这样的母亲，希望在居家育儿的同时寻找事业的"第二春"或挣外快的机会。

曼哈顿市政厅是一个开阔的公共办公区，是各式各样公益性质的初创公司之家，在这里，"耳机是新的隔绝之墙"这一说法变成了现实。当我们在这里的一个角落同阿达聊天时，她告诉我们，公司的成长速度很快，刚刚谈妥了一笔100万美元的投资，这是它的第一笔外部投资。她有30名员工，其中包括一个全员为女性的技术团队，而且阿达相信科技行业的工作机会不应受门第、地点、日程或受雇于大型科技企业所限制。

"到头来，我并不觉得谷歌应该成为决定女性是否能够从科技所提供的机会中受益的'守门人'。"她强调说。

·参见"编程妈妈"

的确，现如今，你并不需要被谷歌或其他硅谷巨鳄雇用才能得到某个技术岗位的工作。随着数字革命在全球经济的各个领域掀起浪潮，科技渗透了各行各业，技术岗位数不胜数。而技术人才却并不多见。一份经常被引用的来自编程网（Code.org）的数据显示，到2020年，美国将有1 400 000个计算机相关岗位虚位以待；而在2016年下半年，超过523 000个岗位都是空缺的。[⑦]编程网报告称，计算机工作是美国排名第一的新就业源。[⑧]"编程妈妈"（Mother-Coders）是旧金山一家为希望改变职业生涯或在家多年后想要重返职场的妈妈们提供兼职的公司，它旨在开拓妈妈们的视野，让她们看到更多可能性。

一切开始于某次午夜时分的情绪崩溃。2013 年的秋天，蒂娜·李（Tina Lee）忙得不可开交——她要照顾新生的宝宝，要看管蹒跚学步的幼童，还要抽空去周末补习班重新学习编程课程。她一直都在科技行业工作，但有着密尔斯学院经济学与政治学学位的她更侧重商务部分，而不是"搭建"部分。但她一直都对"创作"很感兴趣。当她生第一个孩子时，她完成了斯坦福大学的"学习、设计与技术"项目硕士学位的学习，但她仍然渴望获得更多实际技术技能。因此，她在怀上第二个孩子的同时，一边准备重新学习用于设计并开发网站的编程语言 CSS，一边在加利福尼亚审计局工作。那个晚上，当蒂娜在喂奶的间隙坐在家中以泪洗面时，她意识到自己一直在试图做着不可能的事情：在夜夜无眠和缺少保姆的情况下去上课。这就是"编程妈妈"——她的现场提供育儿服务的科技向项目——诞生的故事。

"（这是）为了那些觉得'我知道我想去做些什么，但我不知道怎么开始'的女人而建的项目。"在旧金山列治文区一个雾蒙蒙的早晨，蒂娜告诉我们。距离那次可耻的情绪崩溃，时间已经过去了两年。"这就好比移民到一个新的国家，而我们就是那个迎宾前台——'来读点语言课程，来让我们教你一些历史风俗，这样你就能理解这里的人们的言行举止，给你介绍一些可靠的朋友'。"她说"编程妈妈"为学生们展现了行业的全景。作为 2015 年谷歌冲击湾区挑战赛的决赛参赛者，"编程妈妈"凭借着其为湾区作出的贡献与其创新实践，从谷歌那里赢得了 100 000 美元。2016 年春，她期待着未来在两个临近地区的研讨会，计划扩大这个项目。

当蒂娜开始第一节课时，萨拉·多齐（Sarah Doczy）是最先报名的几个女人之一。那时萨拉的孩子还在蹒跚学步，她一直都通过编程网校（Codeacademy.com）的教程自学编程。她想要更进一步，但当她搜寻线下讲习班和研讨会时，她发现这些课程的时间总是同她的全职工作及家庭责任冲突。当她在 Twitter 上发现"编程妈妈"时，她押上了全部希望。刚上第一节课，她就获得了归属感。

"在我的编程之路上，我头一次觉得我不需要为自己作解释，因为作为一个母亲是有各种各样其他责任的。我并不能随心所欲地回家编程或学习新的技能。"她从俄亥俄州代顿市打电话对我们说。在我们对话一年后，她同丈夫及女儿搬到了那里，并立刻在当地的一家初创公司得到了一个网页开发员的职位。

最初，"编程妈妈"每周六在旧金山市波特列罗山的一个联合办公空间上课，包含 Skillcrush 的课程，为期 6 周。2016 年，蒂娜将课时延长至 9 周，并加入了 JavaScript 语言。不过，随着课程的不断升级，蒂娜认为这些女人——全部都接受过大学教育，其中很多人离开职场长达 10—15 年之久——需要更人性化的服务，并要着重于她们的潜力。她开始让在科技行业工作的女性加入，其中也包括一些母亲，让她们分享自己的故事与职业路径。她将自己从斯坦福大学的受训融入设计思考，专注于解决问题的小研讨会而非一味教学生计算机语言基本原理。

"人要先找到有热情去解决的问题，然后思考该如何运用科技去处理。不是始于科技，而是始于问题。然后，我们试图将这些节点连接起来。"她提到她给学生作的一次涵盖数据学、安全问题、软件开发范围的讲解。

"我们是在教这些妈妈们参与到产品层面的工作中来:'我们识别出了这个问题。这是我们解决这个问题的方法。'这会让她们作好准备,不仅仅只是:'我要决定这个按钮应该是红色的还是蓝色的,是链接到这里还是那里。'更像是'我是作为一个人在解决一个问题,而我将使出浑身解数去解决它'。"她说。

蒂娜想让她的学生们对于未来的职业可能性充满动力。萨拉很幸运,她刚毕业就在美妆零售商丝芙兰(Sephora)找到了一个初级开发员的工作,这引领着她一路走到代顿市这个新的资深开发员的位置。然而她的故事只是特例。大多数编程妈妈们都需要经过更多的课程或积累更多的经验才能走向新的职业生涯。而蒂娜认为这没什么关系,她的精神充满感染力。她们的目标是弄清自己喜欢什么及如何达成所愿。在那些她试图灌输给她的学生们的要点中,有一点就是许多这些新工作能带来的灵活性。

"吸引我的主要是:'嘿,在这个岗位,你不必朝九晚五地工作。'"萨拉说。"你应该有非常灵活的工作时间。你通常都能在家办公。你基本上只需要一台电脑和网络,就这么简单。"

正是这样,30 岁的埃琳·福斯特(Erin Foust)在带着新生儿的情况下,在长达 8 个月的求职后,找到了一份每周 40 小时在家办公的工作,公司是一家类似 Yelp 的婴儿产品评价网站 weeSpring。2015 年春天,她四处面试求职,而她身为海军战队老兵的丈夫泰勒(Tyler)则回到校园继续念书。在俄勒冈州塞勒姆郊区的一个狭小公寓里，他们二人节衣缩食，靠着存款和退伍津贴艰难度日。埃琳在这里长大，她在拿到数字通信学位不久、上过一些编程网课后，便一直在找工作。她最终找到了一个产品经理兼设计师的职位，得以根据儿子的时间表在家办公。她是通过 PowerToFly 与身在博尔德的雇主建立联系的。PowerToFly 是一家快速增长的人才市场，为拥有技术技能的女性及可能有远程办公职位的公司之间建立联系。

"如果我们约好了医生，我们就需要带孩子赶去看医生，作为弥补，我们可以在任何时间工作——比如，我的儿子睡着了，我就可以在那段时间工作。这真的很灵活，特别是对那些行动派们来说。"埃琳告诉我们。这位产品经理全天都通过 Slack 与同事们交流沟通、协同编写电子邮件宣传简报、搭建网站的产品评价门户页面、设计素材。埃琳每天早上 8 点都将两岁的利亚姆（Liam）送到近邻社区的日托所，每晚 5 点接他回家，她说并不是所有人都适合远程办公。她必须极度自律、井井有条才能赶上截止期限，不过她喜欢独立工作，也并不追求办公室的人际交往。

·随时随地工作

"未来女性的理想工作并不在于昂贵的工作环境。它应在云端。它应该在虚拟饮水机 * 旁边，而不是在办公室隔间或科技

---

* 意为同事之间沟通交流、建立感情的场所。——译者注

'园'中。正是女性在最能让她们高效工作、生活的地方工作。"埃琳就职的公司 PowerToFly 在其漂亮的宣传资料中这样声明道。截至 2016 年春天，在成立一年半之时，这家拥有风投支持的全球平台面试并让来自 143 个国家的 80 000 多名女性同 1 500 家公司的全职或合约技术岗位建立了联系，其中包括百资得（BuzzFeed）、赫斯特（Hearst）、时代公司（Time.Inc）、安泰人寿（Aetna）和卡特彼勒（Caterpillar）。

因此，我们同 PowerToFly 的智囊团们的第一次对话是在一场纽约暴风雪时通过 Skype 进行的这件事就很好理解了——所有人都相距甚远。事实上，我们直到一年之后才同联合创始人米莱娜·贝里（Milena Berry）和凯瑟琳·扎尔斯基（Katharine Zaleski）真正见面，那天她们罕见地出现在她们的传统办公室中。那是一间位于勒尔·希波风投公司的时髦寓所，这家 SoHo 风险投资公司对早期阶段的初创公司进行投资，是 PowerToFly 最初的支持者之一。米莱娜出生于保加利亚，会说六门语言，对于远程经营她轻车驾熟。她曾经在超过六年的时间里一边照料三个孩子，一边在家做着一份不用穿高管西装的高管工作。她那些同为人母的朋友们以为她拥有超级装备，在家庭办公室中为国际政治组织阿瓦兹（Avaaz.org）经营着后台，还有一名保姆帮她管理琐事。

"我当时一边照看孩子……一边解决着在印度等地方发生的严重危机。我想我的经历是极精彩的，能够在担任一个首席技术官级别（的职务）的同时母乳喂养我的孩子们。"她在位于曼哈顿的公寓中通过 Skype 告诉我们。2013 年，当她忙着监管六大洲的远程计算机程序时，她的导师兼偶像雷德·伯恩斯（Red Burns），这位被世人称作"硅谷教母"的纽约大学计算机学家去世了，享年88岁。米莱娜嫁给了Rebel Mouse（第一个社交媒体发布数字平台）创始人兼首席执行官保罗·贝里（Paul Berry）。伯恩斯的去世令她深受震动，她立刻开始研读伯恩斯撰写的关于传播与文化多元性的文章，一个商业创想就此诞生。

她回忆自己当时的想法："如果通过将我六年来一边工作一边抚养三个孩子的经历推及全世界的女性，是不是能够解决所有人都在谈论的科技圈女性不足的问题呢？是的，这个模式行得通，因为我在阿瓦兹都能让它行得通。"

米莱娜的灵感与全球视角，最后促成了一家高科技猎头公司，它为科技女性和远程工作牵线搭桥，将她们从漫长的通勤、不灵活或不可靠的育儿中解脱出来，并为世界各地的女性们开启了成千上万的新机遇。公司订购这项服务后可以获得工资单管理服务；求职者则可以免费使用这项服务。在2014年初一次决定命运的咖啡会谈后，米莱娜和《赫芬顿邮报》（The Huffington Post）的前资深编辑凯瑟琳组成了团队。米莱娜的丈夫在担任该报首席技术官时与凯瑟琳共事，当时肯·勒尔（Ken Lerer）——正是勒尔·希波风投（Lerer Hippeau）的那个勒尔——曾是《赫芬顿邮报》的主席兼联合创始人。

30来岁的凯瑟琳在纽约和华盛顿的精英媒体圈中游刃有余。她是个行动派，与身为电影制作者的丈夫及新生孩子过着嬉皮士风格的生活。《赫芬顿邮报》是她的第六份工作，离职后，她继续在数字传媒领域飞速攀升，其中包括业界领先的华盛顿邮报公司的数字新闻部门。最终，凯瑟琳在《此刻新闻》（*NowThis News*）担任总编辑。当她接到米莱娜的电话时，她正在休产假。凯瑟琳，达特茅斯学院历史专业毕业，一度以吃苦耐劳闻名，夸耀自己每天工作12小时，每晚最后一个离开办公室。然而女儿的诞生改变了一切。那天早上在市中心的书店咖啡厅见米莱娜，是数周以来她第一次离开公寓，即将结束的产假让她备受煎熬。

"我真的很想回去工作。我真的很无聊。这很孤独。这是我见过最黑暗的冬天。它之所以更加黑暗的原因可能是我每天早上3点就要起床。"她的语气中带着一种新任妈妈特有的痛楚。

"我从来都有很强的事业心，挣得也比我的丈夫要多。我从来都拥有一个不断向前发展的职业生涯。我只是觉得好像我曾经拥有世上所有的选择，然后这些选择很快被削减到两个选择：要么回去全职工作，要么找到一个能够照顾、陪伴我的孩子的方法。"她说，虽然她正在自己的工作与生活之间左右为难，但她当时并没有完全被米莱娜的点子——远程办公是解决问题的答案——说服。然而最终她还是回心转意，而且在几周后就开始为 PowerToFly 编撰特色鲜明的内容与发言。

"我只是意识到必须每天早上7:30出门、晚上7:30回家是一件多么疯狂的事情。这样一来我就完全见不到（我女儿）了，这样一来我就会面临每年成千上万的其他妈妈们要面临的难题。这很快变成了一件私事。"凯瑟琳解释说。

一年之后，PowerToFly 的主席点燃了一场舆论风暴。她在财富网（Fortune.com）上发表了一篇现在仍臭名昭著的对在职母亲们的道歉信，她在信中承认，她因为认为妈妈们对自己的职业不够投入而暗自诋毁她们，直到她自己成为母亲。在这篇 PowerToFly 开业数月后发表的文章中，凯瑟琳坦白她曾经"总在下午 4：30 安排临时决定的会议"，并"在一位母亲不能参加临时决定的酒吧聚会时偷偷翻白眼"。

在这份说明中，她承认道："身在职场的母亲们都遭受了凌迟，而有时握着刀的是另一些女人。"这篇直白生猛的认罪书像病毒一样传播，在支持者与反对者中都引起了巨大反响，因此她出现在《今日秀》上为自己作为母亲的顿悟作辩护，顺便宣传新公司。

24 岁、怀孕 7 个月的布里塔妮·哈德菲尔德（Brittany Hadfield）那天早上看了电视。这个志向远大的网页设计师一边上着排得满满当当的课程，一边打着三份工来支付学费。她知道，一旦她从东斯特劳兹堡州立大学宾夕法尼亚分校毕业，同未婚夫搬到佛罗里达，想要挣足够的钱支付新生儿的日托服务几乎是不可能的。她也不确定自己是否想要其他人来照看宝宝，但届时她真的需要一份工作。

布里塔妮的父母一直在催促她想出一个解决办法，正在这时，她看到了凯瑟琳谈起 PowerToFly。她随即在这个网站上创建了一个免费账号。到了几个月后的毕业典礼时，布里塔妮已经从创业公司 weeSpring 拿到了一份每小时 30 美元的合同工作，这也正是那个雇用了埃琳·福斯特的为新生儿父母而建的评价网站。现在，布里塔妮的一天通常在早晨 4：30 开始，她醒来照料小欧文（Owen），然后将他放回床上睡觉，喝杯咖啡，冲个澡，在太阳升起之前，她会进行社交媒体营销工作并安排 weeSpring 每周宣传邮件的内容。她会利用欧文两次小睡的时间工作，直到下午 5 点她的丈夫特拉维斯（Travis）下班回家、接管照顾宝宝的工作。当欧文需要去作检查时，她会休假，他们有时甚至会前往圣露西港口游玩——在我们与她通电话的那天，他们正在那里游玩。睡觉前她一直查看着电子邮件，此外她还接了几个独立项目来作为在 weeSpring 工作之外的外快。她的丈夫并不喜欢她在深夜收发邮件，但这是他们需要作出的牺牲，只有这样布里塔妮才能够跟上工作的节奏。"如果 6 点我有个身在加利福尼亚的客户，那边还只是 3 点。他们仍处在工作时间。我可能必须在他们的工作时间在线。"她说。但她知道这个时间表并不会持续很久，所以她已经安排好欧文的教母或邻居家其他居家妈妈来帮忙。一旦欧文不再需要上午、下午小睡，她就需要他们过来在自己工作时照顾欧文。

实际上，米莱娜说 PowerToFly 的宗旨并不是帮助妈妈们逃避育儿需求。"外界有一些误解，觉得你可以找出一个承担很多职责的远程工作，然后就可以照顾你的孩子们，或者在他们小睡时工作，"她说，"这并不是我们谈论的东西，也不是我们正在构建的平台。实际上，我们会教育我们所有的人才们：这样对雇佣者并不公平。"

不过对服务带着年幼孩子的妈妈们的需求，公司秉持着开放的态度，会给予她们一定的安排职责的灵活性。相对于女性在办公室里不敢在办公桌上展示自己孩子们的画作或家人的照片，PowerToFly会在网站上着重展现并庆贺她们的故事。

"我们的全部宗旨是，你知道，女人要做女人。在某些层面，感觉这样更能展现她们的动力。我们对此的态度很透明：'我需要这份工作：我需要养三口人。很显然我特别投入，我也有很好的时间管理能力，因为我需要养三口人。'"凯瑟琳说。

·三明治一代的对策

当然，需要照料的不仅仅是儿女。没有人比克里斯滕·谷·戈尔茨坦（Kristen Koh Goldstein）更清楚这一点。在她父亲临终的那天，她作出了一个令她心碎的抉择。Hire-Athena 是一个为拥有远程劳动力的小公司与非营利机构提供自动工资单、会计事务和其他办公室支持服务的软件平台。讽刺的是，作为创始人的她被推举在旧金山市长赞助的创新大会上就未来工作模式这一话题进行演讲。她说，和她如挚友一般的父亲在对抗癌症的斗争中，一直同她、她的丈夫马克（Mark）及他们的三个孩子住在一起。现在医生告诉这个家庭他的器官正在丧失功能。她的兄弟们决定应该让她在父亲辞世之时握住他的手。然而她的父亲有别的主意：他并不希望克里斯滕逃避演讲的承诺。他捏了一下她的手，示意他希望她前去参加大会。因此，在最后一刻的疯狂中，她冲出了加利福尼亚大学旧金山医学中心，前往市中心参加活动，然后在两个小时后狂奔回返，在优步车中祈祷自己能及时赶回来。这是她一生中最漫长的车程，但她做到了。

"我告诉他，演讲很成功。我告诉他我说了什么，说我们正在试图为子孙后代创造一个全新的未来，他捏了两下我的手，让我知道他以我为荣，然后与世长辞。"她告诉我们。这场对话让我们所有人流下了泪水。

她在那天面临的苦涩矛盾很典型地代表了克里斯滕一直以来试图为自己解决的难题。六年前，她开始创建一家公司，她声称这家公司将帮助数以百万的母亲回归职场。她想要帮助那些不希望自己的职业生涯停滞不前的高级专业人士。这位哈佛工商管理硕士、前高盛投资分析师对于这类难题深有体会，非常熟悉。数位友人在"9·11"事件中死去，这刺痛了她，于是她决定转向银行业的运营部门工作，最终她同身为连续创业者的丈夫一起联合创办了一家软件公司——Loyalty Lab。在此期间，她担任公司的首席财务官，并生育了两个孩子。她很快意识到，这种疯狂的紧张日程正在毁掉她的个人生活，最终她辞职了。她开始寻找新的职位，但徒劳无功。

"我找不到一份雇主认为我在家工作很正常或有灵活工作时间的工作，因为我恰巧受过高等教育，所有那些我能找到的、能发挥我的技能和经验的工作都需要大量的出差、每天工作 12—18 小时，"她回忆道，"我不愿意花费十多年珍贵的时间爬上行业领袖的位置，这正是我年幼的孩子需要我的时候。"

离开职场的抉择让现年 46 岁的克里斯滕精神消沉，她怀疑自己是否要永远告别职场了。在这个过程中，她开始同生活在自己这个时髦的旧金山住宅区、拥有优异学位及丰富履历的其他女人们对话。她们同样渴望获得能够让她们在孩子上学时工作的职业机会，而尽管克里斯滕认为技术手段能够帮助她们达成心愿，但她当时太过低落，感到喘不过气来。让事情出现转机、用力推了她一把的是一个老友兼邻居——风险投资家艾琳·李（Aileen Lee）。

"艾琳告诉我绝对不能沉溺在自我怀疑之中。她很坚定。"克里斯滕回忆道，她的朋友坚持认为她仍然能对专业领域作出大量贡献。她还告诉我们，艾琳没有浪费一分一秒地将她介绍给生意人脉，并利用个人资金来保证她能够回到职场。在 2015 年发表于领英的一篇诚挚的文章中，克里斯滕将李的帮助称作硅谷"秘密社区"的一个案例。

有了好友的鼓励，克里斯滕终于着手建立了 BackOps—— Hire-Athena 的第一个版本，一个借助在家办公的母亲们的力量，帮助小公司管理并自动化工资单、会计事务及人际关系的云端服务。BackOps 很快发展出第二个名为 Scalus 的公司，这是克里斯滕开发出来帮助其客户客观评估远程工作者生产力的一个私有企业软件。克里斯滕生于韩国，在关岛长大。当我们第一次同她对话时，她正开足马力工作着，同时经营着两家创业公司。

2016 年春天，在她父亲去世几个月后，她将 Scalus 与 BackOps 合并成一家公司，以女儿的名字将其命名为"HireAthena"。这家公司从硅谷一些最优秀、前景最为光明的风投公司处总共募集了 1 000 万美元的股权融资；2016 年秋天，公司开始盈利。她虽然疲惫但心情振奋，她希望自己能够有更多的时间和闺蜜们待在一起——同李、风险投资家海蒂·罗伊森（Heidi Roizen）、Square 的首席财务官萨拉·弗里亚尔（Sarah Friar）等姐妹们一起远足、分享美酒。随着克里斯滕再度开始长时间的工作，她紧密的同辈人圈子和她们面临的工作—生活挑战不断提醒着她：她所做的事情很重要。

"我们是三明治一代，"克里斯滕说，"我们必须照顾父母、照料宝宝。希望我们都能够活到可以照顾自己的那一天。这就是我和我朋友们的故事。"

· 设计人性化的公司

当克里斯滕在旧金山研发 Scalus 的技术时，海岸对面的另一名创业者收到了关于生命之脆弱的冷酷提醒。2014 年，在一个假期办公室派对的夜晚，首席执行官萨拉·霍洛贝克（Sara Holoubek）听说自己团队的一名成员遭受了孕晚期流产。办公室里没有一个人曾经面临过如此悲惨的个人遭遇，她也不确定要如何处理这件事。她非常悲痛，同时在内心深处开始思考怎样向员工提供休假提议才"对"。她说，第二天，当她从震惊中恢复过来后，答案自然而然地浮现出来。

"忘记女性友好型，忘记家庭友好型，我们只需要成为一家人性化的公司。我恍然大悟。我们必须做人性化的事情，（而）人性化的事情就是告诉她，'需要休多久的假，就休多久的假。不用担心工资的问题。工资不会断的'。"萨拉告诉我们。就是这个时候，她断定小公司和成长中的公司需要获得协助来弄清楚如何创造出一家重视人本身的公司，而不仅仅只重视他们的生产力。

忘记那些拥有免费畅饮的美酒、无限的糖果和撞球台的迷人工作环境，那是硅谷的科技创业公司惯常用来吸引年轻单身兄弟前来工作的伎俩。萨拉辩称，新一代的创业者及背后支持他们的投资者们应该考虑其员工的快乐、健康及幸福的价值定位。

"当我看到花费在奢华的办公室和啤酒聚会上的巨额资金时，我在想，'哇，然后这家公司告诉我他们没有钱负担家庭休假，或是他们无法执行 401（k）计划*？'这真让我恶心。"她说。

在她那本于 2015 年出版的《人性化公司手册》(*Human Company Playbook*) 中，她展示了一些诸如 Pinterest、Birchbox、Etsy 和 The Muse 这样成长迅速的公司是如何开始改变它们的文化的。这些公司撤掉了那些用来诱导员工不停歇地工作的时髦补贴，取而代之的是那些能够带来长远、切实好处的福利，如承担更多的医疗保险费用、提供更长时间的带薪育儿假、更优的退休计划及股权。

"我觉得科技行业非常适合做这些改变，因为这些公司都足够新，或处于足够早期的阶段，所有它们能够进化演变。"一个春天的下午，当我们同萨拉在她那间位于曼哈顿熨斗大厦拐角附近的明亮的办公室见面时，她这样告诉我们。"不应该要求女性和家庭来适应公司的架构，而应该为了女性、家庭、父亲以及所有那些只是想去约个会或上瑜伽课的人们，重新定义公司的设计与架构。无论你想做什么，你的公司架构都应该允许你去做。"

---

* 401（k）计划是指美国 1978 年《国内税收法》新增的第 401 条 k 项条款的规定，是一种由雇员、雇主共同缴费建立起来的完全基金式的养老保险制度。——译者注

萨拉在威斯康星州一个位于麦迪逊和密尔沃基之间的乡间小农场长大。她说她一开始并没有意识到，但随着我们的提问，她意识到她的童年经历启发了她的思想。她在一个她称之为传统中西部家庭的环境中长大，在那里，勤勤恳恳、睦邻友善是社区的主旋律。她的父亲是熨烫贴片的最早发明者之一，从哈雷摩托（Harley-Davidson）到政府机构，所有人都在使用有其专利的热转印机器。然而虽然他在自己的丝网印刷公司工作了40年且（每天）工作很久，后来开始照料牛、马和鸡，但晚上他走进家门总能抽出时间陪伴家人。他和她经营着自己的持牌服装公司的母亲都给家里带来了一种相互回报、相互照顾的价值观。

在其名为 Luminary Labs 的策略咨询公司，萨拉为了类似的文化而努力着——在这里，人们努力工作，但她希望，他们不会为兼顾工作—生活的抉择而后悔。她说，这就需要上位者们能够身体力行。她解释，如果一份工作提供灵活的工作时间，但这种灵活意味着包括老板在外的所有人都从不按时下班，那这就不是人性化。

"令人心碎的是，在我们的培养下，一整代人都相信只有牺牲生活才能成功。必须作出表率。"萨拉告诉我们。

在她的公司里，她努力不在下班时间发送邮件。萨拉家里有两个孩子，她常常在周末工作，将回信放在草稿文件夹，然后在周一发出，而不是在她的员工理应放松休息、照料个人生活的时候打扰他们。如果她在5点之前离开公司去接孩子，她希望团队里的其他人也这么做。此外，Luminary Labs 提供八天病假，并推行"回家，痊愈"的政策，会在出现流鼻涕的第一个征兆时让员工回家休息、恢复健康。

她的箴言是："后背交给我们。"

·注释

① Caroline Simard et al., *Climbing the Technical Ladder: Obstacles and Solutions for Mid-Level Women in Technology*(Stanford, CA: Michelle R. Clayman Institute for Gender Research and Anita Borg Institute for Women and Technology, Stanford University, n.d.), http://gender.stanford.edu/sites/default/files/Climbing_the_Technical_Ladder.pdf.

② Katherine Losse, *The Boy Kings: A Journey into the Heart of the Social Network* (New York: Free Press, 2012), 74; Catherine Ashcraft, Brad McLain, and Elizabeth Eger, *Women in Tech: The Facts*(Boulder, CO: National Center for Women and Information Technology, 2016), https://www.ncwit.org/sites/default/files/resources/ncwit_women-in-it_2016-full-report_final-web06012016.pdf, accessed September 2016; S. A. Hewlett et al., *The Athena Factor: Reversing the Brain Drain in Science, Engineering, and Technology* (New York: Center for Work-life Policy, 2008), http://www.talentinnovation.org/publication.cfm?publication = 1100.

③ Dustin Moskovitz, "Work Hard, Live Well," *Medium*, August 19, 2015, https://medium.com/building-asana/work-hard-live-well-ead679cb506d♯.f851ilev3; Jodi Kantor and David Streitfeld, "Inside Amazon: Wrestling Big Ideas in a Bruising Workplace," *The New York Times*, August 15, 2015, http://www.nytimes.com/2015/08/16/technology/inside-amazon-wrestling-big-ideas-in-a-bruising-workplace.html?_r = 0, accessed August 15, 2015.

④ Moskovitz, "Work Hard, Live Well."

⑤ *Labor After Labor:* Why Barriers for Working Mothers Are Barriers for the Economy," Ewing Marion Kaufmann Foundation, May 3, 2016, http://www.kauffman.org/~/media/kauffman_org/research%20reports%20and%20covers/2016/labor_after_labor_may3b.pdf.

⑥ Imogen Crispe, "Episode 6: September News Roundup," *Course Report*, October 3, 2016, https://www.coursereport.com/blog/episode-6-september-bootcamp-news-roundup, accessed November 9, 2016.

⑦ 编程网预计，到2020年，美国将有140万计算机相关职位空缺，数据基于微软的一份报告："A National Talent Strategy," n.d., https://news.microsoft.com/download/presskits/citizenship/MSNTS.pdf。

⑧ Gad Levanon et al., *Help Wanted: What Looming Labor Shortages Mean for Your Business*, report TCB-1601(New York: Conference Board, April 2016), https://www.conference-board.org/publications/publicationdetail.cfm?publicationid = 7191.也可参见 "Summary of Source Data for Code.org Infographics and Stats," n.d., https://docs.google.com/document/d/1gySkItxiJn_vwb8HIIKNXqen184mRtzDX12cux0ZgZk/pub。

击退成见/校园改革者们

停泊在港湾的船是安全的，但船并非为港湾而建。驶向大海，勇于尝试。

——美国海军少将格蕾丝·霍珀（Grace Hopper）

最有效的做事的方法，就是去做。

——阿梅莉亚·埃尔哈特（Amelia Earhart）

JavaScript 编程入门课的第一天，在凯尔西·赫鲁布斯（Kelsey Hrubes）走下阶梯教室的台阶时，她能够感受到她的同学们落在她白金色的披肩长发、夸张的眼影和修长、深色美黑的双腿上的目光。这是她第一次离开家，穿着她过于短的超短连衣裙，她试图达成自己成为位于艾姆斯、偌大的艾奥瓦州立大学中火辣的姐妹会女孩的新生美梦。不可否认，她对自己的形象会在计算机系引起何种反响一无所知。

当她走进这个多数学生为男性的班级时，有些人盯着她看。其他一些人则移开视线，就好像电影《律政俏佳人》（*Legally Blonde*）中的某个场景陡然出现在面前一样。有个凯尔西认出是高中校友的男生晃了过来，问了她一个她随后意识到其他所有人都可能在思考的问题："你来这里做什么？"她告诉他，自己准备学计算机科学专业。

"然后他真的发出了嘲笑声，就像一个电视人物一样。"她回忆道。

那一刻动摇了她的自信心。然而除此之外，这更令她愤怒。她狂热地投入学习，拿到了梦寐以求的前往加利福尼亚山景城去谷歌进行暑期实习的机会，还在艾姆斯参加了第一届女子高中生编程训练营。她说，真正帮到她的是她曾在中学时自学了 HTML 和 CSS 编程语言，虽然当时是为了做出最酷的 MySpace 资料页来获得朋友们的钦佩。

有了这个背景，"编程的逻辑思路一点就通。"她说。"而那个我曾经渴望的派对女孩的形象，随着我的美黑一起褪色了。"

当我们在 2016 年 1 月初见到凯尔西时，她已经是一个大三学生了。她仍留着金发，但穿着更为低调的灰色针织裙和黑色紧身衣，正在同其他六个女学生一起为不知疲倦地做了五天的编程项目做展示演说。编程训练营（Code Camp）是一个在 Square 公司——由 Twitter 的联合创始人杰克·多尔西（Jack Dorsey）创立并经营的一家移动信用卡支付上市公司——的时髦办公室举办的、为期一周的热门实习活动，而这正是这次活动的高潮时刻。这一周的时间凯尔西是同

其他 19 名从全国各大高校选拔出来的年轻女性共同度过的，她们
来自哈佛大学、瓦萨学院、曼荷莲学院等高校。同大多数科技公司
一样，Square 需要寻觅更多人才。而邀请前途无量的女性工程师来
看看在一家不断发展的公司中工作是什么感觉——免费寿司、自选
冰沙及现场瑜伽课——是达到这一目的的手段之一。

　　凯尔西吐露说，由于她来自一所大型州立大学，她一开始被同
辈们显露出的成就吓到了，特别是那些来自常春藤盟校的同龄人们
的。然而一周后，她了解到她们中的大多数人都面临过类似的担忧
与挣扎。她们共同在旧金山生活、工作后结下的友谊是无价的。她
们相互倾吐彼此对自己听说的硅谷"大学硕士"文化的担忧以及个
人与完美主义的斗争。同 Square 的导师们一起，她们为了未来的求
职面试做着角色扮演与策略练习，学习如何应对令人紧张的白板挑
战（软件工程师求职者在面试中面对的计算机编程测试），这类挑
战要求她们展现自己的编程能力。同时，她们还会见到行业中厉害
且成功的真实女性们，比如 Square 的首席财务官萨拉·弗里亚尔。

　　"参加编程训练营最棒的地方在于我因此而接触到的人脉。编
程训练营的往届参与者们在各大科技公司工作，并且（她们正在）
创建着下一代的创新创业公司。我能够接触到的导师的质量高得惊
人。"凯尔西说。

　　当这些年轻女性离开 Square 时，她们很明显地感觉到自己成
为了某种更伟大的事情的一部分。在一个女性数量少之又少的领域
锻造出至关重要的联系——这是安妮塔·博格（Anita Borg）和特
尔·惠特尼（Telle Whitney）这两位计算机研究科学家在 20 多年

前聚到一起、创建首次女性技术工作者年会的原因之一。这个聚会将会发展为世界上同类型活动中规模最大的那个，也成了一个关键的招聘工具，特别是在科技公司面临多元化的压力之后。当然，我们希望亲身体验一下格蕾丝·霍珀计算机业女性庆典。

一个灼热的 10 月下午，在休斯顿市中心，当我们前往乔治·布朗会议中心（George R.Brown Convention Centre），刺眼的太阳在我们头顶的摩天大楼玻璃墙面上闪闪发光，映射到下方宽阔的柏油大道上。当时我们正在前往 2015 年霍珀大会的路上。这次活动的命名是为了纪念一位很多美国人未曾听说过的先驱，活动的门票在八天内就售罄了，创下了销售记录。美国联邦海军少将格蕾丝·默里·霍珀被称为"代码女王"，是 COBOL 语言的创造者之一，是当今现代计算机编程语言的先驱，也是那位被认为创造了"捉虫"（debug）——意为修正一行代码中的一个错误——这个行话的人。她是现代计算机史上最重要的人物之一，1944 年被美国联邦海军任命为数学官，负责维护"哈佛马克一号"（Harvard Mark I）——"一台如房间大小的继电器式计算机"，是第一台可编程数字计算机。[①] 自 2014 年起担任美国首席技术官的梅根·史密斯曾经将霍珀称为"一位没有获得同爱迪生一样的认可的爱迪生级别的美国人"。[②] 但对于这群人而言，这位 1992 年长眠在阿灵顿国家公墓的"神奇的格蕾丝"是一位摇滚巨星。

当走进那个延伸了 11 个城市街区的巨型会堂时，我们立刻就迎来了女生能量波的冲击。所有人都用像是面对久别重逢的好友一般的热情与坦率相互打着招呼。我们在一瞬间恍然大悟。身在此处，被近 12 000 名女性计算机科学家和工程师环绕，对于这些女性而言真的就像是身处另一个星球一样——破天荒地，她们成为了主流。

"我觉得，你很难想象你大多数时候都是自己在领域中踽踽独行，然后你来到了另一个地方，你突然说，'噢，天哪，原来和我一样的人有这么多！'"莫佩瓦·奥贡迪佩（Mopewa Ogundipe）热情地对我们说。20 岁的莫佩瓦是卡内基·梅隆大学计算机科学和机器人专业大四学生，她前来休斯顿，已经准备好在这场传奇般的求职大会中面试一些硅谷六位数工资的入门级工作。她手上已经拿到了一份工作邀请函，同时还在竞争某家大公司的另一个软件开发师职位，不过她想看看还有什么其他有意思的职位，或许产品经理之类的。但就像我们在那里遇到的很多女大学生一样，莫佩瓦和她同样是计算机专业的朋友尼基·马什瓦里（Niki Masheshwari）告诉我们，她们并不急于创建自己的公司，至少不是马上。她们想在毕业时获得稳定的工作和福利。而坐过山车一般的通宵黑客松、红牛和"最后一名战士"的心态无法让她们心动。

在霍珀大会 20 年的历史中，这次的规模是最大的，参加人数几乎是之前一年的两倍。这群人种不同、民族各异的年轻人们背着背包，穿着牛仔裤与 T 恤。大多数参加者都在 34 岁以下，仍然做着自己的第一份或第二份工作，抑或仍在刻苦地进行紧张的课业学习。高校中的不确定性正是我们前来这里的原因。我们已经听到很多人将科技行业的女性数量稀少归责于 20 世纪 90 年代中期以来进修计算机科学及工程学的女性人数不足。这的确是事实：虽然人数似乎是在缓慢上升的，但在美国获取计算机科学学位的女性学生仍然只占很小的一部分。根据美国国家教育统计中心的报告显示，在2013—2014 学年，只有 14.1% 的计算机学位被授予给了女性，相较于 1985 年 37% 的历史最高值是下降的。③然而，当我们环顾四周，看着这群充满自信的年轻女士们相互拥抱着问好、交换着求职面试白板环节的应对策略，并交流着实习相关的资讯时，我们意识到我们找到了宝藏之源。创新者的未来就在休斯顿，而她们雏凤待清啼。

　　自助餐长桌上摆放着新鲜水果烤肉串、装着格兰诺拉麦片的精致塑料杯和一瓶瓶清水，桌旁放着一块巨大的黑板，让在场者去填写一句宣言的空白："最让我自豪的是＿＿＿＿＿。"她们用亮粉色、电光蓝和鲜绿色涂写出充满力量的回答，让我们更加了解这个坚韧不屈的群体：

>　　最让我自豪的是我的坚持不懈和我的家庭。
>
>　　最让我自豪的是我为我应得之物而奋战。
>
>　　最让我自豪的是我了不起的编程技巧。
>
>　　最让我自豪的是能够成为一个榜样。
>
>　　最让我自豪的是活下来。

　　这次大会的主题是"我们引领的时代"，而"水涨船高"的理念贯穿在活动三天内 300 场专题讨论、各研讨会与各大会堂内。这些女性被不断地告知：她们对彼此负有责任。"每天花五分钟的时间问问自己，你做了什么能够激励他人的事情。"加州州立理工大学软件工程师卡萝尔·威林（Carol Willing）恳切地对数百名参加某个关于姐妹情谊的专题讨论的年轻程序员们说。"提拔你周围的女性们。要设想人们希望得到帮助，因为事实的确如此。"

当我们徜徉在展厅中时，我们并不知道应该先去看什么。这是一个有着五彩斑斓、灯光明亮的展台的嘉年华，参展的公司包括Yelp、梅西百货、洛克希德·马丁（Lockheed Martin）、GoDaddy、埃森哲（Accenture）、富达（Fidelity）和爱彼迎，它向这个突然变得吃香的群体展现了一系列的诱人机遇。在一个角落，第一资本银行正在以抽奖的形式送出苹果手表。在另一边，SurveyMonkey 立出了一块写着"本猴需要你"的标语牌来吸引候选人。Square 一边发放着紫色 T 恤，一边让自己的招聘人员介绍编程训练营，鼓励学生们来报名。

"这就像是一座机遇的迪士尼乐园。"19 岁的斯佩尔曼学院二年级生布里安娜·富盖特（Brianna Fugate）喜滋滋地说。当她在2014 年第一次参加大会时，她很惊喜地看到了来自迪士尼皮克斯工作室和诸如高盛这样的投资银行的招聘者们。"我之前并不知道科技已经渗透到生活的这么多方方面面，以至于在哪里都能做计算机相关的工作。"她说，"这就是格蕾丝·霍珀教给我的：在哪里都能做计算机相关的工作。所有这些公司都在寻觅像我这样的人。"

这些女士们交谈着，迫切地相互介绍着自己。她们似乎很期待交到新朋友，期待同招聘会上来自科技巨头和创业公司的招聘者们闲谈，也期待着被一众包括 YouTube 的苏珊·沃伊奇基（Susan Wojcicki）、编程女孩的创始人莱西玛·萨迦尼以及 Hearsay Social 的克拉拉·希（Clara Shih）等在内的杰出人士启迪。不要搞错了：这是一场赛前动员会。而它在 2015 年的啦啦队队长不是别人，正是她们的偶像——谢丽尔·桑德伯格。谢丽尔在痛失丈夫戴夫·桑德伯格（Dave Sandberg）六个月后，作了一场长达 50 分钟的炉边谈话。

这位"向前一步"运动的领导者手中拿着一杯大杯星巴克，穿着一双修长的高跟麂皮长筒靴、焦糖色短裙和深色 V 领毛衣，是一位打扮一丝不苟、待人却和蔼可亲的高管。她听取了来自一大群参与者的问题，然后以一种大姐姐般的亲切与真诚作出回答。她承认，如果她知道如何编程的话，她能把工作做得更好。她坦言，当她还是一个青少年的时候并不为自己的聪明而感到骄傲，在迈阿密她所在的那所大型公立高中里，擅长数学也并不是一件很酷的事情。她告诉人们要同不安全感作斗争，方法是在床边放一本小笔记本，每天晚上都记下自己做得好的三件事情，正如她在丈夫去世后开始做的那样。"并不是令我感恩的事情。并不是其他人做得好的事情。不是我做得不好的事情。而是我做得好的事情。"她谈起自己是如何在这段时间提高自己的自信心的。当桑德伯格请求人们"留在科技业"时，人们为她欢呼鼓掌。

"这些都是最棒的工作，这也是个惊人的行业，无论是在影响力上还是在灵活性上来说都是如此。留下吧。为你自己留下吧，因为这些是更好的职业；为这些跟随你脚步的女人们，留下吧。为了我 8 岁的女儿，留下吧。"她说道。整个场馆爆发出喝彩。

　　然而，根据我们从采访的数百名女性那里听到的，"留下"说来容易，做来难。超过半数的技术女性都在职业中期退出，"漏管"的情况切实存在。而这群多数由所在大学或其他支持科技业女性的非营利机构的奖学金资助下参加大会的年轻女性们，更迫切地想要了解的是如何留在科技行业的实用策略和指南。在大会的第一个夜晚，我们参加了一个只提供站席、名为"如何成为科技业里的厉害女性"的专题讨论，在那里，来自摩根士丹利、优步和英特尔的经验丰富的软件工程师们跟大家分享了她们如何克服在男性世界里工作时遭遇的逆境的故事——比如，她们如何找到办公室里拥护自己的伙计们，如何同这些男性盟友建立合作关系，如何逼迫自己在会议上发言并自告奋勇地参与新项目等。

　　"你将面临以寡敌众的局面，非常严峻的以寡敌众的局面。"英特尔的首席工程师拉希马·穆罕默德（Rahima Mohammed）说。她警告大家，仅仅努力工作是不够的，并建议她们要想前进，就需要磨炼自己交流的技巧与风格。"你需要开口发言，即使这对你很难。"她强调。

　　"很多学生（在初入行业时）心中并没有领导力意识，因为她们觉得在科技行业中，女性的身份会限制她们的发展。"优步的软件工程师兼该公司"♯工程女士"（♯LadyENG）社团成员保利娜·拉莫斯（Paulina Ramos）表示。"然而作为这个行业中的女性，你就是领袖。"她和其他发言者进而开始讨论有关领导机会——无论大小——的细节，年轻女性们可以抓住这些机会，在办公室与社区中担任导师或志愿者。

·破解代码

对于女性们相互之间负有责任的这个说法，休斯顿大会上坐在我们旁边、来自加利福尼亚州克莱蒙特哈维·穆德学院的一群满腔热情的学生与新毕业生们产生了共鸣。这座拥有约 800 名学生的关系紧密的文理学院以其严谨的科学、数学及科技本科项目闻名于世——它的存在也是一个了不起的一夜成功的故事。如今，穆德学院计算机科学专业的毕业生中有一半以上都是女性，较历史平均数值 12% 有所上涨。④ 学校花费了五年的时间来改变这个比例，并继续保持着这个比例。穆德学院是我们造访的几所高校之一，我们造访的原因是它们都开始说服更多的女性，让她们认识到计算机与工程学是适合自己的专业——这可以逆转令人困扰的人数下降趋势。

穆德学院的学生们诚挚地告诉我们，她们之所以来到休斯顿是想要改变世界。而且她们并没有夸大其词。这是学院自 2006 年起的承诺背后的愿景：学院为每一个大一女学生支付参加霍珀大会的注册费用与其他花销，这是以增加计算机专业女学生人数为目标的三项举措之一。穆德学院中有意选择计算机专业的女生将会在大一期间被分配到研究项目，这是第二项举措，这样她们就能够知道将所学知识运用到实际中是什么样的。第三项举措则是对大一必修入门课程 CS5 的回炉重造。

穆德学院大四学生萨曼莎·埃切瓦里亚（Samantha Echevarria）

告诉我们，当她来到这所坐落于距离洛杉矶市中心向东 35 英里处、种植着一排排榆树与桉树的校园时，她原本的计划是成为一名化学家。她从未想过选择计算机科学专业，即便她热爱解决问题，也一直被认为是她位于俄亥俄的家庭中的"技术控"——每当家里断网时，父母都指望着她这个孩子来修。但是改革后的课程及富有魅力的任课教师扎克·多兹（Zach Dodds）把她吸引了进来。

"基本上，课上你可以看到计算机科学的各种可能性。而我觉得每个人都能找到他们真正好奇或感兴趣的地方，从而被说服进入下一阶段。"20 岁的萨曼莎说。她热爱诗歌，还是学校极限飞盘竞赛队的成员。她来到霍珀大会是为了评估职业前景。

"我愿意去任何愿意付我工资的地方，"她告诉我们，"我可能就是想出去闯闯，有些作为，多多学习。"

计算机科学入门课在萨曼莎和其他学生看来很有吸引力的另一个原因是，这门课是为了并不知道如何编程或对编程只有过有限接触的年轻人们打造的。这是课程的一个主要变化。

"我想，没有经验的人们之所以失去在高校学习计算机科学的兴趣，是因为当他们开始课程时，在落座的那一瞬间就（感觉）被抛下了。"哈维·穆德学院的克里斯蒂娜·阿尔瓦拉多（Christine Alvarado）——新课程的创立者之一——这样告诉为美国大学妇女协会撰写报告的研究者们。⑤穆德学院方面发现，大多数大一女生并不具备任何编程经验。她们甚至不理解计算机科学学科是什么，也不理解它怎样能够被运用到诸多职业当中，因而她们从未考虑过这个专业。根据美国大学妇女协会的报告，这是全美年轻女性面临的一个普遍情况。

因此，阿尔瓦拉多及其同事们为计算机科学专业创立了两套不同的入门课程，并用不同的学院官方配色对其加以区分：金色与黑色。CS5 被称为金色轨道，是一门更浅显易懂的课程，也是萨曼莎选的课程。较高深的入门课程被称为黑色轨道，涵盖对相同基本概念的更具挑战性的运用。

"入门课程是关键。"坐落在博尔德的美国国家妇女与信息技术中心（NCWIT）的首席发展官露丝·法默（Ruthe Farmer）说，并列举出一些学术界在试验为计算机科学专业招揽并留住女性的新方法时处理的关键问题。"你在第一课中是如何展现计算机学的，是一种性别化的方式吗？检查一下考试中的提问是什么内容。这些项目全部都是关于制作第一人称射击游戏的吗？还是关于解决一些与多数群体并不相关的难题的呢？这些是否能广泛地引起孩子们的兴趣，而不仅仅让那些早期接触者们感兴趣？"

除了对入门课程进行改革，哈维·穆德学院还将该校所有第一学期课程设为通过/不计学分制度，同时发展了一个"评导"网络，即协助作业评分并向困难的学生伸出援手的导师网络。萨曼莎很乐意成为这个角色，这让她沉浸在一种协调合作的文化之中，其中甚至还包括了在宿舍举办的"家庭作业派对"，男男女女、各个年级班级的学生都会加入进来。年轻的学生们常常轻松地向她寻求帮助。

"整体的理念是将学生所学定义为创造性地解决问题的过程。同时还要强调团队合作，这也正是穆德学院的所有人作为一个整体的共同努力。"2016 年 3 月一个阳光明媚的下午，当我们同院长玛

利亚·克拉维博士（Dr. Maria Klawe）一起在她的办公室坐下时，
她这样告诉我们。"创造与解决问题、团队合作以及沟通技巧都将
成为女性们认为自己擅长的东西，而如果只是强调'好吧，你将成
为一个优秀的程序员'，不够。或者，'你将成为机械店中一个优秀
的人'，不够。"正是这一举措，帮助她在 2006 年成为学院院长
后，将学院整体的女性人数比例提高到 47%（2015 年时）。

加利福尼亚闲散的氛围———一排排滑板架，学生穿着短裤懒洋
洋地躺在绿地上———掩盖了这里学生们的认真态度。这所入学竞争
门槛极高的学校以吸引在数学与科学学科中表现优异的聪明青少年
闻名。对于很多学生来说，穆德学院是他们拿到人生中第一个"B"
的地方。

"每一个来到穆德学院的学生都非常非常聪明，都在高中时表
现优异。"萨曼莎———我们在休斯顿遇到的大四学生———解释道，
"而且他们会在入学导览中告诉你'你不会成为这里最优秀的人。
在这里，你将奋力挣扎'。大一之后的平均 GPA 大约是 2.6。"

·向大众推广计算机学科

穆德学院正在同 15 所以上的教育机构协同合作，以证明它在
吸引更多女性学习计算机科学上的成功并不局限于罕见的特定人
群。距离阳光明媚的南加利福尼亚克莱蒙特飞地 3 000 英里的地
方，在那所全美最大、最具多元性的公共大学系统中，通过一种类

似的举措，新一群雄心勃勃的女学生们正在同穆德学院的新生们做着一样的作业。她们中的大多数从未接触过计算机科学或遇到过该领域的人士。纽约市立大学（CUNY）麦考利荣誉学院的 CS5 在 2016 年 1 月开课，由曾在曼哈顿同一课程中执教一个月的魅力四射的多兹教授主讲。纽约市立大学拥有 275 000 名学生，校区遍布纽约市的五个区，是同那所私立文理学院相反的存在。这个庞大的市区教育机构的学生群体祖籍来自 205 个不同的国家。这里超过三分之一的本科生都是第一代美国移民，其中 42.2% 是家里出的第一个大学生。⑥

"他们可以算作非千禧世代。他们并不奢望自己可以不劳而获。"麦考利荣誉学院的前系主任安·基什内尔博士（Dr. Ann Kirshner）说。麦考利荣誉学院通过该校的公立—私立合作伙伴 WiTNY（纽约科技与创业女性组织）、康奈尔科技校区（康奈尔大学纽约分校研究生院）、创始合伙人威瑞森（Verizon）及其他六个合作赞助商，为 40 名纽约市立大学的学生主持了就职课程。

"他们预想自己需要为每一件事努力奋斗。他们往往更谦卑、更加充满渴望。"当我们在课程结束几个月后同她对话时，她这样描述该学生群体。

20 岁的莫内·斯克拉特（Moné Skratt）热爱这门课。这个纽约本地人是参加纽约市立大学课程中少数几个曾在自己念公立高中（位于斯坦顿岛）时参加过 AP 计算机科学*的学生之一，但她说

---

* AP 是大学先修课程（Advanced Placement）的缩写。AP 计算机科学（又称 AP 编程、APCS、AP Java 或者 CSAP）是由美国大学理事会主持的课程和考试，以便提供给高中学生获得大学水平的计算机科学课程的大学学分。——译者注

自己在上多兹的课之前并没有完全掌握其中的概念。莫内留着一头俏皮的金色短发，称自己既具有创造性又有好奇心。她的父母都是邮政工人。毕业后，她将成为自己直系亲属中第一个获得大学学位的人。她说自己曾经对学习美国手语最感兴趣，并不确定自己要不要继续学习计算机。但她发现这门课非常引人入胜。而在她学习 Python 语言及同朋友吉纳维芙（Genevieve）一起制作一个迷宫游戏时，最让她感激的是多兹向他们展示了所学内容如何能够被运用到教室之外及许多领域的实践中去的方式。并且他没有让任何人觉得自己被落在后面。

"他能够让课程变得非常迷人、非常有趣，他会穿着服装表演代码运行的情形，还会说同计算机科学有关的笑话。"她在完成课程后不久这样对我们写道。"他真的懂得课上的人们都有着各不相同的技能范畴和目标，他一直记得这一点，向大家提供帮助，时常来到桌前查看。"

朱迪思·斯皮茨博士（Dr. Judith Spitz）是威瑞森在康奈尔科技校区的驻留行政官，也是 WiTNY 的构建者之一。她说，从纽约市立大学招募女性的机会对威瑞森这样的公司而言是一桩培养新技术人才的好事。她说，科技行业已经不能只从穆德学院的那种私立项目中吸纳人才了。而且纽约市立大学超过 60% 的学生都是女性。

"如果你真的想提升人数，就不能只依赖于'特例'——即那些'认为自己'百里挑一并说'从 9 岁起我就一直喜欢摆弄电脑'的年轻女性。你需要抓住大众。"12 月的一个下午，在位于繁荣的曼哈顿切尔西区的谷歌地标建筑中其康奈尔科技校区临时办公室里，她这样告诉我们。

科技业是"有良好的工作与金钱的地方。我不在乎你的观点是什么，当男人们赚着这些钱、获得这么多这么棒的职业机会时，让女人们靠边站根本就不公平。本着'预判未来走向'的精神，事实上所有的职业都在逐渐变成技术职业。在这件事上，女人们现在是靠边站的状态"，朱迪思说。她担任威瑞森的首席信息官，已经在公司工作逾二十载。她个子娇小，轻微的纽约口音与她提起的有关自己成年双胞胎女儿的趣闻轶事让我们立刻同她亲近起来。你能够看得出她说的都是真心话，透出母亲的智慧及一个富有经验的高管作为过来人的坚毅精神。为了能够让纽约的大学女生离开边缘，朱迪思和 WiTNY 组织在 2016 年为 42 名大一女新生开展了一次为期两周的夏季研讨会，为她们介绍电子产品设计与开发的世界。这个项目还提供奖学金并协助安排实习。WiTNY 组织还同纽约市一道，携手纽约公立高中的高校顾问，帮助她们学习关于职业轨道的知识，试图消除那种往往让女孩们甚至都不愿意考虑选择科技道路的关于技术宅男的固有成见。朱迪思说，甚至她自己的一个女儿在成为科尔盖特大学新生时也对计算机科学感到幻灭。当时，她女儿向教室里望去看见一堆"极客男"，她说"绝不"。

·改变校园里的黑客文化

重塑计算机行业工作者的形象是吸引女性进入该领域的关键。

正是这样，另一所名校用了一种完全不同的策略，自 1999 年起获得了显著的成效。

当你走进未来主义的卡内基·梅隆大学匹兹堡校园里盖茨计算机科学中心的那一瞬间，你就能注意到那里有女性。很多女性。在那个橙绿色的咖啡馆中，我们看到了一群群好友——有男有女——一边喝着咖啡、吃着沙拉，一边带着 Beats 耳机挤在笔记本电脑前、靠在低椅上。紫色头发、短裙、马丁靴和文身比比皆是，而轻松的笑脸和笑声也随处可见。在女性盥洗室中有一张海报，宣传着一个为期一周的黑客松，旨在发展反对枪支暴力、促进枪支安全的创想。在楼上，男女研究生正在一间舒适的休闲室里的大型平板电视前悠闲地一起玩着电子游戏。学院方面会告诉你，这里被改变的不是课程，而是文化。

2016 年秋天，女性在卡内基·梅隆大学计算机科学学院的大一学生中占 49%，相较于 1994 年的 12% 有所上涨。⑦并且据卡罗尔·弗里兹教授（Carol Frieze）和杰里亚·奎森贝里（Jeria Quesenberry）教授说，自 2011 年起，男性与女性的毕业率几乎都是相同的：六年中，男性的毕业率为 89.5%，女性为 88.9%。⑧

在卓越的数学家兼计算机科学教授莉诺·布卢姆（Lenore Blum）于 1999 年加入学校时，卡内基·梅隆大学计算机科学项目的女性人数已经在缓慢增长了。她的整个职业生涯中，一直都在为解决性别问题而努力：20 世纪 70 年代，紧随着美国《教育法修正案》第九条（Title IX）的步伐，她在位于加利福尼亚北部的密尔斯学院创建了数学与计算机科学项目。在那里，她协助创立了"开阔你的视野"（Expanding Your Horizons，EYH）——一个鼓励中学女生考虑数学与科学相关职业道路的开创性组织。虽然在里根政府执政期间，科学教育倡议的经费很快就花光了，但 EYH 维持至今，为美国各地的十几二十岁的学生们开设研习会。不过，当莉诺向我们展示 40 多年前 EYH 首秀之时的褪色的黑白小册子与传单时，她沉思说，虽然时代已经变了，但阻止女孩们追求 STEM 之路的根本原因依旧存在。要做的还有很多。

春天的某个周一，在一群博士新生正在面试来年的研究工作时，她邀请我们来到其明亮的办公室里，向我们讲述卡内基·梅隆大学文化变迁的历史。莉诺解释说，在 20 世纪 90 年代末、她加入学校之前，时任计算机科学院院长拉吉·雷迪（Raj Reddy）觉得是时候为这个项目招揽新一群不同风格的学生了。学校不再为申请中展现大量编程天赋、优秀成绩和数学考试高分却在其他方面乏善可陈的学生们自动提供录取通知，而是开始更仔细地考察其他方面，如课外兴趣和课余活动。这个改变背后的观点在于那些未来会成为领导者与创新者的人们需要对计算机以外的世界感兴趣，于2002 年由社会学家简·马戈利斯（Jane Margolis）和时任计算机科学教育本科主任艾伦·费希尔（Allan Fisher）进行的一份有关卡内基·梅隆大学学生里程碑式的研究也支持这一见解。她们发现，过往的编程经验并不是完成计算机学士学位的必要因素。[9]

根据弗里兹与奎森贝里的观点，一旦拥有更多样的性格与更广泛的兴趣的学生进入了卡内基·梅隆大学，那种"在计算机文化中广泛反映出的熟悉的极客文化"就开始失去了它在校园的主导地位。⑩

　　然而，虽然班级的构成发生了变化，但莉诺和当时还是她学生的弗里兹仍认为女性要在计算机科学领域获得成功，需要得到更多支持。女性依然面临以寡敌众的局面，而且她们在作业协助、实习、职业和研究上并没有和男性一样多的机会。

　　"在刚开始那几年，（如果）身为一个女性，你没有同在这个领域的室友，所以你并不能常常在半夜叫醒他，说'求助。我们一起做作业吧'。你没有这样的便利。你没有榜样。你的老师可能全是男性。你无法找到和你一样的人，（也没有）任何人可以说话。"莉诺讲述道。"所有这些事情——关于导师、榜样、社区、领导潜力的专业事项，所有这些男性们一开始就拥有的东西——女性们并没有，因此她们并没有相同的经历。将这些（经历）从任何这个领域中的成功男性身上拿去，他们都不会有这样的成功。"

　　她和弗里兹继续创建了"女性@SCS"（Women@SCS，计算机科学院的女性），这是一个专业组织，为女性提供相互认识、传递观点和机会、携手共进的途径。从公开演讲到工资谈判研习会，再到女性黑客活动，16年后，该组织的努力成果在我们周围清晰可见。我们在休斯顿遇见的计算机科学与机器人学双学位学生莫佩瓦·奥贡迪佩说，她有些最要好的朋友就是通过"女性@SCS"结识的，甚至通过它找到了公寓室友。莫佩瓦的家庭最初来自尼日利亚，她曾在位于华盛顿特区郊区的一所精英技术特色高中就读。每次我们见到她的时候，这个沉稳、外向的年轻女子都打扮时髦，或是穿着一件波点连衣裙，或是身着短夹克和 T 恤，戴着流行的饰品——甚至在位于纽厄尔·西蒙大厅（Newell Simon Hall）地下室的机器人实验室里都是如此。在实验室里，她向我们展示了她正在同两个男同学一起做的项目。那是一个不用手操纵、由语音启动的手推车的原型。这个团队对我们十分友好。她的其中一个队友告诉我们，男生们普遍觉得团队里如果有一个女性伙伴是一个有利条件，因为女性会更有条理性，保证团队能将任务继续下去。不过莫佩瓦承认，她也曾在有些时候觉得自己并不太能融入他们。比如，有一次她最初几节机器人课的一个男性伙伴很直白地问她："你是怎么进来的？你看起来不太像计算机科学系的学生。"和女性朋友们倾吐这些事情让她感觉好受多了。

"有她们在身边能对我有超级多的帮助。我知道她们总在那里。这并不是因为我们所有人都同进同出，像'姐妹会'那种关系。"当我们同莫佩瓦和她的两个女性同学在咖啡厅聊天时，她这样说，"我想，让团队黏合在一起的是我们都想要回报团队的心意。"

团队拓展是这里的女性们相互连结的一种方式。也正是这个原因，在一个天气反常地温和的3月，某个日落时分，我们同莫佩瓦以及一群从城市周边地区和郊外来到这个校园的女孩们相聚在亨特图书馆的地下室中，这些女孩穿着吊带衫，梳着马尾辫。这些六年级、七年级的学生正兴高采烈地相互讨论着家庭作业和体育运动。我们早先看到她们的父母飞快地将她们送到这里，也看到这些女孩们蹦蹦跳跳地进入这个放着一排排笔记本电脑的计算机实验室；女孩对于能够见到她们的朋友及导师们——包括莫佩瓦在内的12名来自"女性@SCS"的志愿者们——感到很兴奋。这个夜晚，这些志愿者们将为她们提供教学。

张艾达（Ada Zhang）是一名即将获得机器人专业博士学位的学生，她将为她们提供一些挑战。从计算机科学、机械工程学到数学问题，这些初中女孩们每周都要解决这些问题。"我喜欢这样，她们能够见到计算机科学界的其他女性，这些女性们告诉她们，我们是真实存在的，我们还是挺酷的，而她们也能同其他女孩建立联系。"艾达谈起这个每个学期举行八场、一周一场的技术之夜。

"人们以为计算机科学的世界充斥着那些宅男，这不是真的。有这个奇怪的社会污名化是一件很悲哀的事情，它阻止着人们，让他们永远无法走进这个领域。"她继续道。"我们主要是希望让这些女孩能够在这样一个安全的环境中探索 STEM 的方方面面，在这里她们能够尽情做自己、尽情疯闹。"

在那个晚上，她们将学习 Python 编程语言。五分钟的社交之后，18 个女孩坐到了计算机屏幕前准备开始学习。一个有着友好笑容的计算机科学助教欢迎了她们的到来，然后向她们介绍了其他七个编程入门课的助教们，这七个助教将引导她们通过计算机指令运行一个大鱼追小鱼的游戏。女孩们立刻安静下来，聚精会神地接受指导。随后，莫佩瓦和其他导师们在房间中四散开来，同女孩们组队。她们花费了一个小时进行任务：让大鱼吃掉小鱼。

13 岁的卡罗琳·肯尼（Caroline Kenney）自豪地告诉我们，因为这个项目，她已经决定想要去卡内基·梅隆大学念书了，而且她已经知道了自己长大后想要做什么——谷歌的一位计算机学家或机器人学家。

"我们需要更多的女性。古往今来，女孩们总是被告知不如男孩们，但如果我们能够在编程与STEM中获得领先，我们就能向世界证明我们的能力。"她声明道。

课程结束的时候，作为对卡罗琳及其朋友们的努力的回报，她们能有更多的时间同对方以及大学生们、研究生们一起相处、交谈——还可以对着满满一大盘用糖霜写着π符号与"3.14"的奥利奥大吃特吃。这些甜点是由其中一个孩子的母亲提供的。这一天是π之日——3月14日——而凭着一股全然的书呆精神，女孩们把甜点吃得干干净净。第二天早上还要上学，家长们在8:30回来接他们的女儿们时显然非常着急回家，但这些女孩们却表现得不慌不忙。卡内基·梅隆大学的学生们看起来也充满活力。她们很喜欢向女孩们展示计算机是一件很酷的事情。作为榜样对她们来说意义重大，这是对她们在学习中投入的努力的一种实证。

"女性@SCS"也为女性学生创造了一些其他的机会来互相了解、提高自信，其中包括为大一女生配对大姐姐。得益于社交媒体，许多这种关系在大学时光结束后依然得以延续。柯恩·汉斯（Kirn Hans）是一名来自印度新德里的大三学生，有着一头卷发，她说，在她大一的时候，她的大姐姐每隔两周就会同她见一两次面，帮助她应对和室友之间的问题及对跟上课程进度的担心。柯恩说，她后来一直都很依赖她这个已经毕业并且现在在Facebook工作的导师。

"我会给她发信息说'大姐姐，求助！作业太难了'。然后她就会告诉我，'别担心。我有很多朋友都选了这门课，是很难，你不是

一个人'。"柯恩说。她很努力地克服自己的完美主义本能。在美国
各地大大小小的校园里我们遇到的大学生中,有一种共识是计算机
科学就是很难学——无论你是男是女,都是一样的。研究者认为问
题在于年轻的女性从一开始就觉得自己是边缘人,相较于男性同伴
更容易将失败内化,在女性处于男性占主导地位的领域时尤为
如此。

"如果你的认知就是自我感觉并不属于这个领域,那么任何诸
如得到低分这样的事情在你看来都是退出的信号。"美国大学妇女
协会的那份报告的合著者凯瑟琳·希尔(Catherine Hill)说。理解
其他所有人都在挣扎而失败是学习过程的一部分,这是为这些超高
要求的项目招揽学生的关键。这种对于共同掌权的探索,让当时还
是哈佛大学大二学生的格蕾丝·吉(Grace Gee)着手探索让全国
各地的大学女生建立线上连接的新方法。

·一代 STEM 士们团结起来

在得克萨斯州拉瓦卡港长大,那是墨西哥湾沿岸的一个小
镇——格蕾丝·吉常常开怀大笑,有着大大的明朗笑容。她曾经觉
得哈佛离自己非常遥远,但她最终在那里获得了应用数学、计算机
科学和统计学的学士学位。她自记事以来就一直热爱数学。格蕾丝
回忆起中学学习图论的事情。那是一个天气潮湿的下午,她和弟弟
约翰(John)在等父母下班回家的时间里,在自家后院的蹦床上一

边蹦蹦跳跳，一边争论图论的事情。他们的乡村高中卡尔霍恩高中位于卡尔霍恩县，那里超过四分之一的孩子都生活在贫困线以下，2013 年该县的青少年怀孕率在得克萨斯州排第一。[11]虽然她成功参加了 12 门 AP 考试（全部获得 5 分的满分成绩），但能为高阶学生提供的资源很稀缺。不过他们的老师们找到了满足格蕾丝和约翰的好学天性和数学天赋的办法：允许他们使用计算机实验室上在线课程，其中甚至包括麻省理工学院提供的本科级线性代数课程。还有一个数学小组。他们的父母几乎每周末都会带着格蕾丝和约翰搭乘几百英里的穿梭巴士去休斯顿参加数学竞赛。格蕾丝的生活一直都围绕着数学和小镇生活展开，直到她收到了美国国家女性与信息技术中心颁发给她的一个颇有声望的奖项，并被邀请加入它为高中女生设立的一个迅速发展的 Facebook 社群——"计算机之志"（Aspirations in Computing）。这为她开启了一个全新的世界。

在这个为女生成立的内部 Facebook 论坛中，最小的年龄只有 14 岁。她们一起合作进行编程项目，讨论自己对于大学的期望与梦想，分享申请奖学金与实习机会的小贴士，还会发帖直言成为班上或大会上屈指可数的女性之一的感受。最近的一个关于"在科技大会上不要对女性说的话"的讨论引来了连珠炮式的回复，年轻女性们吐露着自己的亲身经历，比如被问是不是"陪男友"来的，或被人说"对编程来说过于漂亮了"。

"我有时候会将这些女孩称呼为我们小小的女权军队。"露丝·法默说。鲁特除了担任美国国家妇女与信息技术中心的首席发展官，还在 2016 年被白宫指定为科技包容性高级政策顾问。"这些女孩是了解相关事情的。她们会讨论每个问题，每一天，而且她们会把事情讲给对方听、寻求帮助并充分透彻地谈问题。"

格蕾丝告诉我们，同她的虚拟支持网络进行这些坦诚的讨论让她为紧张的大学申请与面试作好了准备。2011 年，她来到了位于查尔斯河畔的哈佛大学的标志性常春藤联盟校园，立刻就感觉自己格格不入。她也很难找到其他女同学一起进行计算机科学项目。她继续依赖着自己的线上好友们，因为她觉得在哈佛 * 她找不到能够咨询问题、表达担忧或当作榜样的人，特别是在第二学期她上了函数式编程课之后，她因为感到太迷茫而觉得自己可能得放弃这门课。最后，她在课上遇见了其他几个女性并坚持了下来。大二回到学校时，她发现校园里开始涌现一些新的科技女性团体，如"发展开发者"（Developers for Development）和"哈佛计算机科学女性"（Harvard Women in Computer Science）。就在这时，她灵光一闪。她开始想起其他大学校园中那些无法加入志同道合的学生团体或没有在高中时期被邀请加入线上小组的女生们。为什么不请求美国国家女性与信息技术中心将这个线上群组向所有学习计算机科学的女性们开放呢？

那是她在哈佛的第二个秋天，即便在她回到得克萨斯州的家中过圣诞假期时，这个想法仍然盘踞在脑海里。格蕾丝的天性中带着创业精神——如今，她正经营着自己的健康保险创业公司 Honey-Insured——她说，某一天深夜，她终于在 Facebook 上给露丝发了

---

* 原文为剑桥，疑笔误。——译者注

讯息，附上了一篇长长的提案。露丝长久以来都在为 STEM 领域的女孩们发声，也是站在美国女童子军机器人和计算机领域的倡议幕后的女人，她立刻就回复了讯息——即便当时已经凌晨 1 点了。美国国家女性与信息技术中心几乎马上就签发通过了这个提案。一年之内，惠普（Hewlett Packard）提供了 100 万美元的资金来支持该项目的运行。2014 年，美国国家女性与信息技术中心这个也被称作"计算机之志"的学院网络诞生了。如今，它是同类型群组中规模最大的，同 450 所高校建有关联，拥有超过 5 000 名成员，并且据其组织者称，它每年都在以 30% 的比例发展。⑫

18 岁的特雷莎·伊巴拉（Teresa Ibarra）是哈维·穆德学院的新生，她告诉我们，这个 Facebook 群组让她在大一那一年得以保持前行。除了同母亲保持联系能够给予她可靠的鼓舞之外，她会在拿了低分、在作业上挣扎和感到孤独时寻求"计算机之志"的帮助。特雷莎不但是一个芭蕾舞者，还在高中时期就已经参与过黑客松，但她仍然因为自己女性与有色人种的双重身份带来的不安感而备受煎熬。不过她说这群为她提供意见与鼓励的女性们深深地激励了她，尤其是在这个失败被认为是学习过程的领域。技术，尤其是编程，其更新迭代的本质对于习惯于获得完美分数的女生们来说可能是具有挑战性的，因为她们倾向于在犯错的那一刻痛责自身。

"任何时候，只要有个女孩说'我刚挂了一门课'，就会有 15 个女孩说'嘿。这没什么，你超棒的'以及'一切都会好的'。你能从其他女性那里获得海量的支持，这很棒。"特雷莎告诉我们。

露丝说，在 2015 年秋，凭借着谷歌的资助及同美国计算机协会的女性组织（ACM-W）的合作，"计算机之志"为女性们在更多校园中创建新的面对面科技群组并帮助她们扩展活动项目提供了 3 000 至 15 000 美元的奖金。后者包括开展校园黑客松、为学生设立创业公司孵化器、提供奖学金让女性得以参加一年一度的格蕾丝·霍珀计算机业女性庆典等一系列活动，这样一来她们就能见到其他技术女性们，特别是那些已经参加工作的技术女性。

　　能够在现实中见到在科技行业工作的女性正是阿纳·阿加瓦尔（Arna Agarwal）在 2010 年作为斯坦福大学大一学生时缺失的东西。如同我们见到的众多女大学生一样，她最初了解计算机科学是在进入大学的时候。阿纳在新泽西长大，从小在数学和科学方面表现优异。因为她热爱动物，甚至在孩童时就创建了一个非营利的动物救助组织，她和她的家人都设想她有一天会成为一名兽医。然而，后来她学了计算机科学入门课，很享受同学之间为解决问题集而进行意外合作的快乐，她对于科技的好奇心就此被激发了出来。她开始了解编程将如何引领着她走进一个行业，而在这个行业中，她能够帮助他人，这让她感到很惊喜。我们采访过的很多女大学生都告诉我们这似乎是一个关键的联系——"计算机科学可能成为通向一个拥有巨大社会影响力的职业生涯的康庄大道"这一观点。于现实中见到在这个领域工作的人并了解他们的工作之前，她们是并不理解这一点的。但是，在那时，想要遇到这些榜样人物并非易事，甚至对于在斯坦福大学这个创新文化拥有零门槛的地方的学生也是如此。阿纳和朋友们能够认识的行业中的"狠角色"只有那些明星——谢丽尔·桑德伯格、玛丽莎·梅耶尔、梅格·惠特曼

（Meg Whitman）、苏珊·沃伊奇基。阿纳说，她和她的朋友们渴望获得更具参照性的榜样们。

"我并不认为我可以看着玛丽莎·梅耶尔说我会在 15 年后成为她。要说这是我想要追随的道路，这对一个大学女孩来说太难了。虽然这真的很有启发性，但你就是需要现实一点儿的东西。"阿纳说。她当时正对我们讲述她和大学室友埃洛拉·伊斯拉尼（Ellora Israni）创立一个她们如今称作"她 ++"（"她加加"——编程语言 C ++ 的谐音）的科技女性之日的故事。这个纪念日开始于 2012 年 4 月，最初是一个召集了 250 名不同年龄、处于不同职业阶段的科技女性的校园大会。谷歌、Facebook、Dropbox 和 Pinterest 只是其中几家出席这次活动来帮助"拆除'计算机科学并非适合女性的职业'这一不实成见"的公司。虽然大会反响很好，但阿纳和埃洛拉想要做些具有更为长远的影响力的事情。她们在 2013 年制作了一个纪录片，着重介绍了计算机科学同其他许多诸如音乐、政治和电影等领域交叉的方式。她们还展示了那些面对有关持续的性别鸿沟和性别歧视的悲观报告却逆风前行、蒸蒸日上的科技女性们。然后她们附上了"♯ 包含奖学金计划"（♯ include Fellowship Program），这是一个为了向高中女生介绍计算机科学的峰会。这些在校园里造成了直接影响。

"我们可以说，至少每一个同我们交谈过的计算机科学教授，包括系主任，都说'她 ++'对不但更早地选择了计算机科学、还一直坚持修完这个专业的女性计算机科学家人数有着巨大影响。"阿纳说。她如今是一名从事刑事司法数据分析的产品经理，为具有神秘魅力的帕兰提尔科技（Palantir Technologies）* 工作。的确，斯坦福大学的一名发言人告诉我们，"她 ++"以及大量其他部门的倡议让 2012 年以来获得计算机学位的年轻女性毕业生变得更多了。⑬

2016 年初，我们冒昧前往帕洛阿尔托去参加"她 ++"的一次会议。在这群令人印象深刻的年轻女子中，有几个我们已经在休斯敦的格蕾丝·霍珀大会上见过了。当时，这群人在一个名叫巴坦加（Batanga）的有趣的拉丁餐厅中举办名叫"莫吉托 ** 与制造（Mojitos and Making）"的星夜派对。在温暖的傍晚空气中，她们一边在萨尔萨音乐的伴奏下交谈，一边摆弄着桌上用来装饰好看的欢迎卡片的电路。坐在我们旁边的有该组织的联席主任、大三学生赖尼斯·巴斯克斯－古兹曼（Reynis Vazquez-Guzman）和大四学生王露西（Lucy Wang）。露西告诉我们，加入"她 ++"让她们在斯坦福的生活变得多姿多彩。

"我不但在这里结识了能够启发我的朋友们，还因为成为非营利组织的一部分而成长了很多。我新学到了本专业之外的技能。"露西说。

几个月后，露西和赖尼斯迎接我们进入校园中的一间会议室，在那里，12 名"她 ++"成员围坐在斯坦福大学老联盟大楼 *** 里的一张桌子前，就如何提高该非营利组织的公众关注度展开一场头脑

---

* 帕兰提尔科技是一家主要客户为政府机构和金融机构的美国软件与服务公司。其最出名的案例是以大数据技术帮助美国军方成功定位和击毙"基地"组织首脑本·拉登。公司名"帕兰提尔"源自英国作家托尔金奇幻小说《指环王》里的真知晶球（Palantír），是一种可以用来交流或观察世界上任何角落的魔法制品。——译者注

** 莫吉托（Mojito）是一种传统的古巴高球鸡尾酒。——译者注

*** "老联盟"（Old Union）是斯坦福大学学生会的名称，是学生活动的场所。——译者注

风暴。同时，她们还在埋头计划她们的标志性活动：一场在4月初的某个周末举办的峰会。她们准备让来自美国各地30所高中的学生乘飞机前来参加一次关于计算机科学、大学生活的介绍会并同在一些科技巨头公司工作的优秀女性见面，费用全包。申请者无需技术背景，而这是招募那些从未考虑过在科技行业工作的女孩的一个重要策略。赖尼斯说，同这些扑闪着天真的大眼睛的女孩们相处并如同姐妹般向她们提供有关大学生活的建议，这是她在这个活动中最喜欢的部分之一。

几个月后，我们参加了这次项目的高潮部分——在山景城收藏着全球最多计算机古董的计算机历史博物馆中举行的一次迷人的庆典。这次庆典标志着整整两天的展示，以及同来自 Oculus VR、ThoughtSpot、VMware、谷歌虚拟纸盒（Google Cardboard）、Facebook 及 GoDaddy 的行动派女性们的会面的结束。当我们走向派对入口时，我们看到的等待登记入场的队伍更像是在洛杉矶一家时髦的新俱乐部的天鹅绒缆绳后面看到的人群——美丽的年轻女士，长发飘飘，身着亮片短裙，脚踏"恨天高"，说说笑笑，相互拥抱，看起来因为被同类人环绕而兴高采烈。在这些女人身上，你看不见书呆的影子。她们活力四射，盛装打扮，兴奋地分享着对计算机的热爱。

团队中的公共关系部长玛德琳·肖（Madelyne Xiao）身穿一条喜庆的红裙迎接了我们。她当时是一个热爱数字人文学科的大二学生，正在研究科技在语言学、文学和设计中的应用。她兴高采烈地告诉我们组织预计将有500人参加，打破了其五年来出席人数的历史纪录。"她 ++"领导团队中的大部分成员都在场，忙于组织抽奖、登记入场，保证所有事情按计划进行。而之前六个月都在曼哈顿为帕兰提尔的项目工作的阿纳也乘飞机过来，同神秘嘉宾特拉·瓦瑟洛（Trae Vassallo）一起主持了一场"炉边谈话"，一如既往地沉稳而亲切。特拉是斯坦福大学机械工程学 1994 届毕业生，也是凯鹏华盈的前合伙人，此前不久发表了《硅谷里的大象》这篇记录硅谷中性别歧视现象的调查报告。

特拉的评论获得了很好的反响。阿纳请她讲讲自己的故事，并为大家提供关于职业生涯的建议。不过，由大一新生尼什塔·巴蒂亚（Nishtha Bhatia）所作的关于她在"她 ++"中找到的集体以及新收获的行动主义的两分钟演讲获得了最热烈的欢呼。两年之前，尼什塔曾是在场的高中女孩中的一员。她说起"她 ++"是如何极大地开拓了她的视野，让她看到在科技界工作的各种可能性——以及这里的成员们是如何欢迎她加入这个姐妹会的。尼什塔身穿带着闪亮伞裙的鸡尾酒裙站在讲台上，微笑着坦白，在童年时期，她从未认识过任何一个在计算机行业工作的女性，因而就假想科技是父亲们的职业。在 16 岁的时候，她作为高中三年级生参加了"她 ++"的峰会，对此有了不同的认识。那次经历推翻了她以前的所有假想，向她展示了这个行业中有像她一样的人的容身之地。"她 ++"激起了她对科技的热情，唤醒了一种新的使命感——这种使命感是如此强烈，必须拥有其专属的后现代标签。

"今天，我是一名 STEM 士，"她在越来越响的掌声中宣布，"从今往后，一直如此。"

· 注释

① "This Day in History: August 7," Computer History Museum, http://www. computerhistory.org/tdih/August/7/; "Timeline of Computer History: Harvard Mark 1 Is Completed," Computer History Museum, http://www.computerhistory.org/timeline/1944/; Allison McCann, "The Queen of Code," *FiveThirtyEight*, January 28, 2015, http://fivethirtyeight.com/features/the-queen-of-code/.

② 梅根·史密斯在 2016 年国际消费类电子产品展上发表的评语；卡伯特于 2016 年 10 月 25 日在对白宫科学与技术政策办公室传播主任与高级政策顾问克里斯蒂·D.李 (Kristin D. Lee) 进行的电子邮件采访中确认。

③ Stuart Zweben and Betsy Bizot, "2015 Taulbee Survey: Continued Booming Undergraduate CS Enrollment; Doctoral Degree Production Dips Slightly," *Computer Research News* 28, no. 5 (May 2016): 21, http://cra.org/wp-content/uploads/2016/05/2015-Taulbee-Survey.pdf; National Center for Education Statistics, "Degrees in Computer and Information Sciences Conferred by Degree-Granting Institutions, by Level of Degree and Sex of Student: 1970—71 through 2010—11," table 349, *Digest of Education Statistics*, http://nces.ed.gov/programs/digest/d12/tables/dt12_349.asp, accessed September 2016.

④ Oliver Staley, "Harvey Mudd College Took on Gender Bias, and Now More Than Half Its Computer Science Majors Are Women," *Quartz*, August 22, 2016, http://qz.com/730290/harvey-mudd-college-took-on-gender-bias-and-now-more-than-half-its-computer-science-majors-are-women/.

⑤ Christianne Corbett and Catherine Hill, *Solving the Equation: The Variables for Women's Success in Engineering and Computing* (Washington, DC: American Association of University Women, March 2015), 78.

⑥ Office of Institutional Research and Assessment, City University of New York, "A Profile of Undergraduates at CUNY Senior and Community Colleges: Fall 2015," May 4, 2016, http://www.cuny.edu/about /administration/offices/ira/ir/data-book/current/student/ug_student_profile_f15.pdf.

⑦ Byron Spice, "Women Are Almost Half of Carnegie Mellon's Incoming Computer Science Undergraduates," press release, Carnegie Mellon University, September 11, 2016, https://www.csd.cs.cmu.edu/news/women-are-almost-half-carnegie-mellons-incoming-computer-science-undergraduates.

⑧ Carol Frieze and Jeria Quesenberry, *Kicking Butt in Computer Science: Women in Computing at Carnegie Mellon University* (Indianapolis, IND: Dog Ear, 2015), 28—29, http://women-in-computing.com/book.php.

⑨ Margolis 和 Fisher 的研究参见：Frieze and Quesenberry, *Kicking Butt in Computer Science: Women in Computing at Carnegie Mellon University*。也可参见：Jane Margolis and Allan Fisher, *Unlocking the Clubhouse: Women in Computing* (Cambridge, MA: MIT Press, 2002)。

⑩ Frieze and Quesenberry, *Kicking Butt in Computer Science: Women in Computing at Carnegie Mellon University*, 32.

⑪ Census data 2014—Calhoun demographics，Calhoun County Profile，compiled by The County Information Program，Texas Association of Counties，http：//www.txcip.org/tac/census/profile.php？ FIPS = 48057，accessed November 9，2016；Brian Hill，"Calhoun County Leading Teen Pregnancy," WJHG. com，October 7，2014，http：//www.wjhg.com/home/headlines/Calhoun-County-Leading-Teen-Pregnancy-278454561.html.

⑫ Ruthe Farmer，telephone interview by Heather Cabot，November 9，2015.

⑬ 斯坦福大学工程学院首席传播官兼校友关系主任迈克尔·弗里德曼（Michael Freedman）称，2012 年计算机专业女性毕业生有 27 名。2015 年则有 43 名。2016 年 11 月 9 日希瑟·卡伯特电子邮件采访。

动员后辈／人才管道宣传者

我们所有人，无论男女，面临的首要问题并非如何学习，而是如何忘掉所学。

——格洛丽亚·玛丽·斯泰纳姆（Gloria Marie Steinem）

你在世界最大的玩具展会上漫步，而身边是那家半年时间就从 Kickstarter 起步、到入驻玩具反斗城（Toys "R" Us）的公司的创始人，她身上如明星般的力量是很难被忽视的。每个人似乎都想和黛比·斯特灵对话。黛比，GoldieBlox 的首席执行官，年轻的发明家，致力于激励如我们的女儿们一样的小女孩们，让她们将自己看作未来的工程师与发明家——新一代科技女性。纽约宏伟的雅各布·贾维茨中心内正举办着 2016 年玩具展览会。黛比骄傲地向国际零售商及媒体展示获得奖项的 GoldieBlox 活动人偶及玩具套装，这已经是她这么做的第四个年头了；GoldieBlox 的超级碗广告以无需道歉的态度呼吁女孩们超越粉色桎梏，站起身来，创建未来，距离那个创造历史的时刻也已经过去两年了。我们很幸运，因为我们在所有热议发生之前很久就开始跟踪她的故事了，否则想要联系上她恐怕会很难。

这场玩具展览会同其 2012 年的前身相比，感觉像是两个完全不同的世界。当时，在一场暴风雪中，黛比从加利福尼亚来到这里，却听说她所有的物料都没法送到，而她唯一的一个销售要搭乘的航班也被取消了。在焦虑之中，她拨通了她的导师、Pictionary 的联合创始人特里·兰斯顿（Terry Langston）的电话，以询问建议。对此，他只是简单地问道："格尔蒂会怎么做呢？"她深吸了一口气。"好吧。格尔蒂可能会跑去五金店，飞快地搭出一个货摊，创造奇迹。"她回复道。而这正是当时 28 岁的她所做的。格尔蒂自然是指 GoldieBlox 的女主角，她穿着运动鞋、套着工装裤、系着工具腰带，同她勇敢的朋友鲁比·雷尔斯（Ruby Rails）一道，和小伙伴们在宝箱镇解决着各种各样的难题。

"在 GoldieBlox 之前完全没有女性工程师角色的存在，这简直太疯狂了。"黛比说，"相对地，我能轻松列出所有那些建筑师小男孩、工程师小男孩、天才小男孩角色，说都说不完。"

她说，事实上，那时候要在玩具展览会上的"技术男孩"区找到一席之地很艰难，虽然当时这个区域可以说是个门可罗雀的荒地。组织者们不知道该怎么对待 GoldieBlox：他们从未见过这样的东西。黛比据理力争，说服玩具行业协会（Toy Industry Association, TIA）GoldieBlox 有朝一日会在产品中加入技术元素，而她也相信它代表着玩具未来的发展方向。短短几年间，很多事情都变得不一样了。当我们走过那一排排现在的时兴玩具——机器人、遥控飞机、编程游戏、电路套件——时，她发出感慨。

我们停下脚步，她快速地领走了所有这些玩具。她说："每个摊位都同 STEM 有关。其中许多都是围绕女孩设计的。这太奇妙了。我想我对于这些是喜闻乐见的。我觉得，当我创立 GoldieBlox 时，我知道有一个很大的鸿沟。很显然这是必须做的事情，想都不用想。现在这太疯狂了。太酷了。我们能帮上忙真是太棒了。我想我们之前帮助验证了市场。因此现在人们可以说，'噢，好。这么做是明智的'。"

当她浏览着新产品和活动时，设计师与销售代表们冲过来打招呼。他们询问着她下一步准备做什么，对她倾诉着他们自己的 Kickstarter 努力。她评论说众筹为人们开启了很多扇门，让他们能够筹集资金，试验自己的创想。从很多意义上来说，她的活动定下了标准。黛比低调地身穿一条黑白印花裙，脚踏黑色平底鞋，略施粉黛，看上去落落大方。她向女性动作英雄"元素女侠"（IAmEle-mental）的女性制作者们询问情况，热情地邀请她们去 GoldieBlox 的展台看看。其他几位希望跟随黛比步伐的女性发明者们拦下了她，向她问好，希望听取一些意见。其中一位正在为制作中性赛车套件的 RaceYa 工作，还有一些人来自 Blink Blink，这是一家提供带有用来制作电路的导电线和 LED 灯的缝纫套件的公司。极客女孩社交网络正在全力运转。

不久前，黛比被美国零售联合会提名为其 2016 年度颠覆者——"真正打破现状的独创者们，创意够狂，因而可能就此成功"——作为该机构"改变零售未来的人们"(People Shaping Retail's Future)年度名单的一部分。联合会中的一名董事米切尔·莫德尔（Mitchell Modell）是地区性体育用品连锁店 Modell's 的首席执行官，也是黛比的一位和蔼可亲的导师。他曾造访那家巨大的玫红色与绿松石色的"宝箱店"(Blox Shop)，店中摆着一排排货架，货架上放着格尔蒂与鲁比的动作人偶，店里的一台电视循环播放着格尔蒂及其朋友们的动画片。他对这位他称之为自己的三女儿的年轻女子赞不绝口，然后同她走到一边进行了一场短暂的密谈。GoldieBlox 的系列玩具摆放在 6 000 家店铺中，在超过 100 万女孩们的手中；视频制作应用被下载了 100 万次；拥有一套由兰登书屋（Random House）出版的系列童书；甚至在梅西百货的感恩节游行中接连三年都出现了 GoldieBlox 的巨型气球——黛比似乎正沿着她为 GoldieBlox 计划的下一阶段发展道路前进：让公司发展成一个像爱探险的朵拉（Dora the Explorer）和巴布工程师（Bob the Builder）那样的全球品牌。①

"到时候就会有 GoldieBlox 服装、GoldieBlox 手工艺、GoldieBlox 电子游戏。"当我们同她的研发部长一起散步时，她列举出各种授权产品的点子。她的长远目标之一是让 GoldieBlox 动画化。公司曾在 YouTube 上发布过两支短片试水，看看动画化后的反响。不过一直以来她都用谨慎的态度对待品牌，甚至断然拒绝了在公司发展早期前来表达合作兴趣的迪士尼和其他好莱坞工作室。她不愿失去创意上的控制权。两个月前，当我们得以一窥格尔蒂在现实中的工作室——位于加利福尼亚奥克兰的公司总部——的幕后真容时，她曾解释道："对我而言，GoldieBlox 本质上是一个社会使命，因此，和一家娱乐公司做生意，把 GoldieBlox 的卡通版权拱手相让，这让我感觉不太对，因为我不知道他们要对这个品牌做什么。目前，在今天看来，它的销量相当好，但（当时）我不能冒这个险。我只是说：'好吧。等等吧。是的，以后会有卡通的，也会有所有其他的东西，但我需要对成品有控制权。'"

黛比承认，她一直都希望格尔蒂能够成为榜样角色，她将这个生机勃勃的角色塑造成最好的自己，不惧失败、敢于冒险，一个在计划赶不上变化时拥抱挑战、解决问题的女孩。对于自己努力之路上的酸甜苦辣，她总是对我们很坦诚。在由其丈夫博制作的那个关键的 YouTube 视频《公主机》（*Princess Machine*）中，三个幼儿园阶段的孩子们制作着一个鲁布·戈德堡（Rube Goldberg）* 设备，演绎了野兽男孩（Beastie Boys）的歌曲《女孩》（*Girls*）的女权主义改编版本。这个视频获得了媒体的广泛关注，但也将黛比卷入了和该乐队的版权纠纷中，最后为了解决这件事情，她支付了未公开数额的费用。早些时候，她的公司接受将配件不合适的玩具寄回，退换成新玩具；还会为任何购买过产品的客户附上个人短笺。② 虽然 GoldieBlox 在其激励人心的超级碗广告之后收获了各种各样的赞誉，但最早的一些关于玩具本身的风评并不算好。有些家长认为这些产品名不副实。他们抱怨 GoldieBlox 和旋转机器（Spinning

---

* 鲁布·戈德堡机械（Rube Goldberg machine）由美国漫画家鲁布·戈德堡在他的作品中创作，后来用来指代用复杂的步骤完成简单的工作的设备。《公主机》视频中的三个女孩就用了各种机关、滚球和轨道，最终让播放粉红色公主节目的电视换台到 GoldieBlox 的动画画面。——译者注

Machine）对于其 5—9 岁的目标群体来说过于简单了。

　　"就是曲柄、线轴和转来转去的一些东西，所有这些被有些令人困惑、不太能令人信服的故事线凑到了一起。搭建的过程也不太吸引人。我的女儿花了半小时、试了一两次就做完了。"一个名叫阿曼达·克莱曼（Amanda Clayman）的家长在 2013 年的一篇 Tumblr 帖子中这样写道。"我也不想给女权主义泼冷水的。"③

　　黛比和她的团队进行了重组。他们对目标受众进行了重新评估，对制作工艺进行了一些改进，努力弄清怎样才能做得更好。黛比说，不懈努力的精神是她的一部分。

　　跳出传统的思维框架也是她的天性之一。她一直都喜欢艺术，喜欢用家里能找的任何材料进行创作。她的祖母是最早的几位女性漫画家之一，也是马古先生（Mr. Magoo）的创造者。黛比曾立志成为一名像她祖母一样的艺术家。黛比在罗得岛州的一个小镇长大，她会用硬纸板和锡纸做出万圣节服装，还会和父亲一起用糖果包装做出城堡。不过，她从未想过她是在做工程相关的事情。事实上，当这个全优生申请大学、打算报名斯坦福时，她的高中数学老师建议她考虑工程学专业。黛比当时觉得这个女人疯了。

　　"我很尴尬，因为我甚至不知道工程学是什么。我以为它是老头儿修理火车发动机之类的，我就认为只是给男生们学的，而我一直觉得自己是一个比较有创造力的人。"在 2012 年那次成功的 Kickstarter 活动胜利几个月后，她对我们说。

　　脑海中回响着数学老师的声音，她来到了斯坦福，报名了机械工程学 101。这门课完全不是黛比想象的样子。她建造着机械，然后立刻清晰地看见了数学、问题解决、艺术与设计的交汇。工程学结合了许多她喜欢的东西。她决定要选择机械工程学与产品设计专业——随后，她发现自己是课上屈指可数的几个女生之一。这很难，她常常想要放弃。她后来才知道，她在课上之所以觉得很挣扎的部分原因是她缺乏空间能力，即想象三维物体及其与其他物体在空间中的关系的能力。当某天她的某个老师在全班面前羞辱她之后，这一点变得清晰起来。那是在透视绘图的期末考试上。能上这门课，她曾很激动，因为她热爱绘画。当时，老师让所有人将自己的作品贴在教室的墙上，这样他们就能相互检查成果。当他走到黛比的绘图前，指着它，要求这个大多数为男性的班级的全班同学举手表决黛比值不值得通过考试时，她吓坏了。

"我哭着走了出去。我觉得我想放弃。"她告诉我们。但班上的一个男生站出来维护了黛比。后来这个男生告诉她说她不应该放弃，说她可以努力，可以训练自己更好地理解空间关系。她后来才得知，这是一种通常可以在幼年时期通过玩乐高（Legos）或Erector Set（建筑拼装玩具）这些目标受众多为男孩的玩具来培养的能力。这件事更激发了她读完这个项目的决心。

在课堂上被点名的羞辱记忆并未阻止她前行，但当她在旧金山求职时却萦绕不去。她一开始入职品牌与设计行业，但发现这份工作并不能使她满足。她想从印度寻求灵感，于是在那里生活了六个月，为一家非营利机构工作。她渴望一条有着更伟大的目标的道路。为此，旅行回家后，她和一群在湾区创业的朋友们开始聚在一起，进行被他们称为"点子树枝"的活动，对于他们人生中所有真正想做的事情进行头脑风暴。

"每个人都会有五分钟的时间站起来说自己将会如何改变这个世界。我的朋友克里斯蒂（Christy）开始抱怨，她和三个哥哥一起长大，只能玩他们的二手乐高。她不喜欢这些玩具被认为是属于她哥哥们的，而不是她的。"黛比告诉我们这是她发现自己使命的时刻。为女孩制作属于她们的工程类玩具——这个主意让她着迷。在喝完咖啡之前，黛比就对她的斯坦福大学工程学同学克里斯蒂吐露道，她觉得自己可能想用一生来制作那些她们儿时渴望的玩具。

她和克里斯蒂立刻开始利用夜晚和周末的时间苦心钻研这个项目，耗费了九个月的时间。她们将第一个版本称为 Grapple。到了 2011 年 12 月，黛比辞掉了工作，押上了一切。她想用一整年的时间全力一试。她拜访那些将玩具分为粉色和蓝色走廊的玩具店，从中获取灵感；从学校和湾区超过 40 个允许她观察年幼的女儿玩耍的家庭中，她搜集着重要的见解。她立刻注意到女孩们喜爱阅读和讲故事。

2012 年春天，克里斯蒂决定不放弃自己白天的工作，于是黛比独自一人继续建设公司，不过她说两人仍然是好朋友。那时候，黛比确信了要为女孩们做出一个拥有引人入胜的故事线的工程玩具。她仔细查看了关于玩具性别分化的研究，得出结论：如果她想要女孩们建造东西，她需要一个能够吸引她们的角色，还需要一个留住她们的剧情。她已经用需要通过搭建简单的机器来解决问题的角色做了一些试验。她亲自撰写并绘制了她的第一本故事书——《GoldieBlox 与旋转机器》——并开始把它带到女孩们面前。最初，她想把工程制作活动和书本身结合在一起：一条女孩们需要缠绕在转轴上、做出皮带驱动机的缎带。但这个原型有一个大问题——如果不解开缎带，孩子们就翻不了书。

"这只是在测试最初原型的过程中发生的许许多多恍然大悟中的一个例子。"她说。

玩具展览会两个月后，一个下着雨的午后，当我们前去黛比的办公室拜访她时，我们见证了最新的灵光一现。这是个有趣的办公室，头顶悬挂着薰衣草紫色和绿色的纸灯笼，玫红色的横幅上写着"按照自己的准则生活"，而其两名25岁的团队成员正在测试一个她们希望成为今年王牌产品的全新纸板原型。年轻的女士们思虑周全地参考着一张展现一个小孩建造的新娃娃屋会是什么样子的照片。她们用轴杆和点券做实验，测试一个6岁的孩子要花多久时间用零件为格尔蒂拼出一张可以变成机关门的床。所有的玩具组件都要设计为模块化的，这样孩子们就能按照自己的想象搭建出自己想要的东西。要做到这些，就需要设计师用孩子的方式思考。

我们后来得知，团队曾希望在圣诞节之前将这个名为 Invention Mansion 的产品投放市场。结果他们得到了一次教训。黛比告诉我们，和预想中相比，这个拼接式的娃娃屋实在过于艰巨且昂贵。他们实际需要18个月的时间来做好它，但却只给了自己不到一半的时间。因此他们叫停了这个产品的生产，为节日假期赶工制作了一系列迷你套件作为替代品。当这个拥有350个零件的"反常规娃娃屋"终于在玩具展览会上登场时，我们在纽约。在这之前，它还在《好管家》（*Good Housekeeping*）杂志上赢得了"2016年最热门节假玩具"的荣誉。这仅仅是黛比同团队一起部署年度计划、大步向前的过程中的一个小状况。

"从旁观者的角度来看，我觉得（作为一个创业者）是一件光彩夺目、美妙非凡的事情，但真相是每一天都举步维艰。时不时地，退后一步，能够真正庆祝、感激现有的成果，这对我来说是一种奢望。比起真正乐在其中、喘息片刻、感激现状，我更需要尝试更多、做得更多。"在我们造访其办公室的那天，她沉思道，然后赶去参加另一场营销会议。

六个月后，在 2016 年的夏季，Invention Mansion 投入了市场，新书付印，名为"玩具黑客"（Toy Hackers）的 YouTube 系列视频即将播出，她的电视动画们开始发芽结果，33 岁的黛比告诉我们 GoldieBlox 的下一个疆域将是编写代码。格尔蒂的故事线已经包含了机械工程的概念，但一个格尔蒂和鲁比开始经营杯子蛋糕公司的新应用和一个横冲直撞的火箭动力滑板正在设计之中，旨在吸引最小 4 岁的女孩学习编程。大家发现鲁比——格尔蒂那位酷酷的挚友——拥有超能力，这个超能力就是计算机编程。

"她是个程序员，也是个非裔美国人，还热衷时尚，这就像'哇噢！一个人能又时髦又懂代码吗？能！'我想，让这件事情变得寻常，让孩子们带着这样的想法长大，意义重大。"黛比考虑到影响时这样说。

这的确意义重大——特别是对于我们的三个女儿来说。2011年，当我们开始为这本书做研究时，她们正好处于 GoldieBlox 的受众年龄段。榜样绝对是启发数字一代——从小开始使用计算机和因特网的孩子们——让她们将自己视作明日的科技女性的关键因素。随着 GoldieBlox 不断试着将受众范围从学龄前儿童扩展到更年长的女孩们和少女们，它作为一个游戏改变者品牌获得了成功，而且通过 Kickstarter 筹募种子资金，激励了许多创业者带着为女生或中性市场设计新工程主题玩具的想法加入市场。这些包括 DIY 套装甚至智能珠宝等，都激发了对 STEM 的兴趣。吸引中学女生的兴趣成为了一个特别受欢迎的目标。2012 年一份针对美国女童子军的报告影响了玩具制造商、教育家与创业者等。④ 这份报告强调，青春期前的女孩，特别是有色人种或背景劣势的女孩们常常会遭受"男生的数学和科学比女生学得好"这种刻板印象的影响——即便标准化测试得分显示在这些学科中同龄的女生要比男生优秀。⑤ 中学被认为是一个危险的时段，女生会在这时渐渐偏离 STEM 的道路。随着我们自己的女儿们现在渐渐迎来了她们的青春期前年龄段，我们希望见一见这两位女性。她们正以其女性化的科技视角，在着手解决这一臭名昭著、变化无常的年龄阶段中的问题。

·让科技在青少年面前变得酷起来

当萨拉·奇普斯（Sara Chipps）和布鲁克·莫兰（Brooke Moreland）第一次介绍她们用来激励青春期前孩子们学习编程的伟大创想时，她们从目标受众那里得到了一个令人吃惊的反馈。这对合伙人本以为中学生们会爱上那种可以自行编程以随着服装变色的智能友情手链。与此相反，女孩们翻了个白眼。

"她们说，'听上去真的很傻。我们绝不会那么做的'。"34 岁的萨拉回忆着 2014 年她和布鲁克一起设计真正会让女孩们渴望的产品的漫长过程。那时，"编程女孩"（面向青少年女生的编程课程）已经启动并运行三年了，编程网也提出了名为"编程时刻"（Hour of Code）的全国倡议，让计算机在年轻人眼中不再那么神秘。"编程很酷"这个观点开始普及起来，因此这两位发明者决定继续着手做出一个能够吸引青少年女生的全新玩具。

她们用了几个月的时间，在纽约市各处的女童子军部队、教室和课外活动中倾听女孩们的想法。灵光乍现的那一刻出现在某个下午，当时她们正同一群五年级学生们一起为一次筹款活动拍摄视频。布鲁克和萨拉注意到，十来岁的孩子们谈起同学时会使用某种暗号——会用长长的、详细的字母缩略词来描述不同群体的孩子们。这引起了萨拉和布鲁克的极大兴趣，女孩们最后在白板上画了一个复杂的图标来描绘全校的社交层级。

"她们就这样带领我们进入了她们的世界，甚至向我们展示了她们的群聊记录并解释了所有内容的含义。"布鲁克说。就在那一刻，两位发明者决定了她们的产品——Jewelbots——必须以人际关系为核心，要以女孩们（以及男孩们）通过讯息及社交媒体进行的现有交互方式为基础来制作。

"我们和她们聊了聊，听到的都是一样的内容：友情、朋友、和我的朋友们联系、聚会，（这些都是）对她们来说很重要的事情。"戴着一个低调的鼻环的萨拉说。"我们并不是为了自己来构建这个产品。如果说我们从这整个多元化运动中学到了什么的话，那就是如果你要为他人构建任何东西的话，就要倾听他人的想法。"

经过了八次产品迭代后，这个手链现在以友情为核心。孩子们可以作出设定，当有带着串饰手链的朋友在附近时，让手链亮起来。她们可以通过一个基础编程课程应用，用"嗡嗡"声和闪光来创造自己的暗号和类似摩斯密码的代码，如果她们连上电脑，就可以学习并运用更高深的指令。同黛比·斯特灵一样，Jewelbots 的创始人们向 Kickstarter 申请募集她们的第一笔资金。萨拉和布鲁克在 2015 年筹集到了超过 166 000 美元来制作原型，并在过程中请孩子们为她们希望出现在手链上的串饰进行投票，让她们全程参与其中。第一个版本的手链上会有青色的花朵或绿色的机器人，搭配中性灰、霓虹黄或西瓜粉的编织手链。通过吸引孩子们及其朋友们，她们希望青少年们会自然而然地想要一直把玩手链并创造更多进阶玩法。萨拉和布鲁克说，这个玩具的实体感能够让编程在孩子们眼中变得鲜活起来。

"编程很枯燥，让它变得有趣是非常难的，而如果实际中有个东西能让你即时地看到编程的效果，它就会变得有趣得多。"萨拉解释道。她 12 岁时自学了编程，后来在宾夕法尼亚州立大学读了计算机科学专业。童年时期，她在她新泽西的家中接受家庭教育。在 10 岁或 11 岁的时候，她的父母带回了家中的第一台电脑和拨号式调制解调器，从此种下了技术专家职业生涯的种子。但真正促使她走上这条路的则是纯粹的社交因素：她在本地留言板上与其他孩子们网上聊天，最后开始和他们一起玩角色扮演游戏。等到升了高中、上了第一节计算机课，她被深深地迷住了。

"我报了一个 C＋＋ 班，那是第一件让我觉得'这太合理了。我真的很喜欢。我一直都想做这个，无论这是什么，这都是我一直以来想做的事情'。"她一边回忆起发现热衷的事情的情形，一边露出微笑。

当我们造访 Jewelbots 的办公室时，我们差点就错过了那扇难以描述的金属门。这扇门通向威蒂兄弟老楼，这栋位于曼哈顿下东区的建筑原本是一座服装厂旧址，里面有一个老旧的电梯，管理电梯的男人只会说中文。这栋建筑临街的那层属于一家有着红黄招牌的福聚楼中餐馆（Sunrise Chinese Restaurant），位于几栋巨大的公共住宅楼的阴影之下。街对面是一所纽约市的公立高中，说着 18 种不同语言的学生们在这里上英语课。在这个街区，追寻着美国梦的移民们居住了几个世代，这在我们看来隐隐似有深意。

刚刚走进 Jewelbots 那间明亮的办公室，我们就注意到了在合伙人们面对面的办公桌旁的靠窗座椅上有个白色的靠枕，枕头上印着谢丽尔·桑德伯格的标志性照片和用黑体写的一个问题：W.W.S.D.?(谢丽尔会怎么做？) 当我们听说萨拉和布鲁克是在纽约如雨后春笋般涌现的科技聚会上相识的时候，极客女孩们的社交网络再次赫然出现在我们面前。她们二人都是一个被称为 TheLi.st 的地下组织的成员，她们想一起合作也有很久了。当她们最开始在 Kickstarter 上募资时，TheLi.st 正齐心协力地宣扬着自己的理念。TheLi.st 成员们伸出援手，在布鲁克和萨拉测试手链的早期原型时让自己的女儿们参加 Jewelbots 的焦点小组。而天使投资人乔安妮·威尔逊———一位资深的 TheLi.st 成员——给公司提供了资金支持；在公司的创始人们从纽约著名的"科技之星"训练营毕业后，她成了她们备受信赖的顾问。

　　萨拉一身波希米亚印花衣服，常常变换头发的颜色，是一名资深的软件开发员。早在她在曼哈顿一所名为"熨斗学校"的技术学校担任首席技术官时，她就站在了这场降低女性编程学习门槛的运动的前沿。她创立了"女孩开发"（Girl Develop It），一个帮助女性成为软件开发员的全国性非营利机构。在由男性主导的软件工程界，她曾是一个边缘人。萨拉还记得她第一次参加大型开发者大会时心揪得紧紧的感觉。当时她被邀请同一群中年男子一起喝酒，其中一个男人喋喋不休地讲述着自己和妓女之间的风流韵事。其他男人们则盯着自己的脚尴尬地挪动着。她不想表现得很粗鲁，因此没有打断这个混蛋，不过她并没有让这个不愉快的瞬间阻止自己参加其他科技活动。她说她最终找到了一些非常支持自己的男性导师与同事们。但那次事件，连同其他几件她不愿向我们透露的事情，激励了她为科技业女性出力的决心。

　　留着齐肩的金褐色头发的布鲁克则来自完全不同的背景。在得克萨斯大学奥斯汀分校，她放弃了她的第一门计算机科学课。同我们见过的很多年轻女性一样，她满怀激情地加入了一个典型的计算机入门班，结果课程的教学模式让她感到越来越气馁。教授好像在说外语一样。学期开始后几周她便离开了，直到后来想建立一个时尚科技创业公司时她才回头想起这门学科。在纪实电视和纪录片行业做了几年编辑后，这个得州人利用晚上和周末的时间自学了基础编程，并于2009年开始经营自己的公司。公司的名字是Fashism,

后来发展成了一个流行的手机应用，让用户能够在试衣间拍照并寻求朋友们对所试服装的意见。

"我似乎在这些女孩们身上看到了自己的样子，"布鲁克说，"我希望在我年轻些的时候有这样的产品。我希望我不用等到已经身在职场后才知道编程是什么，以及它能如何帮助我让公司成长。我希望在我年轻些的时候就能够知道这些。这就是我对它的看法，也是为何我对它有如此热情的原因，因为我想让年轻的自己拥有这样的产品。"如今，Jewelbots 即将推出其第一批 5 000 份手链，她们坚信青春期前的孩子们是自己产品的完美受众。萨拉注意到，这个年龄段正是女孩们对数学和科学失去兴趣并更关心自己的服饰和男孩的时候。萨拉和布鲁克认为，10 岁、11 岁及 12 岁是女孩们得到激励、考虑在未来从事科技行业的黄金年龄。这时的她们尚未产生高中学生的愤世嫉俗和自我意识，并且仍然对所思所想直言不讳。换句话说，布鲁克表示，这些年轻人"在认知上足够成熟、足够聪明，能够吸收这些概念，但仍然较为无畏、不会过度担心自己的形象。我想这是最有效的入手点"。

虽然玩具能够为像我们的女儿们一样的女孩们提供许多新鲜有趣的方式来把玩、实践工程学与计算机学，但想要消除科技行业的性别鸿沟，靠 250 亿美元的北美玩具市场的力量是不够的。⑥根据科技业领袖、政策制定者和倡导者们的观点，学校该如何应对下一代的计算机科学教育挑战是拼图中重要的一块。我们的女儿们上学的纽约郊区和旧金山外围的公立小学，编程并不被包含在日常课程中。为了让我们的女儿们接触计算机编程知识，我们搜罗了一系列的课外俱乐部、训练营和课程。这也是我们开始为这本书做研究的原因之一。我们困惑而沮丧地发现，我们的社区和学校并不能提供更多。在本书撰写之时，根据编程网的数据显示，每四所美国学校之中只有一所提供计算机科学教育。这个数据很重要，因为相较于男生，在高中学过计算机科学 AP 课程的女生在大学选择计算机科学专业的可能性会增加 10 倍。⑦不过，现在出现了一些鼓舞人心的改变迹象。2016 年 1 月，白宫宣布了一个总统计划，准备从预算中申请 40 亿美元，在全国范围内推广计算机科学教育。⑧一些主要城市学区已经开始朝这个方向发展了。2015 年 6 月，旧金山联合学区宣布将向从幼儿园之前到 12 年级的所有学生推广计算机科学课程。9 月，纽约市宣布，该市的"全民计算机科学"(Computer Science for All) 倡议承诺将在 10 年间投入 8 100 万美元，用来向所有学生推广计算机科学教育。⑨在 2016 年 2 月，芝加哥公立学校为 2020 年的课程制定了计算机科学要求。其中的讯息是：要在 21 世纪的职场中取得成功，计算机科学同阅读、写作和数学一样重要——随着纽约的科技创业越来越有同硅谷分庭抗礼之势，这些职业空缺也正是纽约迫切想要填满的。⑩

　　"如果我们仍然生活在农耕社会，我们就会教孩子们务农的技术。现在我们真的需要直面现实了，那就是无论我们学校里的孩子们以后要从事何种职业，计算机都将是他们必需的技能。"纽约市前首席技术官米内尔娃·坦托科（Minerva Tantoco）说。纽约的公立学校系统中有 100 万名学生，是美国学生数量最多的。而米内尔娃正是纽约向这些学生提供计算机课程的幕后推手。"让所有人都能接触（计算机科学），让那些家中没有电脑、不愿在周末和朋友们进行极客活动或不玩电子游戏的人们面临的隔阂状态得到削弱。答案就是学校。"

· 让消费者变成创作者

在距离 Jewelbots 办公室不远的地方，在萨拉和布鲁克 2015 年10 月完成 Kickstarter 的融资约一个月后，四年级和五年级的学生们正在学习如何使用一种刚刚开始进入纽约市教室的工具来编写代码。Vidcode 通过一种孩子们熟知并喜爱的活动来吸引他们——用智能手机自拍及拍摄视频。女童子军们从布朗克斯、布鲁克林和斯坦顿岛来到曼哈顿，花费了一个上午的时间与队友和其他人一起玩Vidcode。这些参加"科技果酱"（Tech Jam）的 10—11 岁的孩子们两人一组专心致志地工作，通过创作自己的搞笑视频并分享给朋友们，她们掌握了构建编程模块的技巧。同 iMovie 这样需要用户通过点击鼠标来执行指令的典型编辑软件不同，Vidcode 将孩子们带到了幕后，向他们介绍了告诉电脑做什么的语言。当他们需要添加音乐、文字或带有 Instagram 那样的滤镜特效时，他们需要建立一个编程模块。管理大纽约区女童子军的托米卡·罗德里格斯（To-mika Rodriguez）说，看着女孩们建立这种联系是一件很奇妙的事情。快到中午的时候，女孩们已经成了使用技术的创作者们，而不仅仅是消费者们。

"通过视频来学习编程，是学习一项高难度技能与像日常生活中享受这个过程那样乐在其中的完美结合。"托米卡告诉我们，"我还记得她们的神情，记得她们在完成时是多么坚定，这是一种全新的思路。"

这样的结果正是亚历山德拉·迪拉克斯（Alexandra Diracles）在 2013 年想出 Vidcode 这个点子时设想的样子。这位充满艺术气息的专业摄影师被朋友们称为亚利（Allie），她当时在纽约大学念研究生，正在上她的第一门计算机科学课。在此之前她从未接触过编程，也没有丝毫的兴趣，上这门课只是为了跟上自己所在领域的潮流。当时她也抱着那种让许多女性放弃的对计算机科学的误解——那就是计算机科学会很无聊，缺少合作，而且显然毫无创造性。虽然她在艺术领域工作，但她所在的行业从模拟形式飞速转为数字形式，而她希望跟上发展的步伐。不过，计算机科学的创意程度震撼了她。到了研究生的第二年，她已经沉迷于用代码创作艺术，而且不断感叹没能早一点了解这门学科。

就在那时，她冒出了那个点子。她通过在课上使用电子编辑工具找到的创造性或许也可以成为吸引女孩们学习计算机科学的一个有效方式。亚利知道年轻女孩们已经在 YouTube、Instagram 和 Snap 上创造着无数内容。感谢米歇尔·菲等 YouTube 名人和 Pinterest 等视觉分享应用的大热，在使用社交媒体来表达自我这方面，青少年女孩们远远领先于男孩们。[11] 如果女孩们已经接受了使用科技来表达自我这个观念，为什么不干脆揭开科技的面纱，向她们展示它实际是如何工作的？亚利的论文主题就此变成了"通过'自拍记录'进行青少年编程教育"。

　　随后，亚利听说了一场软件开发者和创业者一起就科技教育策略问题展开头脑风暴的创业黑客松，这个高挑的深色头发中西部人认为这可以成为研究的好机会。这是一次意外发现。她遇见了她的合伙人梅莉莎·哈尔丰（Melissa Halfon）。梅莉莎是一个曾在交易市场工作过的数学家，也渴望为让女孩们对科学、数学和技术产生兴趣出一份力。她们结合了各自的想法，并同 UX（用户体验）软件开发员莱安德拉·特耶多尔（Leandra Tejedor）进行了合作。三人都对建立面向青少年女孩们的软件平台充满热情。她们不眠不休地工作了一整个周末，赢得了黑客松的头奖。不久后，她们展开了一场 30 000 美元的 Kickstarter 活动来为 Vidcode 的建立募资。在这个过程中，她们苦苦研究着"编程女孩"及其他研究科技行业性别鸿沟的组织的研究报告。并且，她们不断地同十来岁、二十来岁的青少年、青年对话。正如 Jewelbots 的创始人们在年轻女孩们身上得到的发现一样，亚利、梅莉莎和莱安德拉发现年长些的女孩们也渴望进行社交类的活动。

　　"她们告诉我们自己想和朋友们一起进修（学习编程），变得富有创意、善于社交、缜密严谨。"亚利说。她在明尼阿波利斯市中心长大，在那里，她自豪地在她所在的市中心高中创立了第一个女权协会。一直以来，她如热爱艺术一样热衷于社会公平问题——因此，不足为奇地，现在她领导着自己的基于使命感成立的公司。

　　那时是 2014 年，而作为未来必需技能，编程正在家长们和教育者们之中成为一个紧迫的话题。学者们及学校的工作人员们认为，公立学校中拥有计算机科学教学资历的教师短缺，是在更多学生群体与学校中推广该课程面临的最大阻碍之一。而创新教育解决手段的市场正在快速打开，且师出有名。包括康奈尔科技校区（Cornell Tech）K-12 教育高级主管黛安娜·莱维特（Diane Levitt）在内的教育家们告诉我们，在各学区努力培训更多教师的同时，Vidcode 这样的软件是公立学校计算机科学教学中一个重要的应急措施。

"这是一种教师们可以分配给学生们的工具；在没有计算机科学家担任老师的情况下，学生们可以通过这种工具来学习。"她解释道，"教师们可以辨识出作业成品——是一个视频，而非几行代码——还可以从操作面板获知学生们学到了哪些关于代码的知识。"

2015 年，亚利、梅莉莎和莱安德拉获得了一笔来自英特尔的投资，并开始同女童子军、一个名为"升级村"（Level Up Village）的课外项目及纽约市本地公立学校进行合作，Vidcode 信心大增。而以典型的极客女孩风格，黛比·斯特灵在自己位于奥克兰的工作室招待了这个团队，并为亚利和她的员工们作了一些关键的引荐。

经过三年的发展，Vidcode 达到了一个新阶段，亚利、梅莉莎和莱安德拉开始创建一个从六年级一直到十二年级的七年项目。在本书撰写之时，从田纳西州的麦克明维尔，到新泽西州的里弗代尔，再到加利福尼亚州的奥克兰，Vidcode 被美国 10 000 所学校采用。当奥巴马总统在他最后的国情咨文中推出其未来雄心勃勃的计算机科学倡议时，他呼吁各州制定计算机科学教师培训计划。在本书撰稿之时，虽然这个提案的预算很难得到美国国会的批准，但美国国家科学基金会承诺将在五年中为全国各地教师的培训和课程的发展提供 1.2 亿美元的资金。⑫ 亚利希望未来 Vidcode 软件能让教师们无缝地将计算机科学融入诸如历史、社会学、英语和视觉艺术这样的人文课程。而她希望推广到更多女孩当中的目标很快地在 2016 年夏天看到了实现的曙光：她的团队入选了著名创业加速器 YC 的培训项目，并从该项目中得到了 120 000 美元的投资。亚利、梅莉莎和莱安德拉搬到了山景城，用了四个月的时间继续在各学区构建用户基础，离她们在 2018 年前对 2 000 万女孩进行编程教育的目标又近了一步。

"我们想看到女孩们和她们的父母讨论（编程）。我们想让女孩们同她们的朋友们讨论它。我们想让她们的 Vidcode 经历引发这样的对话。"亚利说。

·制作可缝合电路的火箭科学家

亚利通过电影制作带来的自我表达与创意制作，也正是工程师妮可·梅西尔（Nicole Messier）认为能为女孩们打开一扇通往科技的强有力的门户的东西。与计算机与代码不同，妮可的工具更具象：织物、针、线。28 岁的妮可是 Blink Blink 的联合创始人，这是一家销售具有工程特色的手工套件的公司。

如果你曾看过在 2015 年纽约时装周上首次亮相、由扎克·波森（Zac Posen）设计的那条不可思议的连衣裙的视频，你就能看见时尚与科技碰撞后的可能结果。这条连衣裙上装点着由粉色、绿色和蓝色的小小、闪亮的 LED 灯组成的图案，这个电路的建造者是富有想象力的技术专家麦迪逊·马克西（Madison Maxey）。⑬这条裙子现在仍然展示在谷歌的 Made w/Code 网站上，那是一个为激励女孩们学习技术而建的网站。正如这条裙子一样，Blink Blink 在缝纫项目、围巾、托特包及其他用多彩的 LED 灯图案手工装饰的工艺品制作中都结合了电气工程学。

当我们第一次同妮可及她 29 岁的合伙人亚历克斯·托斯蒂（Alex Tosti）取得联系时，她们正在为自己的第一场玩具展览会作准备，她们将在那里展示自己为 8—12 岁的孩子们设计的充满未来感的手工套件。妮可和亚历克斯在帕森斯设计学院做同学时相识。玩具展览会之前，二人刚刚从 Kickstarter 募得 30 000 美元资金。妮可是一名航空工程师，在回到校园进修美术硕士之前，她从未听说过可缝合电路或电子纺织品。和许多我们见过的极客女孩一样，妮可作为自己所在大学的工程学班级中为数不多的几名女生之一，曾经体会过性别鸿沟的影响。她是一名空军空中交通管制员的女儿，从在新泽西军事基地度过的童年时起就喜爱数学和科学。无独有偶，她所在高中的数学与科学 AP 课程的所有老师都是女性。她梦想成为一名宇航员，并决心在乔治·华盛顿大学学习航空工程学专业。然而，她后来意识到自己专业中的女性是如此之少。

"那里感觉就是一个男孩俱乐部。我不认为男生们和我的男性教授是故意让它变成一个男孩俱乐部的，但它感觉就是一个男孩俱乐部。"她说，"而你也的确会时不时地经历那些不合时宜的事情，那时候你应该去报告的对象也会是一个男人。"

两年后，她感到孤立无援，精疲力竭。当她听说美国妇女工程联谊会"阿尔法·欧米茄·艾普西隆"（Alpha Omega Epsilon）在校园举办活动时，她已经填好了转专业申请表。这是一条生命线。现在，她找到了学习小组，也开始认识一些真正的好朋友。她还发现，当不愉快的事情发生时，年长的联谊会姐妹们非常愿意倾听并提供建议。受到这种姐妹情谊的感染，她也想要努力让下一代过得更轻松些。她将这种热情带到了她第一份在德勤（Deloitte）担任技术顾问的工作之中，随后也带到了研究生校园中。2014年，当开始在帕森斯设计学院上课时，她寻找着能够参与到吸引女孩加入STEM事业中的途径。

"我们项目中的所有女性对制作这些奇妙的时尚作品和可穿戴科技项目产生了兴趣，但其中包含了大量的工程学元素。"妮可在告诉我们发现"软体机器人学"的故事时回忆道。"软体机器人学"是一个女性实际占主导地位的高科技领域。"然后我和我的朋友们坐成一圈，说：'为什么我们小时候没有这些？'我之前学过工程学，我从来没有见过这些材料。"

她开始调查电子纺织品在教育中的应用，在这个过程中偶然发现了麻省理工学院媒体实验室高低科技小组的研究。这个小组从2009年至2014年由设计师、工程师兼艺术家利娅·比奇利（Leah Buechley）领导。比奇利用织物、纸等简单的家用手工材料进行了实验，将这些材料同传统的电子元件结合在一起。她发现，手工将这些东西制作到一起，可以为女孩们和男孩们提供一个学习制作电路的途径，这种学习途径比传统方式要更有吸引力。尤其是对女孩们来说，她们会非常喜欢设计的部分。⑭

"我们发现这种科技与手工之间的新联系开启了通向更公平的参与的大门。"与比奇利共同撰写了数篇论文的印第安纳大学教授凯莉·佩普勒（Kylie Peppler）解释道。佩普勒在最初的麻省理工学院的研究基础上展开了进一步的研究，试图弄清如何将其应用到学校中、应用到男孩们身上。"我想有一个关键点是这并不仅仅只为邀请女孩们，这实际上是为了创造更好的学习工具。"她强调说。

这个领域的研究不断地影响着美国欣欣向荣的创客运动，这项运动是在编程流行起来的同一时间启动的。"创客"（makers）这个概念指向的是自由奔放、不拘一格的 DIY 爱好者，从喜欢捣鼓小器具的人、机器人爱好者、厨师、音乐家到手工艺者，这些人都专注于创新与技术。创客们在学校和公共图书馆发起了"创客空间"，也称为实验室，来追求他们的合作与创意。他们还建立了俱乐部，举办各种本地庆典，撰写出版物。对于吸引女孩们加入工程学与计算机学领域，这是一个重要的进展。2015 年，英特尔公司和美国女童子军发布了一份名为"她创"的报告，声称"用电子工具进行制作、设计与创造的女孩们会对计算机科学和工程学产生更强的兴趣，发展更强的技能"。⑮

当妮可一边准备着论文，一边为纽约、新泽西与新奥尔良超过 1 000 个女孩开展 55 场研讨会时，这正是她亲眼见证的。她发现，自己动手制作可穿戴科技产品能够帮助女孩们建立自信。她们可以做实验、犯点错，不断尝试。通过电脑上的抽象图，她们可以看到零件是怎样一起工作的。更重要的是，她们不会被组件吓到。

"导电线看起来和普通线一样。铜带看上去和贴纸一样。她们可以快速地在 10 分钟之内造出一个电路，并得到积极的反馈。"她兴奋地解释道。"虽然这其中没有编程的部分，她们仍然可以学到关于并联电路、电路理论和逻辑的知识，从而帮助培养同样为编程所需的技能。她们只是以一种可触觉的方式来做这件事情，但也是将（这）蕴含进了一件她们想做的项目中。"

现在，在妮可和亚历克斯毕业并建立公司 18 个月后，七家专卖店都在出售这个套件，fab.com 上也有售。公司同美国国家航空航天局在一些儿童教育项目上展开了合作，这对这位曾经向往成为一名宇航员的 Blink Blink 首席执行官来说，就像是一次命运的甜蜜转折。随着套件销售量过千，亚历克斯和妮可觉得自己在市场上有了立足之地，她们计划不久之后就向一些以支持女性领导的创业公司而闻名的女权主义金融家们进行投售。

"做出一些东西，见证它们走向世界，与此同时，在这些东西背后赋予某个社会使命，满怀希望能够促使一些改变发生——这很棒。"妮可说。

·创游女孩

当 Blink Blink 的创始人们为向投资人展示自己的公司作着准备的时候，在这个国家的另一边，在加利福尼亚的圣何塞，一位有事业心的年轻女士正努力地为玩电子游戏的女孩们建立一个姐妹会，途径是教她们怎样制作电子游戏。根据娱乐软件协会（Entertainment Software Association）的数据，在价值 2 350 亿美元的本土电子游戏行业中，只有 12% 的开发者为女性。⑯"创游女孩"（Girls Make Games）的创始人莱拉·沙比尔（Laila Shabir）希望能够通过给予女孩们在市场中扮演更为重要的角色的各种技巧，赋予她们力量。2014 年，她试图为某个项目招聘女性游戏开发者，却连一个人都找不到，于是，这位教育性游戏工作室的首席执行官在湾区开始创业，那时只有 20 个女孩参加。

她吸引了世界各地的年轻女孩们来参加她的创游女孩夏令营。这些女孩们喜爱网络角色扮演游戏。在这些游戏里，她们可以体验角色的奇幻生活，可以同其他玩家们交流。当萨拉·奇普斯还是个女孩时，她也玩过类似的游戏，并最终被引领着上了第一节计算机科学课，后来创立了 Jewelbots。然而，游戏仍是男性占绝大多数的休闲方式，女孩们对游戏的沉迷会让部分人在学校同龄人之中感觉很奇怪，因为她们会觉得自己不能融入。

"信心的建立开始于非常早的时候，这就是为何我真心喜欢我们选定的年龄段：9 岁至 14 岁。随着我们的项目的推进，我们可以亲眼见证那些刚来时自尊心破碎的女孩们在三周内就开始有肉眼可见的变化。"莱拉说。"能够切实地在她们的人生中加入其不曾拥有的东西，这个对我来说是非常不可思议的。她们现在拥有了一种归属感。"

然而，莱拉自己也曾一直是个局外人。在建立创游女孩很久之前，她曾是她所在的那个阿联酋小镇阿莱因的一个叛逆女孩。她的父母将莱拉和她的姐妹培养成独立的思考者，但他们的亲戚和邻居们对于女性角色的认知及其在阿联酋所受的教育有着相对传统的观念。在她12岁的时候，影响人生的那个瞬间到来了。在其学校举行的地区羽毛球决赛上，她决定脱掉她被要求戴着的头巾。那时风很大，头巾一直被吹进她的眼睛，让她看不见东西。在她赢得锦标赛后，学校邀请她所有的同学们参加了一个集会。然而，校长非但没有赞许莱拉，还在整个学校面前羞辱了她，因为她胆敢脱下头巾，他如是说。

"他的开场白是，'我希望我可以以我的学生为荣，然而我做不到。她选择同她自己的文化背景决裂'。"她说，颤抖着向我们叙述这个故事。

她承认，很长一段时间她都无法回忆那一天的事情，因为它带来的精神创伤太大了。不过，从很多方面来说，她觉得自己因为要做12岁的自己而被人贴标签、被人回避的经历也是许多美国女孩的经历，这都根源于那些深深烙下的刻板印象。这些刻板印象所规定的女孩的行为是同对男孩们的期待相反的。在许多层面上，这种压力都让她感同身受。

"我看到这边女孩们的成长经历之中有许多同我所受的教育相似之处。我想，很多我们面对的障碍都是物质上的。这边则偏重在潜意识、偏见及对事物的认知上。社会压力更加难以察觉。"她说。

身为全优生的莱拉最终离开了那个学校，在家中完成了高中的学习。当她在阿联酋申请大学时，所有大学都拒绝了她，尽管她在考试中拿了高分。再一次地，她因为没有上本地学校而变得很扎眼。但她执意要上大学。她所在的大家庭觉得她应该嫁人，但她的父母则相反，为搬去马萨诸塞州剑桥市的莱拉献上了祝福。莱拉进入了位于该市的麻省理工学院，计划主修经济学专业，然后进修博士学位，走上经济学家的职业生涯。但爱情打乱了她的步伐。她遇到了她的丈夫，一位才华横溢的国家级数学家，他同时还半职业地玩着名为"光环"（Halo）的电子游戏。莱拉小时候只在雅达利游戏机上玩过电子游戏，但她很快入了迷，并开始计划创造一个可以教人 SAT 词汇的电子游戏。她和丈夫创办了一家教育游戏公司，并开发了一款名为"彭格米奇"（Penguemic）的游戏。在那之后，莱拉开始参加诸如波士顿的便士街机游戏博览会（PAX）这样的游戏大会，为这个项目招募开发员。她说这个经历让人感觉极有疏远感，就好像她出现在一场错误的派对上一样。

"我去了麻省理工学院。我读了金融。我在一个智囊团内。我做着所有这些不同的事情，从未觉得自己身处男孩们的世界，直到我踏进了游戏界。这里真真正正是一个男孩们的世界。"莱拉说。"这简直难以置信，因为女性是讲故事的高手，而她们在成长过程中也热爱着电子游戏。目前她们占据了 50% 的消费市场。为什么会落后这么多？是文化。游戏文化非常、非常地——我不知道有没有合适的形容词，但它是非常'哥们'的文化。"

最终，她雇用了七名男性来构建这个游戏。为了省钱，其中四名搬进了莱拉及其丈夫的黑客小屋。2014 年，当他们把公司 Learn District 搬到湾区时，她决定为女孩们和电子游戏创立一个教育项目。

这就是莱拉及创游女孩的故事开启的转折点。

另一个年轻女孩在其成长的过程中也像一个局外人——她自称极客女孩，热爱电子游戏，即便她认识的大多数女孩对玩《生化危机3:复仇女神》和《合金装备》并不感冒——此外，她还成了国际名人。30岁的AJ·门德斯·布鲁克斯（AJ Mendez Brooks），又名AJ·李（AJ Lee），为角色扮演游戏创建了一个安全的奇幻世界。在新泽西度过的青少年时期，她为了在无家可归和贫困的境遇中生存下去而将游戏作为自己的寄托。她沉浸在故事与角色中，为在屏幕中拥有另一种身份的机会而陶醉。她可以在游戏中"当"任何她想当的人，为化身超级英雄的幻想而陶醉。

后来，她成了全世界最受欢迎的女性摔跤手之一，是三届世界摔角娱乐（World Wrestling Entertainment）女冠军。在摔跤场和电视上，AJ身上带文身、一头闪亮黑发，着重强调着自己假小子式的个性及对漫画英雄和电子游戏的喜爱，这同她那些衣服上带亮片、浓妆艳抹、身穿爆乳装的艳光四射的同伴们形成了全然的反差。她喜欢挑战对女性的刻板成见。在成长过程中，她从未有过融入的感觉。"我觉得自己和别人不一样，我感觉很古怪，我喜欢电子游戏，我喜欢漫画书，我喜欢摔跤。其他人都不这样，我因此而感觉很古怪。"她解释着自己想要成为年轻女孩们的榜样的缘由。正因为此，当听说创游女孩的时候，她必须加入。她喜欢女孩们通过制作属于自己的电子游戏而获得力量这个理念。2015年的某一天，她在Twitter上联系了莱拉，询问参加的方法。不言而喻，拥有一个出名的代言人、一个有着众多追随者的现实中的超级英雄加入，对这个小公司来说是一个难以置信的意外成功。

"她联系我们说她热爱电子游戏，我猜她也一直都在试图打破有关书呆女孩和酷女孩的成见，她真的很热衷这类事情。她因此很喜欢创游女孩。"同样 30 岁的莱拉这样告诉我们。当我们同 AJ 取得联系时，她已经从十年的摔跤生涯中退役，刚刚开始学习编程课。她告诉我们，对于回报他人、把自己的成功传递下去，她已经作好了完全的准备。

"我只是想成为不同价值观和不同讯息的捍卫者。我不想只做一个小小说里的超级英雄。你懂吧？"AJ 说。她的居家办公室中装饰着数百个漫画玩偶。

AJ 现在为参加创游女孩训练营的女孩们赞助一份年度奖学金，从丹佛到杜伦的 20 座城市中有 1 200 个女孩参加了该训练营。在三周的时间里，这些 9—14 岁的女孩们将学习游戏设计，同来自游戏业的女性导师见面，学习 2D 艺术与动画的相关知识，并以团队为单位构建属于自己的角色扮演游戏。来自本地训练营的五支获胜团队将前往硅谷，获得一次在路演日（Demo Day）展示其游戏的机会，费用全包。AJ 被推举为 2017 年的裁判之一。团队们要竞争的是一笔现金奖励及发布游戏的机会。

对莱拉和 AJ 来说，创游女孩实现了她们帮助女孩获得自信的愿望，实现了她们让女孩获得创造自己所爱的事物的技能、从而感到充满力量的愿望。

"她们现在获得了一种归属感。她们现在拥有了一种社区意识。"莱拉说，"她们有了这样的意识，'我现在这样没有什么问题。

我不需要同学校里的所有人一样。我不需要同我的姐妹一样。我不需要同电视上看到的一样。我就是我，世上也有其他像我一样的女孩们，因为我在训练营见到过她们'。"

这种姐妹情谊的主题贯穿着技术女性的整个图景。不再感到孤军奋战、同某个比个人更伟大的存在联结到一起，这是非常有力量的。这个关键的人脉网正鼓励着女性们在这个仍由男性主导的世界中开拓新的道路。社交媒体及女性对这些渠道的主导力是这个尝试的关键力量。

"我想现在的女孩们不同的地方（是）她们不可避免地会不断从社交推送中获得这些女权主义信息。这正在培养新一代女权主义者，她们不可被否认。"在选举日的几个月前，支持女性领导的科技创业公司的美国在线基金 BBG 风投的总裁兼创始人苏珊·莱恩向我们作出了这样的预言。

我们在特朗普总统的就职典礼的余韵中写下这些，这些充满激情的声音愈加强大、愈加紧迫。网络上动员了数以百万的女人们，她们成群结队地走上街头，声势浩大地展现着她们的团结——这就是证明。

·下一代的极客女孩们

年轻的革新者们受到了所有这些围绕着女性和科技展开的赋能讨论的影响，而 17 岁的阿鲁纳·普拉萨德（Aruna Prasad）正是其中一员。她同时是谢丽尔·桑德伯格和格蕾丝·霍珀二人的仰慕者，她们代表着商业与创新的交点。阿鲁纳是纽约市斯宾塞学校的一名高年级学生，是一个程序员、草根活动家和自食其力、崭露头角的创业者。她是站在乐蒂娜（Nerdina）——一个 YouTube 频道、校际俱乐部——背后最坚定的年轻女子，同时，她也是许多面向女孩的技术实验套件的创造者。她的一个主要目标就是为立志在科技界工作的女孩们建立联系。在其网站上，她将乐蒂娜定义为"有潜力成为领先技术专家的女书呆子"。她直白地写道，成为一个乐蒂娜可能会很孤独，要融入他人可能是十分困难的。这就是为什么她在 12 岁的时候创立了乐蒂娜的原因所在。现在，包括三所女子学校在内的四所纽约精英私立学校、三所新泽西公立学校都有它的身影，最近乐蒂娜还进入了牙买加金斯顿的一所学校。

"在中学时期，我对编程产生了浓厚的兴趣，我立志成为一名领袖与创新者，长大后我想成为一个在技术领域具有影响力的人。"当这个黑发的青少年告诉我们这些时，我们正坐在她的卧室中。这里装饰着毛绒玩具、一位朋友 16 岁生日的照片及全家去印度旅行的照片。

她渴望通过某种方式学到更多知识，想同其他关心科技的女孩们建立联系。这个喜爱乡村音乐和黑色甘草、说话轻声细语的女孩想让更多女孩们能够一起学习有关创新的最新知识，并能一起讨论她们仰慕的人物与发明。随着越来越多的女孩们开始加入这个俱乐部，她意识到，在她们的讨论中缺少了某种实际的东西。

"我意识到，如果我想成为一个创造者和创新者，我首先需要观察我周围的技术，理解其他人都发明过什么。这就是我对技术原理的探索：计算机的内部结构、电路或网络的概念。所以，对呀，我每天都在使用因特网，但我是怎样连上因特网的呢？"阿鲁纳说。这促使她创作了一系列视频教程，回答了"电子邮件是怎样发送出去的"之类的问题。这又促使她产生了乐蒂娜教育套件的点子。这是一些装有电线、电池、LED 灯、其他零件和电气工程实验指南的盒子。她向我们展示了一个教女孩们钟表报时原理的活动。阿鲁纳亲自组建了头 50 套套件，也已经将其中一些提供给了她于 2015 年一次在哥伦比亚大学举办的 STEM 大会上结识的几所学校的老师们。她的梦想是同"编程女孩"进行合作。在 2016 年春天，当莱西玛·萨迦尼为一个乐蒂娜小组作演讲时，阿鲁纳遇见了萨迦尼。

阿鲁纳的父母说，阿鲁纳从很小的时候起就喜欢问很多问题。他们最喜欢的故事之一是有一次电缆工上门帮他们家安装因特网，5 岁的阿鲁纳不停地坚持说他用的电缆是错的。结果是，她说对了。她的父亲杰（Jay）在技术业工作，她的母亲普拉巴（Prabha）在金融业工作，他们一直都鼓励阿鲁纳追求自己对了解事物运作方式的兴趣。她尤其喜爱数学和音乐。最初激发她对编程的兴趣的正是她对音乐的热情：在她的小提琴和钢琴上演奏和作曲。她说她想要进入数字音乐的世界，想要理解如何制作像她的苹果手机一样的设备，聆听它时带给她非常多的欢乐。

"技术就像是一个拼图，不只有一片。它不仅仅是硬件或编程。它的拼图有很多片，你对这些拼图片——硬件、编程、软件、网络——理解得越多，我们就能为进入科技界作更好的准备。这就是我对于发展人才管道本身的思考。"阿鲁纳说，解释着自己将科技圈的女孩们团结起来的宏图。

当然，鼓励更多女孩们进入人才管道并不是什么"万能药"。这是让女性的创意与能力为整个创新经济创造价值的必要行动之一。我们同样需要鼓励女孩们成为创业者和发明家。正因为此，在美国在线为高中低年级和高年级学生推出的具有革新性的"♯创新女孩"夏季实习活动中，一方面他们为女孩们创造机会，让她们得以将自己的编程技能运用到产品开发中；另一方面也为女孩们推出了风险投资速成课程，让她们得以一窥 BBG 风投是如何对女性科技创始人进行投资的。

女孩们需要方方面面的榜样，这就是为什么我们要做这个项目的原因——为了填补切尔西·克林顿（Chelsea Clinton）所谓的"可见性差距"（这是她于 2015 年格蕾丝·霍珀大会演讲上提出的概念），我们需要这些在科技生态圈中作为新一代领袖崭露头角的进取、创新的女性们的故事——崛起的极客女孩。的确，科技公司的文化的变革之路"其修远兮"，其中仍然有一种将年轻单身男性看作最有价值的员工的倾向，而忽视了那些更成熟、更多元化、拥有更多业余兴趣与责任的员工的价值。2016 年夏天，科技巨头们慢悠悠的变革速度依旧令人沮丧——尽管之前两年经过了那么多激烈的探讨，女性与有色人种的人数仍然几乎没有上涨。⑰风险投资界的女性决策者依旧不多，女性领导的公司中得到投资的仍是少数。然而，当我们回想起在我们五年的研究中所遇到的所有那些极客女孩们，回想起那些同心并力地解决这个在中小学、大学校园、董事会、投资集团及其公司中的臃肿复杂的问题的女性们时，我们心怀希望。

"我想我们已经取得了十分丰硕的成果。女性们纷纷开始建立自己的公司。"黛比·斯特灵说，"现在我们看到有更多的女性研读STEM 学位，也有更多的人正在讨论在董事会里任职的女性。毫无疑问，某种运动正在发生，但我仍会说，还有很多很多需要去做的事情。我们说得够多了。我们需要更多行动。"

这项事业的核心在于那种在黛比最初于公寓里突发奇想之时促使她行动的价值观。为了创造一种玩具，为了创造一个流行文化符号，她帮助引发了一场关于女孩、女人和我们改变现状的潜质的新的探讨。正如希拉里·克林顿在 2017 年早些时候声明的那样，她仍然相信"未来属于女性"[18]，随着 4 000 名女性已经报名将在下一个竞选季竞选公职，对于打破天花板的"执着"的势头已经显而易见了。[19]而极客女孩们、科技业的姐妹会，将会不断前行，不断提高标杆，直到她们在构建让当代各行各业产生天翻地覆的工具的行动中得到平等地代表。简而言之，就是黛比曾经谈起其玩具时的话——我们之中最年轻的孩童都能明白的道理："当个公主没问题。我们只是认为女孩们也能够建造她们自己的城堡。"[20]

· 注释

① 黛比·斯特灵，由希瑟·卡伯特采访；公司数据源于 GoldieBlox 在玩具展会上发放给零售商的资料，并于 2016 年 11 月 10 日由斯特灵在后续采访中确认。
② Jon Blistein，"Beastie Boys Settle Lawsuit Over 'Girls' Toy Commercial," *RollingStone*,

March 18, 2014, http://www.rollingstone.com/music/news/beastie-boys-settle-lawsuit-over-girls-toy-commercial-20140318; Jason Newman, "GoldieBlox Apologizes to Beasties: 'We Have Learned a Valuable Lesson,'" *RollingStone*, March 19, 2014, http://www.rollingstone.com/music/news/goldieblox-apologizes-to-beasties-we-have-learned-a-valuable-lesson-20140319; Catherine Clifford, "GoldieBlox CEO: How I Went From Kickstarter to the Macy's Day Parade in Two Years," *Entrepreneur*, December 3, 2014, https://www.entrepreneur.com/video/240370.

③ Kelly Faircloth, "GoldieBlox Means Well but Doesn't Live Up to the Hype," *Jezebel*, February 11, 2014, http://jezebel.com/goldiebloxs-marketing-campaign-is-better-than-the-prod-1516721344; Amanda Clayman, "I Hate to Be Feminist Grinch Here," *I Have Thoughts and Opinions* (blog), November 25, 2013, http://mandaclay.tumblr.com/post/68076398530/i-hate-to-be-the-feminist-grinch-here.

④ Kamla Modi, Judy Schoenberg, and Kimberlee Salmond, *Generation STEM: What Girls Say about Science, Technology, Engineering, and Math* (New York: Girl Scout Research Institute, 2012), http://www.girlscouts.org/content/dam/girlscouts-gsusa/forms-and-documents/about-girl-scouts/research/generation_stem_full_report.pdf.

⑤ Emma Brown, "Girls Outscore Boys on Inaugural National Test of Technology, Engineering Skills," *The Washington Post*, May 17, 2016, https://www.washingtonpost.com/news/education/wp/2016/05/17/girls-outscore-boys-on-inaugural-national-test-of-technology-engineering-skills/.

⑥ NPD Group, "Annual Sales Data: U.S. Domestic Markets," Toy Industry Association, May 2016, http://www.toyassociation.org/TIA/Industry_Facts/salesdata/IndustryFacts/Sales_Data/Sales_Data.aspx?hkey=6381a73a-ce46-4caf-8bc1-72b99567df1e#.V5Ide5MrLow.

⑦ Rick Morgan and John Klaric, "An Analysis of Five-Year Academic Careers," The College Board, 2007, p. 9, http://research.collegeboard.org/sites/default/files/publications/2012/7/researchreport-2007-4-ap-students-college-analysis-five-year-academic-careers.pdf.

⑧ Davy Alba, "Obama Pledges $4 Billion to Computer Science in US Schools," *Wired*, January 30, 2016, http://www.wired.com/2016/01/obama-pledges-4-billion-to-computer-science-in-us-schools/.

⑨ "Board Approves Plans to Expand Computer Science Curriculum to All Grades," San Francisco Unified School District press release, June 10, 2015, http://www.sfusd.edu/en/news/current-news/2015-news-archive/06/board-approves-plans-to-expand-computer-science-curriculum-to-all-grades.html; Kate Taylor and Claire Cain Miller, "De Blasio to Announce 10-Year Deadline to Offer Computer Science to All Students," *The New York Times*, September 15, 2015, http://www.nytimes.com/2015/09/16/nyregion/de-blasio-to-announce-10-year-deadline-to-offer-computer-science-to-all-students.html.

⑩ "New CPS Computer Science Graduation Requirement to Prepare Students for Jobs of the Future," Chicago Public Schools press release, February 24, 2016, http://cps.edu/News/Press_releases/Pages/PR2_02_24_2016.aspx; Amanda Lenhart, "Teens, Social Media and Technology Overview 2015," *Pew Research Center*, April 9, 2015, http://www.pewinternet.org/2015/04/09/teens-social-media-technology-2015/.

⑪ "President Obama Announces Computer Science for All Initiative," White House press release, January 30, 2016, https://www.whitehouse.gov/sites/whitehouse.gov/files/images/FACT%20SHEET%2BPresident%20Obama%20Announces%20Computer%20Science%20For%20All%20Initiative_0.pdf.

⑫ 独立组织 GovTrack.us 于 2016 年 9 月 21 日报告称,法律与科技结合的产物、追踪待定联邦立法的 PredictGov 认为该提案仅有 1% 的通过率。见 https://www.govtrack.us/congress/bills/114/hr6095.* 关于美国国家科学基金会的承诺,见:Endeavor Insight, *The Power of*

---

* 现已显示未通过。 ——译者注

Entrepreneur Networks: How New York City Became the Role Model for Other Urban Tech Hubs (New York: Endeavor Insight, 2014), 2, http://www. nyctechmap.com/nycTechReport.pdf.

⑬ Angela Natividad, "Zac Posen Debuts an LED Dress Made by (and for) Female Coders," *Adweek*, September 10, 2015, http://www. adweek. com/adfreak/zac-posen-debuts-led-dress-made-and-female-coders-166801.

⑭ "Leah Buechley," Exploratorium, 2015, http://tinkering.exploratorium. edu/leah-buechley.

⑮ Jon Irwin, "Coding for Girls—Tools to Get Girls More Easily into Tech," *IQ*, January 26, 2015, https://iq.intel.com/inside-programming-tool-designed-get-girls-coding/.

⑯ Entertainment Software Association, "Essential Facts About the Computer and Video Game Industry," 2016, http://essentialfacts.theesa.com/Essential-Facts-2016.pdf.

⑰ Maxine Williams, "Facebook Diversity Update: Positive Hiring Trends Show Progress," *Facebook newsroom*, July 14, 2016, http://newsroom.fb.com/news/2016/07/facebook-diversity-update-positive-hiring-trends-show-progress/.

⑱ Daniel Kreps, "Hillary Clinton in New Video Statement: 'The Future Is Female,' " *Rolling Stone*, February 6, 2017, http://www. rollingstone. com/politics/news/hillary-clinton-in-video-statement-the-future-is-female-w465381.

⑲ Heidi M. Przybyla, "EMILY's List Begins 'Most Aggressive' Female Recruitment Effort," *USA Today*, February 6, 2017, http://www.usatoday. com/story/news/politics/2017/02/06/emilys-list-begins-most-aggressive-female-recruitment-effort/97463724/.

⑳ Claire Cain Miller, "Ad Takes Off Online: Less Doll, More Awl," Bits Blog, *New York Times*, November 20, 2013, http://bits. blogs. nytimes. com/2013/11/20/a-viral-video-encourages-girls-to-become-engineers/?_r = 0, accessed July 2016.

后记 ∴

2017 年 10 月，在本书出版六个月后一个阳光明媚的日子里，500 名无畏的女性软件工程师、机器人专家、创业者和投资人集结在马萨诸塞州剑桥市，参加一年一度的福布斯 30 岁以下精英峰会（又称"福布斯 U30 峰会"）。麻省理工学院校园内，查尔斯河畔旁，叠翠初染流金。这般时节变换，似有象征意味。在麻省理工学院明亮的媒体实验室顶楼，这些女性集聚一堂，参加为期一天的社交活动与研讨会，探讨女性在科技界面临的现状。当天的主角之中，就有多位本书中提到的"极客女孩"。过去的一年，是令人叹为观止的关键一年。在这一年，充斥在科技及其他行业中的性别歧视成了焦点话题。对此，她们分享了自己的观点。

包括 Luminary Labs 的首席执行官萨拉·霍洛贝克、后台资本（Backstage Capital）的创始人兼合伙人阿兰·汉密尔顿及 digitalundivided 的创始人凯瑟琳·芬纳利在内的变革者们面对着座无虚席的大厅进行演讲，直击近期被揭发出的劣迹男性和科技界难以填补的性别鸿沟这些棘手问题。

在名为"我们在提出正确的问题吗"的环节中，娜塔莉亚·奥贝蒂·诺格拉（Natalia Oberti Noguera）拳拳到肉。这位天使投资训练营及联盟 Pipeline Angels 的创始人兼首席执行官驳斥了科技界女性匮乏是因为"（人才）管道"有限这一借口。

"若要说'管道难题'存在，那便是平庸的白人男性堵塞了管道。"她带着狡黠的笑断言道。现场爆发出一阵掌声。她的话概括了近几个月来许多女性对于硅谷暴露出的可耻的性别歧视遗留问题的愤怒与宽慰。

回望特朗普总统就职的那个周末，数以百万的女性在华盛顿特区和世界各个城市游行，那是为这个里程碑式的一年埋下的伏笔——这一年，反对系统性的性别歧视的呼声高涨，成了一曲不容忽视的洪亮大合唱。在扩大革命影响的过程中，社交媒体扮演着主要角色。《时代》杂志将其"年度人物"的殊荣献给了所有这些在 2017 年打破了性骚扰与猥亵问题的沉默的勇士们。

在科技行业，优步前工程师苏珊·福勒（Susan Fowler）于 2017 年 2 月 19 日发布了一篇轰动性的博文，开启了这场清算运动。这篇题为"有关优步非常非常奇怪的一年的反思"的文章发布在她的个人博客上，详细叙述了她任职优步工程师时所经历的性骚扰与不公待遇，以及人力资源部门是怎样打发她的。①这些事件的曝光促使了由前美国司法部长埃里克·霍尔德（Eric Holder）领导的外部调查，导致优步的首席执行官特拉维斯·卡兰尼克下台，超过 20 名员工离职。②两周之后，在数名女性企业家站出来提出包括投资人示意她们以性换取投资在内的性骚扰指控，两名身居高位的硅谷风险投资家——宾利资本的贾斯汀·卡尔德贝克（Justin Caldbeck）和 500 Starups 的戴维·麦克卢尔（David McClure），随即离职。在一份公开致歉中，麦克卢尔自称"猥琐男"，承认自己"在工作相关场合中对多名女性做出勾引举动"。他称自己的行为是"不可宽恕且错误的"。③

莎拉·昆斯特（Sarah Kunst）就是声讨麦克卢尔的女性之一，我们在报道本书的过程中认识了她。她保存了麦克卢尔发给自己的Facebook 消息，并在 6 月 30 日的曝光中分享给了《纽约时报》，导致了麦克卢尔的垮台。故事结束几个月后，我们在麻省理工学院与莎拉重逢。据她预言，还有更多人要受到惩罚。

"更多的多米诺骨牌即将坍塌，权力的真空即将出现。在这些变化发生之际，我们所有人都要义不容辞地提出要求，让坐上这些位子的不能只是前任的好好先生。担当这些角色的应当是女性和有色人种。"莎拉对我们强调。

她是对的。多米诺骨牌坍塌了。从硅谷到好莱坞，从好莱坞到国会山，勇敢的女人们带着关于性骚扰与猥亵的故事站了出来，而众多身居高位的男人们——从哈维·温斯坦（Harvey Weinstein）到凯文·斯佩西（Kevin Spacey），再到马特·劳尔（Matt Lauer）——丢掉了饭碗。轰动性的社交媒体运动"♯MeToo"为全球女性提供了一个平台，让她们得以分享自己的故事。位高权重的男人们为自己的污言秽语及好色行径负责，而女人们忍受已久的罪行事实被人相信——这恐怕是史无前例的。

今天的局势同 2015 年春天我们刚刚开始拟定本书提纲时的情景相比简直是天壤之别。那年春天，鲍康如输掉了那场控告前雇主风险投资公司凯鹏华盈性别歧视的历史性诉讼。在鲍康如 2017 年

9月出版的回忆录《重启》中，她对审判结束后的硅谷现状作出了反思："我们之中的许多人都逐渐意识到整个科技系统从设计之初便自带排他性。当权的男人们似乎决心只同其他富有男性打交道。他们一同住在一个泡泡里。"她写道。④

当时，她并不知道在两年之后，自己挺身而出直面性别歧视与性骚扰的勇气将激发出某些记者称为"鲍康如效应"的后果，为科技界与高能产业中的其他女性赋予胆量，让她们站出来，终于说出了自己的故事。⑤

"处处都有多元化的好兆头。"鲍康如在书中总结道，提到了自己同那些有意做出改变的科技行业首席执行官们的交流。作为其合伙创办的旨在促进科技与风投行业多元化的非营利组织"包容项目"（Project Include）的延伸，鲍康如以卡普尔中心（Kapor Center）首席多元与包容官的新身份为这些首席执行官们提供顾问服务。⑥

在这块革新的幕布之前，《崛起的极客女孩》变得空前应景。替代科技与企业界女性们的团结一致以及近年来她们建立的关系网络的，是女性公开为科技行业的性别歧视疾呼的大合唱。这便是我们在《崛起的极客女孩》中表述的"姐妹情谊"。

我们也满怀希望。在2017年10月的第一周里，当极客女孩们聚集在麻省理工学院，当温斯坦事件成为世界性的头条新闻，超过18 000名女性技术员涌入佛罗里达州奥兰多市，前来参加一年一度的格蕾丝·霍珀计算机业女性庆典。这是霍珀大会有史以来与会的科技女性数目最庞大的一次。而GoldieBlox的创始人兼首席执行官黛比·斯特灵，肩负着将"工程"这个词加入每个女孩的字典的使命，得以在这里广结同盟。通过今年同美国女童子军展开旨在激励女孩们将科技生涯纳入未来考量的徽章与倡议方面的合作，黛比及其公司朝着自己的目标迈进了关键的一步。

当黛比走上台前作主题演说时，观众席上成千上万的女性让她激动无比，而随着她说出詹姆斯·达莫尔（James Damore）的名字，喧闹的人群中爆发出的嘘声令她深深触动。这名谷歌前员工撰写了今年臭名昭著的备忘录＊，批判了谷歌做出的多元化努力并对女性是否在生物学上适合担任工程师表示了质疑。

"我深深地意识到，这个屋子里没有一个女人愿意继续忍受这些，我为此感到无比自豪。"黛比向我们吐露，"随着 2017 年走向尾声，即便过去的一年中也有波折，我依然相信科技界性别鸿沟能在我有生之年得以消除。同时，我也会尽我所能，保证我的孙女们无需再面对我曾面对的阻碍。"

有好的迹象显示这个势头将持续下去：学习计算机科学的女性人数 30 年来首次出现了增长。编程网（Code.org）及美国大学理事会（College Board）7 月的报告显示，2007 年，只有 18%的计算机科学 AP 课程考生为女性；2017 年，这个数字上升至 27%。⑦州立法机关正在推出应对性骚扰的举措。8 月，加利福尼亚州参议员汉娜-贝丝·杰克逊（Hannah-Benth Jackson）推出了一项修订加州民法典，以应对科技行业长期存在、风险投资家—创业者场合尤为严重的性骚扰问题。7 月，30 名风险投资家为行业成员起草了一份"行

＊ 谷歌备忘录（Google Memo），为谷歌意识形态回音室（Google's Ideological Echo Chamber），最初为詹姆斯·达莫尔撰写的谷歌内部文件。——译者注

为守则"，为不可接受行为定下了标准并概括了对违反者的惩罚。女性创始人的又一项胜利是 Stitch Fix 的创始人兼首席执行官卡特里娜·莱克（Katrina Lake）成为一位让公司在纳斯达克上市的最年轻的女性，她也是当年第一位这么做的互联网公司的女性掌舵者。当 34 岁的莱克抱着幼童敲响纽约证券交易所开市钟的照片传遍社交网络时，姐妹会为她呐喊加油。

"我想让她取得这个成功，因为模式识别依然是我们所在的行业的游戏规则。"Rent the Runway 的首席执行官詹恩·海曼（Jenn Hyman）对 Recode 说道："因此，越多像卡特里娜一样——以及希望更多像我一样——的人有所成就，就会有越多的其他女性获得机会。"⑧

科技界的女性社区很强大。我们已经知晓，当女性互助之时，奇妙的事情就会发生。职业生涯向前跃进。人脉成型。偏见消失。女人们赢取成功，薪火相传。这就是"科技女性"运动的宗旨。这也是为什么我们对我们年轻的女儿们迈进社会时能有一席之地充满希望的原因。正如慈善家兼计算机科学家梅琳达·盖茨在霍珀大会上对双眼闪闪发光的与会者们所说的，"是时候让世界认识到下一个比尔·盖茨或许和现在这个完全不同了"。她说："并不是每一个伟大的想法都在连帽衫里诞生。此时此刻，或许就有一个小学女生的想法会在将来改变世界。是时候让每个人都这样看了。"⑨

我们再同意不过。

"崛起的极客女孩"团队

2017 年 12 月

· 注释

① Susan Fowler, "Reflecting on One Very, Very Strange Year at Uber," February 19, 2017, https://www.susanjfowler.com/blog/2017/2/19/reflecting-on-one-very-strange-year-at-uber, accessed November 28, 2017.

② Eric Newcomer, "Uber Fires More Than 20 Employees in Harassment Probe," *Bloomberg*, June 6, 2017, https://www. bloomberg. com/news/articles/2017-06-06/uber-said-to-fire-more-than-20-employees-in-harassment-probe, accessed December 6, 2017.

③ Katie Benner, "A Backlash Builds Against Sexual Harassment in Silicon Valley," *The New York Times*, July 3, 2017, https://www. nytimes. com/2017/07/03/technology/silicon-valley-sexual harassment.html, accessed November 27, 2017.

④ Ellen Pao, *Reset: My Fight for Inclusion and Lasting Change* (New York: Spiegel and Grau, 2017), 240.

⑤ Molly Jackson, "Can data help to fight Big Tech's sexism?" *The Christian Science Monitor*, January 14, 2016, https://www. csmonitor. com/Technology/2016/0114/can-data-help-to-fight-Big-Tech-s-sexism, accessed November 27, 2017. Vivian Giang, "Silicon Valley Attorneys Already Seeing a 'Pao Effect,'" *Fortune*, April 8, 2015, 273 from *Reset* Notes.

⑥ Ellen Pao, *Reset: My Fight for Inclusion and Lasting Change*.

⑦ Hadi Partovi, "Girls set AP Computer Science record … skyrocketing growth outpaces boys," *Medium*, July 18, 2017, https://medium.com/@code org/girls-set-ap-computer-science-record-skyrocketing-growth-outpaces -boys-41b7c01373a5, accessed November 1, 2017.

⑧ Jason Del Rey, "Women in tech see today's Stitch Fix IPO as a milestone," *Recode*, November 17, 2017, https://www. recode. net/2017/11/17/16668888/stitch-fix-ipo-katrina-lake-women-tech-female-founders, accessed November 17, 2017.

⑨ Monica Nicklesburg and Todd Bishop, "Melinda Gates on women in tech, her first love, and the origins of Comic Sans," *GeekWire*, October 4, 2017, https://www.geekwire.com/2017/live-melinda-gates-grace-hopper-celebration-women-computing, accessed November 1, 2017.

致　谢　∴

在这个项目的整个过程中，我们得到了很多人的支持与指导。首先，我们想感谢圣马丁出版社的优秀编辑艾米莉·卡列顿（Emily Carleton），她信任这本书，并在勤奋的编辑助理安娜贝拉·霍奇柴尔德（Annabella Hochschild）的协助下让这本书得以诞生。没有我们的文稿代理人、莱什内事务所（Leshne Agency）的丽莎·莱什内（Lisa Leshne）的奉献和坚定不移的支持，这本书也不可能存在。感谢你，丽莎，感谢你的指导、友爱，感谢你愿意在我们探索书籍撰写过程时倾听。赞美与感谢先给 Curious Light 的才华横溢的娜丁·吉尔登（Nadine Gilden），是你设计了 geek-girlrising.com，并在所有数字媒介上为我们宣传。

校对凯文·麦克唐纳（Kevin McDonnell）在打磨原稿并保证我们的报道准确且包含最新信息方面发挥了不可或缺的作用。研究员凯蒂·托特（Katie Toth）对第一章和最后一章付出了孜孜不倦的努力，追踪有关计算机教育的事实与数据，为我们进行跟踪采访，让我们得以成稿。朱莉安娜·沃塔西克（Julianne Wotasik）帮助我们管理版权事宜并为我们整理信息来源。我们还想感谢研究员安娜·格雷斯（Anna Gress），她帮助我们整理了数百份采访记录，还协助参与了第一章的研究。我们特别希望向亚当·昆顿、瑞秋·谢因贝因、沙赫罗斯·查拉尼亚 (Shaherose Charania)、苏珊·莱恩、丽莎·孙 (Lisa Sun)、苏辛德·辛格·卡西迪、艾琳·纽克尔克 (Erin Newkirk)、珍妮·勒夫考特、娜塔莉亚·奥贝蒂·诺格拉、凯伦·卡特琳以及内拉杰·赫姆兰尼 (Neeraj Khemlani) 表示感谢，他们为这个项目提供了参考意见，为我们向信息来源作了关键的引荐。

没有家人持续不断的支持，我们不可能完成这项工作。特别的感谢先给内拉杰·赫姆兰尼，希瑟的丈夫与挚友，他在各个阶段刻苦钻研着各章的草稿，以其大师一般的叙事才华，帮助我们塑造了其中最棒的一些故事。感谢希瑟的父母维姬和霍华德·卡博特 (Vicki and Howard Cabot)，他们阅读了本书的几个早期版本，以局外人的视角为我们提供了反馈与不少鼓励。《崛起的极客女孩》的完善团队是亚历山德拉·德西科 (Alessandra DeCicco) 和露丝·帕蒂诺 (Ruth Patino)，她们在希瑟出差或宅起来码字的时候帮助维持卡博特、赫姆兰尼家庭的运转。伊恩 (Ian) 和山姆 (Sam)，感谢你们感染人心的笑容与持续不断的鼓励。你们对科技的热爱是这个项目启动的火花。继续问问题吧！

我们还想向瓦尔拉芬斯家族——马修 (Matthew)、扎克 (Zach)、可可 (Coco) 和吉吉 (Gigi)——致以谢意，你们总能带给萨曼莎笑容，在那些她因为撰写本书而不能参加游戏的周末早晨给予她这么多理解。继续编程，继续创造，继续追寻你们的梦想吧！萨曼莎想向吉姆和格蕾丝·帕伦 (Jim and Grace Parent) 以及菲利浦和妮可·瓦尔拉芬斯（Philippe and Nicole Walravens）致以特别的感谢，在我们繁忙的日程中，他们无数次地前来照顾他们的孙辈。最后，向萨曼莎充满爱与关怀、提供支持的丈夫帕特里克（Patrick）致以她最深的感激。她铭记并感谢他在艰难时刻提供的鼓励。感谢你在她产生自我怀疑的时候相信她、相信这本书，感谢你提醒她，正如 Facebook 上的人说的那样，"完成比完美更好"。

而对于所有致力于雷切尔·斯克拉称为"改变比例"的运动、致力于为科技界的女性和未被充分代表的少数人群提高可见度与机遇的男男女女们：感谢你们用行动让这个世界变得更加包容。

更多有关《崛起的极客女孩》的信息与咨询，请登录 geekgirl-rising.com。

图书在版编目(CIP)数据

崛起的极客女孩:震撼科技界的女性力量/(美)
希瑟·卡伯特,(美)萨曼莎·瓦尔拉芬斯著;方琪译
.—上海:格致出版社:上海人民出版社,2021.5
ISBN 978-7-5432-3231-0

Ⅰ.①崛… Ⅱ.①希… ②萨… ③方… Ⅲ.①女性-
科学工作者-列传 Ⅳ.①K815.61

中国版本图书馆 CIP 数据核字(2021)第 037520 号

责任编辑 程筠函
装帧设计 路 静

崛起的极客女孩:震撼科技界的女性力量

[美]希瑟·卡伯特 萨曼莎·瓦尔拉芬斯 著
方琪 译

出 版	格致出版社	
	上海人民出版社	
	(200001 上海福建中路 193 号)	
发 行	上海人民出版社发行中心	
印 刷	上海商务联西印刷有限公司	
开 本	890×1240 1/32	
印 张	9	
插 页	1	
字 数	187,000	
版 次	2021 年 5 月第 1 版	
印 次	2021 年 5 月第 1 次印刷	
ISBN 978-7-5432-3231-0/F·1365		
定 价	58.00 元